"十四五"时期国家重点出版物出版专项规划项目

★ 转型时代的中国财经战略论丛 ◢

# 税收激励与中国出口产品质量升级

Tax Incentives and Quality Upgrading of China's Exports

杨慧梅 著

中国财经出版传媒集团

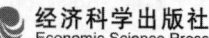

经济科学出版社
Economic Science Press

·北京·

## 图书在版编目（CIP）数据

税收激励与中国出口产品质量升级/杨慧梅著.--北京：经济科学出版社，2023.9
（转型时代的中国财经战略论丛）
ISBN 978-7-5218-5162-5

Ⅰ.①税… Ⅱ.①杨… Ⅲ.①税收-影响-出口产品-产品质量-研究-中国 Ⅳ.①F752.62

中国国家版本馆 CIP 数据核字（2023）第 179528 号

责任编辑：郎　晶
责任校对：刘　娅　靳玉环
责任印制：范　艳

### 税收激励与中国出口产品质量升级
杨慧梅　著
经济科学出版社出版、发行　新华书店经销
社址：北京市海淀区阜成路甲 28 号　邮编：100142
总编部电话：010-88191217　发行部电话：010-88191522
网址：www.esp.com.cn
电子邮箱：esp@esp.com.cn
天猫网店：经济科学出版社旗舰店
网址：http://jjkxcbs.tmall.com
北京季蜂印刷有限公司印装
710×1000　16开　15.25印张　243000字
2023 年 9 月第 1 版　2023 年 9 月第 1 次印刷
ISBN 978-7-5218-5162-5　定价：62.00 元
（图书出现印装问题，本社负责调换。电话：010-88191545）
（版权所有　侵权必究　打击盗版　举报热线：010-88191661
QQ：2242791300　营销中心电话：010-88191537
电子邮箱：dbts@esp.com.cn）

# 总　序

转型时代的中国财经战略论丛

"转型时代的中国财经战略论丛"是山东财经大学与经济科学出版社在合作推出"十三五"系列学术著作基础上继续在"十四五"期间深化合作推出的系列学术著作，属于"'十四五'时期国家重点出版物出版专项规划项目"。自2016年起，山东财经大学就开始资助该系列学术著作的出版，至今已走过7个春秋，其间共资助出版了152部学术著作。这些著作的选题绝大部分隶属于经济学和管理学范畴，同时也涉及法学、艺术学、文学、教育学和理学等领域，有力地推动了我校经济学、管理学和其他学科门类的发展，促进了我校科学研究事业的进一步繁荣发展。

山东财经大学是财政部、教育部和山东省人民政府共同建设的高校，2011年由原山东经济学院和原山东财政学院合并筹建，2012年正式揭牌成立。学校现有专任教师1730人，其中教授378人、副教授692人，具有博士学位的有1034人。入选国家级人才项目（工程）16人，全国五一劳动奖章获得者1人，入选"泰山学者"工程等省级人才项目（工程）67人，入选教育部教学指导委员会委员8人，全国优秀教师16人，省级教学名师20人。近年来，学校紧紧围绕建设全国一流财经特色名校的战略目标，以稳规模、优结构、提质量、强特色为主线，不断深化改革创新，整体学科实力跻身全国财经高校前列，经管类学科竞争力居省属高校首位。学校现拥有一级学科博士点4个，一级学科硕士点11个，硕士专业学位类别20个，博士后科研流动站1个。应用经济学、工商管理和管理科学与工程3个学科入选山东省高水平学科建设名单，其中，应用经济学为"高峰学科"建设学科。应用经济学进入软科"中国最好学科"排名前10%，工程学和计算机科学进入 ESI 全球排名前 1%。2022 年软科中国大学专业排名，A 以上专业数 18 个，位居省属高校第 2 位，全国财经类高校第 9 位，是山东省唯一所有专业全部上榜的高校。2023 年软科世界大学学科排名，我校首次进入世界前 1000 名，位列 910 名，中国第 175 名，财经类高校第 4 名。

2016 年以来，学校聚焦内涵式发展，全面实施了科研强校战略，取得了可喜成绩。仅以最近三年为例，学校承担省部级以上科研课题 502 项，其中国家社会科学基金重大项目 3 项、年度项目 74 项；获国家级、省部级科研奖励 83 项，1 项成果入选《国家哲学社会科学成果文库》；被 CSSCI、SCI、SSCI 和 EI 等索引收录论文 1449 篇。同时，新增了山东省重点实验室、山东省重点新转智库、山东省社科理论重点研究基地、山东省协同创新中心、山东省工程技术研究中心、山东省两化融合促进中心等科研平台。学校的发展为教师从事科学研究提供了广阔的平台，创造了更加良好的学术生态。

"十四五"时期是我国由全面建成小康社会向基本实现社会主义现代化迈进的关键时期，也是我校合并建校以来第二个十年的跃升发展期。2022 年党的二十大的胜利召开为学校高质量发展指明了新的方向，建校 70 周年暨合并建校 10 周年校庆也为学校内涵式发展注入了新的活力。作为"十四五"时期国家重点出版物出版专项规划项目，"转型时代的中国财经战略论丛"将继续坚持以马克思列宁主义、毛泽东思想、邓小平理论、"三个代表"重要思想、科学发展观、习近平新时代中国特色社会主义思想为指导，结合《中共中央关于制定国民经济和社会发展第十四个五年规划和二〇三五年远景目标的建议》以及党的二十大精神，将国家"十四五"时期重大财经战略作为重点选题，积极开展基础研究和应用研究。

"十四五"时期的"转型时代的中国财经战略论丛"将进一步体现鲜明的时代特征、问题导向和创新意识，着力推出反映我校学术前沿水平、体现相关领域高水准的创新性成果，更好地服务我校一流学科和高水平大学建设，展现我校财经特色名校工程建设成效。我们也希望通过向广大教师提供进一步的出版资助，鼓励我校广大教师潜心治学，扎实研究，在基础研究上密切跟踪国内外学术发展和学科建设的前沿与动态，着力推进中国特色哲学社科科学学科体系、学术体系和话语体系建设与创新；在应用研究上立足党和国家事业发展需要，聚焦经济社会发展中的全局性、战略性和前瞻性的重大理论与实践问题，力求提出一些具有现实性、针对性和较强参考价值的思路和对策。

山东财经大学党委书记 王邵军

2023 年 8 月 16 日

# 前　言

转型时代的中国财经战略论丛

自2001年中国加入世界贸易组织以来，出口贸易得到了迅猛发展。截至2019年，中国已经连续10年成为全球货物贸易第一出口大国。然而，量不等同于质，中国出口规模的高速增长并不意味着出口产品质量的高速增长。一方面，中国出口产品质量的总体水平依然偏低，且结构分布上仍是低质量产品占主导；另一方面，与贸易大国地位不相称的是，中国出口产品质量离美国、德国等贸易强国还有不小的差距。当前，中国产业发展进入从规模增长到质量提升的重要窗口期，出口产品质量的升级问题亟须重视。

作为财政政策的重要组成部分，税收激励在优化经济结构、激发市场活力、提高供给质量等方面发挥着重要作用。本书以税收激励为切入点，运用理论分析与实证分析相结合的方法，深入探究中国出口产品质量的升级问题。在理论分析方面，本书构建了企业税负与出口产品质量的理论模型，论证了税收激励与出口产品质量的逻辑关系。在实证分析方面，本书基于中国工业企业数据、上市公司数据和海关进出口贸易数据，采用计量分析方法，就税收激励对出口产品质量的影响做了检验。同时，本书还立足于增值税减税、所得税减税，以增值税转型改革和固定资产加速折旧政策为例，评估了特定的税收激励政策对出口产品质量的影响效果。

本书共由8章组成。第1章为导论，介绍了研究背景、目的及意义，阐明了研究思路、结构安排与研究方法，并说明了研究的主要创新点。第2章为文献综述，梳理和评述了与出口产品质量、税收激励相关的研究。第3章为制度背景与特征事实，明确了中国税收收入的税种组成及比例分布，厘清了税收激励的实施形式；同时，结合出口产品质量的测算结果，对出口产品质量变化中存在的特征事实及演变动态进行了描述和分析。第 4 章为理论分析，构建了企业税负与出口产品质量的理论模型，论证了税收激励与出口产品质量的逻辑关系。第 5 章为实证分析，通过对企业税负与出口产品质量进行实证考察，得到了税收激励对出口产品质量的影响及异质性表现。同时，也借助于分位数回归，刻画了税收激励引致的不同企业的差异化质量调整过程。第 6 章为政策评估（Ⅰ），运用双重差分法以及三重差分法评估了增值税转型改革政策对出口产品质量的影响，并探究了增值税有效税率对出口产品质量的作用。第 7 章为政策评估（Ⅱ），以固定资产加速折旧政策为例，从所得税减税的角度出发，运用双重差分法以及三重差分法探究了固定资产加速折旧政策对出口产品质量产生的影响。第 8 章为结论、启示与展望，归纳了研究得到的主要结论，给出了可供参考的政策启示，同时阐明了未来可能的研究方向。

基于理论与实证分析，本书得到的主要结论如下：

第一，理论上，税收激励对出口产品质量的影响由质量升级倾向与临界进入成本两方面所主导。一方面，税收激励增加了企业提升出口产品质量的边际收益，提高了企业对出口产品质量的升级倾向；另一方面，税收激励促进了企业进入，加剧了市场竞争，提高了企业存活于市场的生产率门槛，降低了企业进入市场的临界成本，致使低效率企业被淘汰。在质量升级倾向提高和临界进入成本降低的共同影响下，税收激励会使不同的企业做出不同的质量调整决策。相对而言，高生产率企业会提升出口产品质量，低生产率企业则会下调出口产品质量。平均而言，税收激励对出口产品质量的影响取决于高生产率企业对出口产品质量产生的正影响与低生产率企业对出口产品质量产生的负影响的净变化。

第二，基于企业税负的实证考察发现，企业税负与出口产品质量之间存在显著负相关关系，说明税收激励有助于提升出口产品质量。在克服内生性问题、修正样本选择偏差、剔除出口退税调整和中国加入世界贸易组织（WTO）的影响、更换出口产品质量测度方法之后，结论仍然成立。但这一影响存在明显的异质性，相比之下，在一般技术行业、劳动密集型行业、高收入水平目的地、非国有企业、民营企业、差异化产品、高竞争程度市场中，税收激励对出口产品质量具有更大的提升作用。

第三，分位数回归结果表明，税收激励对出口产品质量条件分布两端的影响大于对其中间部分的影响。税收激励对出口产品质量提升产生的促进作用主要来源于生产较高质量出口产品的高生产率企业。

第四，增值税转型改革显著促进了出口产品质量的提升。其中，低研发强度企业、处于劳动密集型行业的企业及非国有企业出口产品质量的提升更明显。此外，增值税有效税率与出口产品质量之间存在显著负相关关系，说明增值税有效税率的降低有助于提升出口产品质量。

第五，固定资产加速折旧政策的实施显著促进了出口产品质量的提升。这一税收激励政策对出口产品质量的影响在不同样本中存在差异化表现。从所得税率差异、是否为高新技术企业、贸易方式层面上看，固定资产加速折旧政策在具有较高所得税率的企业、非高新技术企业和一般贸易企业中，能够对出口产品质量产生更大的正向影响。

本书的研究为税收激励与出口产品质量的关系提供了理论与经验支撑；同时也为中国出口产品质量升级动力的探索，以及未来中国税制改革及税收激励政策的机制设计提供了一定的政策启示。

# 目 录

转型时代的中国财经战略论丛

**第1章 导论** ·················································· 1
  1.1 问题的提出 ············································ 1
  1.2 研究思路、结构安排与研究方法 ························ 14
  1.3 主要创新点 ············································ 19

**第2章 文献综述** ············································ 22
  2.1 出口产品质量的相关研究 ······························ 22
  2.2 税收激励的相关研究 ·································· 42
  2.3 本章小结 ············································· 49

**第3章 制度背景与特征事实** ································ 51
  3.1 税收激励的相关制度背景 ······························ 51
  3.2 出口产品质量的数据说明 ······························ 57
  3.3 出口产品质量的特征事实分析 ·························· 66
  3.4 本章小结 ············································· 84

**第4章 理论分析：基于企业税负的理论架构** ················ 87
  4.1 理论模型构建 ········································· 87
  4.2 理论关系探讨 ········································ 104
  4.3 本章小结 ············································ 108

## 第5章 实证分析：基于企业税负的一般性考察 …… 110

5.1 模型、指标与数据说明 …… 111
5.2 全样本估计结果及分析 …… 120
5.3 异质性检验结果及分析 …… 133
5.4 分位数回归：企业差异化决策的检验 …… 144
5.5 本章小结 …… 148

## 第6章 政策评估（Ⅰ）：来自增值税转型改革的证据 …… 151

6.1 政策背景概述 …… 152
6.2 模型、指标与数据说明 …… 156
6.3 实证检验及结果分析 …… 163
6.4 进一步分析：增值税有效税率与出口产品质量 …… 176
6.5 本章小结 …… 178

## 第7章 政策评估（Ⅱ）：来自固定资产加速折旧的证据 …… 180

7.1 政策背景概述 …… 181
7.2 研究设计 …… 184
7.3 实证检验及结果分析 …… 190
7.4 异质性检验及分析 …… 196
7.5 本章小结 …… 200

## 第8章 结论、启示与展望 …… 202

8.1 研究结论与政策启示 …… 202
8.2 研究展望 …… 208

**参考文献** …… 210
**附录** …… 225

# 第1章 导　　论

本章就选题的相关情况进行说明：1.1 为问题的提出，包括研究背景、研究目的及意义；1.2 介绍研究思路、结构安排以及研究方法；1.3 陈述研究的主要创新点。

## 1.1　问题的提出

### 1.1.1　研究背景

自 2001 年中国加入世界贸易组织（WTO）以来，对外贸易得到了迅猛发展。2013 年，中国首次超过美国，成为全球第一货物贸易大国，2019 年，货物进出口总额已达 31.54 万亿元。其中，出口方面，货物出口总额由 2000 年的 2.06 万亿元增长到 2019 年的 17.23 万亿元，年平均增长速度达 11.2%，2002~2007 年出口总额的年均增长率甚至超过 20%[①]。特别地，中国货物出口总额于 2009 年首次超越德国，成为世界第一出口大国。2019 年 12 月 9 日，商务部部长助理任鸿斌在国新办发布会上表示，中国已经连续十年成为全球货物贸易第一出口大国，出口占国内生产总值（GDP）的比重接近 20%，市场遍布 230 多个国家和地区。毫无疑问，现阶段，中国已然成为一个名副其实的贸易大国。

然而，量不等同于质，中国出口规模的高速增长并不意味着出口产

---

① 基于国家统计局的贸易数据计算所得。

品质量的高速增长。本部分采用出口单位价值代表出口产品质量,中国出口产品在年份层面上的总体质量水平采用了加权平均的计算方法,权重为每种 HS6 产品出口额在当年中国出口总额中的占比。其中,以出口单位价值代表出口产品质量的原因有两个:一是数据的客观性和时间跨度,法国国际展望与信息研究中心(CEPII)提供了 HS6 产品层面双边出口单位价值,避免了自行测算的误差,且时间跨度较长,有助于充分反映中国出口产品质量的变化情况;二是单位价值法应用的普遍性(Schott,2004;Hummels and Klenow,2005;Hallak,2006;李坤望等,2014)。视数据情况,后文中还将采用更为严谨的测算方法度量出口产品质量。具体而言:

第一,相比于快速扩张的出口规模,中国的出口产品质量并没有发生大幅度的提升,总体水平依然偏低(施炳展等,2013;张杰等,2014;李坤望等,2014;Feenstra and Romail,2014;谢申祥和冯玉静,2019)。图 1-1 为 2000~2017 年中国出口产品质量与出口规模的总体变化趋势。

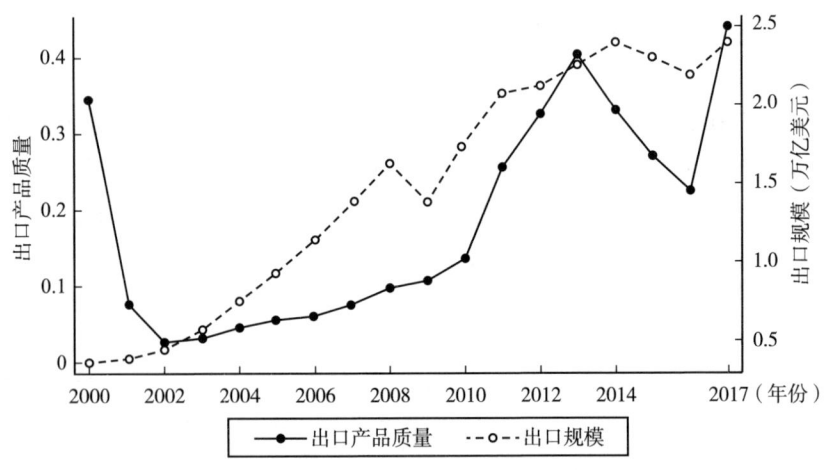

图 1-1 中国出口产品质量与出口规模的总体变化

资料来源:作者根据 CEPII 数据库整理计算所得。

从图 1-1 中可以发现,除 2009 年受金融危机冲击出现下滑、2015~2016 年在全球贸易增长乏力背景下连续两年出现负增长以外,其他年份中,出口规模始终表现为明显增长态势。出口产品质量方面,首先,

2001～2002年，出口产品质量出现大幅度滑落。根据李坤望等（2014）的研究，这主要是因为2001年中国加入WTO引致了大批生产低质量产品的企业进入国际市场，拉低了出口产品质量的总体水平。而后，中国出口产品质量开始上升，直至2013年再次出现下降拐点。结合中国出口贸易的结构特征与发展规律，2013年后出口产品质量的下降一方面受外部需求低迷的影响，另一方面也受国内劳动力成本不断上涨的压制。总体上，尽管加入WTO以来中国出口产品质量呈上升趋势，但在质量最高的2017年也仅0.4左右，与2000年相比涨幅不大。

第二，结构特征上，在中国所出口的产品中，低质量产品出口仍占主导（李坤望等，2014）。参考丰塔涅等（Fontagné et al.，2007）的研究，本部分采用相对单位价值刻画结构分布情况：首先以出口额占比为权重，加权计算出产品单位价值的世界平均水平，然后以此为基准，将产品质量划分为高质量产品和低质量产品。图1-2表示的是中国出口产品质量的结构分布情况，可以发现，中国的出口产品质量存在明显的高、低分化现象，样本期内低质量产品的出口规模及增长率远高于高质量产品。同时，不仅总体出口规模的变化趋势与低质量产品出口规模的变化趋势一致，而且低质量产品出口规模与总体出口规模较为接近。尽管在样本期内高质量产品的出口规模有上涨趋势，但整体上看涨幅较小。这说明，在中国所出口的产品中，低质量产品仍占主导，意味着从出口产品质量的世界平均水平来看，中国出口产品质量的升级现象不明显。

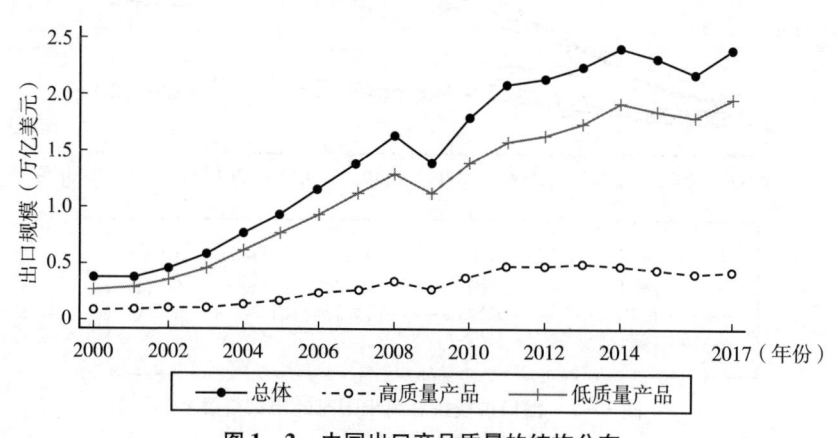

**图1-2 中国出口产品质量的结构分布**

资料来源：作者根据CEPII数据库整理计算所得。

第三，国际地位上，与贸易大国地位不相称的是，中国的出口产品质量离美国、德国等贸易强国还有不小的差距（谢申祥等，2018）。图1-3为每年出口规模排名前十国家的出口规模变化，可以发现，中国出口规模的变化尤为显著，样本期内增长幅度比较大，且在出口规模的绝对量上处于领先地位。然而，在图1-4反映的出口产品质量的变化中，中国的出口产品质量水平却远不及与其出口规模相当的美国、德国等。从出口规模与出口产品质量的相对变化上来看，尽管英国、德国、意大利等国家出口规模的增长速度不显著，但其出口产品质量的提升却比较明显。而在中国却出现了相反的现象：中国出口规模的增长速度比较快，但相比于其他国家，中国出口产品质量的提升却不明显。

究其根本，这些现象的存在与长期以来中国依托于劳动力低成本竞争优势产生的"低质低价"的出口产品特征以及"以量取胜"的粗放型出口增长模式密切相关。现阶段，受国内劳动力成本上涨、外部需求增长乏力、贸易摩擦压力及不确定性增多等因素的影响，粗放型出口增长模式越来越难以为继，中国出口面临严峻挑战。毋庸置疑，"以质取胜"、提高出口产品质量已经成为中国在全球贸易体系中重塑核心竞争

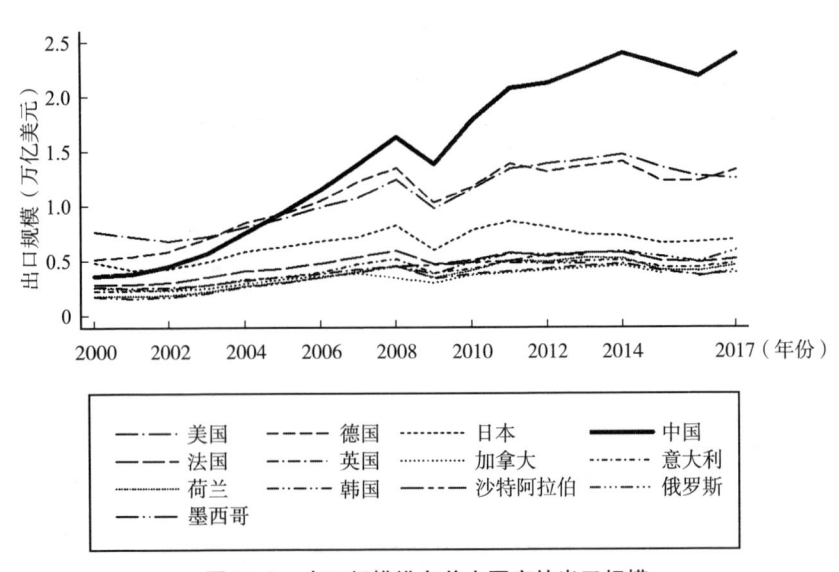

**图1-3 出口规模排名前十国家的出口规模**

资料来源：作者根据 CEPII 数据库整理计算所得。

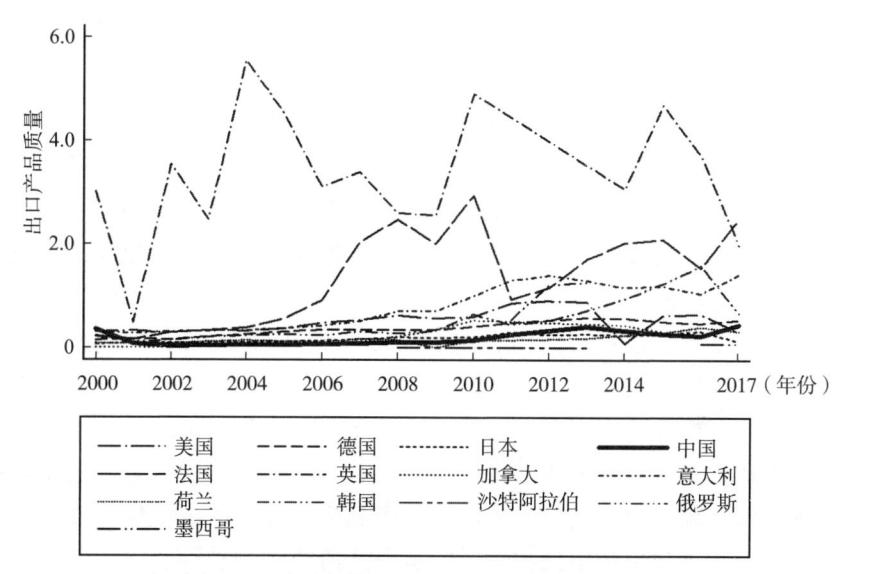

**图 1-4 出口规模排名前十国家的出口产品质量**

资料来源：作者根据 CEPII 数据库整理计算所得。

力的迫切需要。而且，党的二十大报告提出，推进高水平对外开放，加快建设贸易强国。展望"十四五"，可以发现，全球新一轮产业分工和贸易格局加快重塑，中国产业发展进入从规模增长到质量提升的重要窗口期。在此背景下，提高出口产品质量、实现出口产品的质量升级，也是助力经济高质量发展的重中之重。

那么，出口产品质量提升的动力从何而来？如何寻找出口产品质量的提升路径，有效提高出口产品的质量水平？不可否认，企业是出口产品质量的实践者和决策者。高质量产品的生产与否，取决于企业的生产能力和创新意愿。然而，囿于创新的正外部性、投资不可逆、高成本、高风险、回报期限不确定等特征（Holmstrom，1989），当面临发展困境或障碍时，企业的生产能力和创新意愿势必会降低，从而导致其很难做出提高出口产品质量的决策，甚至在成本等方面的压制下，企业会降低产品质量以抵御成本上涨。从财税角度看，税负是企业一项重要的成本负担，深刻地影响着企业发展空间和企业价值（Modigliani and Miller，1963）。在中国的税收结构中，有90%以上的税收收入来源于企业，可以说，中国的税收负担基本上是由企业纳税人独自挑起的（高培勇，2015）。根据中国企业家调查系统发布的《2017中国企业经营者问卷跟踪调查报告》显示，49.7%的企业家认为"税费负担过重"是企业经营中的主要困难之一。

本质上讲，税收激励是国家在税收体系运转的过程中，通过对税收机制的设计、调节，在宏观及微观层面直接或间接地对投资、生产、消费等经济活动给予的积极干预，是实现社会经济协调发展战略的措施。常见的税收激励有免税、减税、加速折旧、加计扣除、税额抵免等。为激发企业活力、适应经济发展的需要，税收激励作为一种重要的政策工具被广泛使用。例如，2004年9月14日，财政部、国家税务总局发文正式启动改革试点，印发了《东北地区扩大增值税抵扣范围若干问题的规定》，规定自2004年7月1日起，东北地区（辽宁、吉林、黑龙江）从事装备制造业、石油化工业、冶金业、船舶制造业、汽车制造业以及农产品加工业产品生产为主的增值税一般纳税人，可以在进项税额中抵扣购买固定资产所缴纳的税额，将生产型增值税转变成消费型增值税，推行"增值税转型改革试点"。改革后，企业避免了重复缴税，设备投资的税收负担得以减轻。2014年10月20日，财政部、国家税务总局印发的《关于完善固定资产加速折旧企业所得税政策的通知》规定，生物药品制造业，专用设备制造业，铁路、船舶、航空航天和其他运输设备制造业，计算机、通信和其他电子设备制造业，仪器仪表制造业，信息传输、软件和信息技术服务业6个行业的企业，2014年1月1日后新购进的固定资产，可缩短折旧年限或采取加速折旧的方法计提折旧。这一政策也称为"固定资产加速折旧政策"。该政策允许企业提前抵扣未来折旧抵扣的金额，减少了企业投资初期的应纳税所得额，改善了企业现金流，进而可能激励企业进行固定资产更新。

事实上，税收激励也是现阶段推进供给侧结构性改革的重要手段，已经成为政府经济工作的重要目标。2018~2023年连续6年，政府工作报告均将"减税降费"作为财税体制改革的重要任务。就成效方面来看，2019年以来更大规模、实质性、普惠性减税政策的相继出台，在减轻企业负担、激发微观主体活力方面发挥了重要作用。例如，2019年3月，政府工作报告提出，深化增值税改革，将制造业等行业现行16%的税率降至13%，交通运输业、建筑业等行业现行10%的税率降至9%，确保主要行业税负明显降低；保持6%一档的税率不变，但通过采取对生产、生活性服务业增加税收抵扣等配套措施，确保所有行业税负只减不增，继续向推进税率三档并两档、税制简化方向迈进。伴随着税收激励政策的落地，企业有了更多可以投入到研发、技术改进等方面的资金，创新后劲有所增加。

据中国税务学会联合中国社会科学院财经战略研究院发布的《2019年减税降费政策效应评估报告》显示：2019年实施的更大规模减税降费政策取得了明显成效，全年累计减税降费2.36万亿元，占GDP的比重为2.39%；减税降费在改善企业经营方面发挥了重要作用，调查的样本企业中，有66%的企业增加了营业收入，79.6%的企业增加了利润，41.8%的企业将减税降费红利主要用于增加研发投入。另外，中国税务报发布的统计数据显示，2020年的前11个月内，全国范围内享受研发费用加计扣除政策的33万家企业，在高技术设备、高技术服务方面的购进金额同比增长了15.8%，全国重点税源企业的研发支出则同比增长了13.1%。就发展趋势来看，"减税降费"仍是未来经济发展过程中的主要任务。例如，2023年3月5日，政府工作报告指出，完善税费优惠政策，对现行减税降费、退税缓税等措施，该延续的延续，该优化的优化。

由此，我们不禁要问，企业的出口产品质量是否也能够随之得到改善？税收激励与出口产品质量之间是否存在着一定的联系呢？图1-5、图1-6分别显示了企业税负、出口产品质量的动态演进趋势[①]。其中，企业税负以企业的综合实际税负率表示。具体而言，我们借鉴冯延超（2012）、刘啟仁和黄建忠（2018）的做法，以应交增值税、产品销售税金及附加、应交所得税三项之和与产品销售收入的比值反映企业的综合实际税负率，用以衡量企业税负。出口产品质量则借鉴了余淼杰和张睿（2017a）的测算方法。

---

① 囿于出口产品质量测算方法的完善性、数据可得性等，此处将数据的使用时间跨度限定为2000~2007年。有关于数据使用时间跨度的具体说明，详见本书的附录部分。另外，虽然现有文献中，有学者基于国家税收调查数据和上市公司数据探究税收问题（申广军等，2016；Liu and Mao, 2019；刘啟仁和赵灿，2020），但遗憾的是，这类数据库中缺乏计算出口产品质量的数据。综合比较之下，我们认为尽管中国工业企业数据和海关进出口贸易数据的可用时间较短，但仍旧是探究本书主题的不二之选。

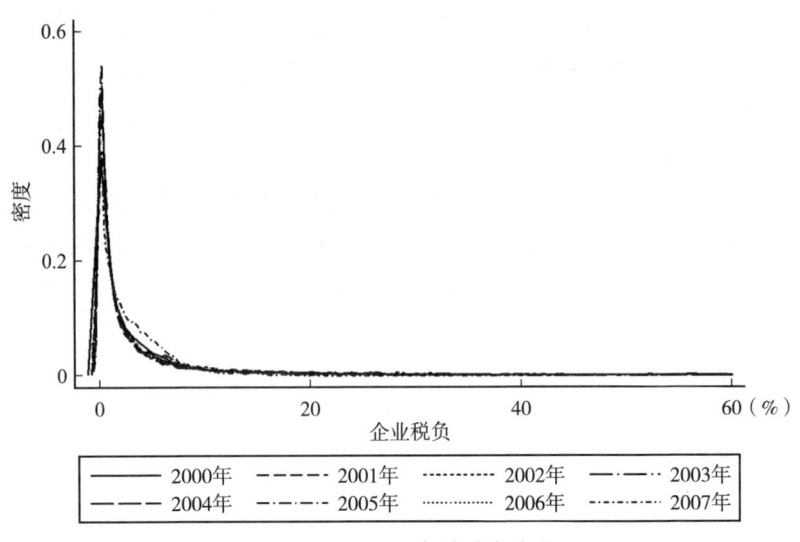

**图 1-5 企业税负的动态演进**

资料来源：作者根据中国工业企业数据库整理计算所得。

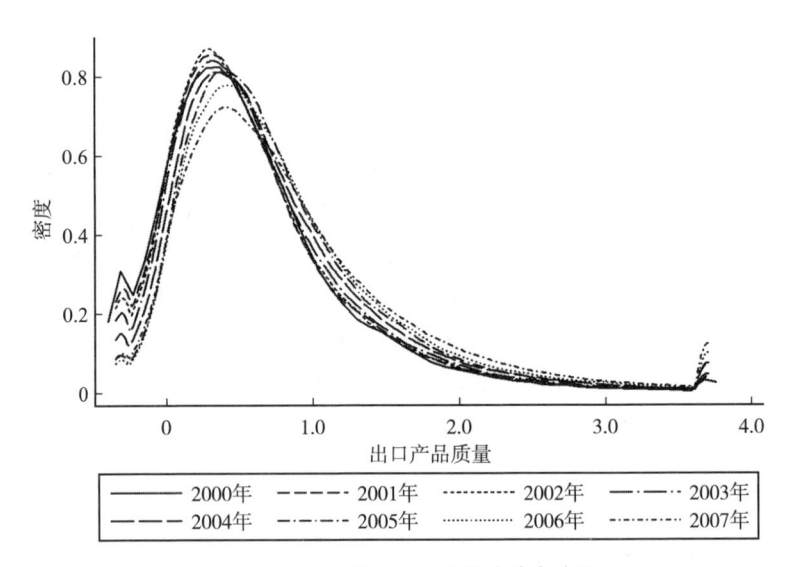

**图 1-6 企业出口产品质量的动态演进**

资料来源：作者根据中国工业企业数据和海关进出口贸易数据整理计算所得。

图 1-5 与图 1-6 为基于核密度估计方法得到的企业税负（%）及出口产品质量的动态演进图。由图 1-5 可以看出，随着时间的推移，

企业税负分布的密度峰值及密度曲线整体基本呈现出向上且偏左移动的态势，这说明观察期内的企业税负总体表现为下降趋势。图1-6显示，出口产品质量的密度曲线表现出向右移动的态势，表明出口产品质量总体上呈增长趋势。图1-7则从平均意义上绘制了企业税负与出口产品质量的变动情况，可以发现，企业税负与出口产品质量之间大致呈现反向变动趋势。随着企业税负的逐渐下降，企业出口产品质量表现出逐渐上升的趋势，说明企业税负的降低，有可能带来出口产品质量的提高。

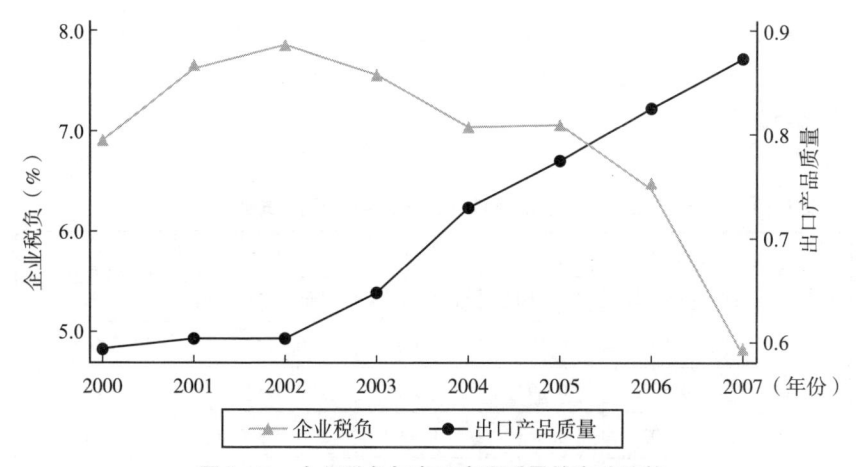

**图1-7 企业税负与出口产品质量的变动趋势**

资料来源：作者根据中国工业企业数据和海关进出口贸易数据整理计算所得。

进一步地，为了更加直观地反映税收激励政策与出口产品质量的关系，下文以2004年增值税转型改革政策为例，展示了增值税转型改革试点地区（东北地区）与非试点地区（除东北地区之外的其他地区）出口产品质量的变化情况[①]。

---

[①] 考虑到CEPII数据的优势所在，前文基于出口单位价值分析了中国出口产品质量的总体情况。然而，产品的单位价值除反映质量以外，还暗含成本因素，并且，要素价格扭曲的存在也会使中国产品存在高质低价的现象（施炳展，2014）。基于此，区别于前文采用的单位价值法，此处为更为精确地反映税收激励与出口产品质量的关系，基于中国工业企业数据库和海关进出口贸易数据库提供的企业层面的数据，采用了余淼杰和张睿（2017a）提出的全面考虑供给和需求因素，且基于微观数据的出口产品质量测算方法，测算出口产品质量。后文中将对这一测算方法做出详细说明。

表1-1是分年度统计的试点地区与非试点地区的出口产品质量均值。由第（4）列可以发现，无论是从每个年度还是总体层面来看，试点地区与非试点地区的出口产品质量都存在显著差异。其中，自2004年之后，两组地区出口产品质量的差异呈明显递增趋势。总体而言，试点地区比非试点地区出口产品质量高约10%。表1-2反映的是增值税转型改革试点、非试点地区六大试点行业，即国民经济行业分类二分位码（CIC2）水平上的出口产品质量的平均变化情况①。从中可以发现，在绝大部分行业内，试点地区与非试点地区的出口产品质量均存在显著差异。具体而言，除木材加工及木竹藤棕草制品，家具制造，石油加工、炼焦及核燃料加工业的质量之差显著为负之外，在其他具有显著质量差异的行业中，试点地区的出口产品质量均高于非试点地区。

表1-1　　试点地区与非试点地区：总体出口产品质量均值

| 年份 | （1）全样本 | （2）试点地区 | （3）非试点地区 | （4）差异：（2）~（3） | 标准误 |
| --- | --- | --- | --- | --- | --- |
| 2000 | 0.591 | 0.699 | 0.587 | 0.112*** | 0.011 |
| 2001 | 0.603 | 0.699 | 0.601 | 0.098*** | 0.011 |
| 2002 | 0.602 | 0.673 | 0.600 | 0.073*** | 0.010 |
| 2003 | 0.649 | 0.702 | 0.648 | 0.054*** | 0.008 |
| 2004 | 0.730 | 0.765 | 0.729 | 0.036*** | 0.007 |
| 2005 | 0.774 | 0.854 | 0.772 | 0.082*** | 0.007 |
| 2006 | 0.823 | 0.949 | 0.820 | 0.129*** | 0.006 |
| 2007 | 0.872 | 0.993 | 0.869 | 0.124*** | 0.007 |
| 总体 | 0.754 | 0.792 | 0.703 | 0.089*** | 0.003 |

注：***、**和*分别表示1%、5%和10%的显著水平。
资料来源：作者根据中国工业企业数据和海关进出口贸易数据整理计算所得。

---

① 六大试点行业，即装备制造业、石油化工业、冶金业、船舶制造业、汽车制造业与农产品加工业。虽然2004年增值税转型改革试点后来也包含部分军品、高新技术产品生产企业，但考虑到样本匹配量较少，本部分暂且不将其纳入研究。

表1-2　　　试点、非试点地区：分行业出口产品质量均值

| CIC2 | 行业名称 | (1) 试点地区 | (2) 非试点地区 | (3) 差异：(1)~(2) | 标准误 |
|---|---|---|---|---|---|
| 13 | 农副食品加工 | 0.535 | 0.493 | 0.042*** | 0.006 |
| 14 | 食品制造 | 0.588 | 0.472 | 0.116*** | 0.013 |
| 15 | 饮料制造 | 0.436 | 0.427 | 0.009 | 0.031 |
| 17 | 纺织 | 0.528 | 0.499 | 0.029*** | 0.006 |
| 18 | 纺织服装鞋帽制造 | 0.545 | 0.539 | 0.006* | 0.004 |
| 19 | 皮革毛皮羽毛（绒）及其制品 | 0.656 | 0.640 | 0.016 | 0.015 |
| 20 | 木材加工及木竹藤棕草制品 | 0.585 | 0.643 | -0.058*** | 0.008 |
| 21 | 家具制造 | 0.831 | 0.872 | -0.041*** | 0.011 |
| 22 | 造纸及纸制品 | 0.572 | 0.536 | 0.036*** | 0.021 |
| 25 | 石油加工、炼焦及核燃料加工业 | 0.529 | 0.933 | -0.404*** | 0.038 |
| 26 | 化学原料及化学制品制造 | 0.948 | 0.643 | 0.305*** | 0.011 |
| 27 | 医药制造 | 1.288 | 1.307 | -0.019 | 0.029 |
| 28 | 化学纤维制造 | 0.310 | 0.329 | -0.019 | 0.046 |
| 29 | 橡胶制品 | 0.773 | 0.778 | -0.005 | 0.019 |
| 30 | 塑料制品 | 0.931 | 0.791 | 0.140*** | 0.014 |
| 32 | 黑色金属冶炼及压延加工 | 0.449 | 0.257 | 0.192*** | 0.013 |
| 33 | 有色金属冶炼及压延加工 | 0.556 | 0.399 | 0.157*** | 0.026 |
| 35 | 通用设备制造 | 1.237 | 1.022 | 0.215*** | 0.012 |
| 36 | 专用设备制造 | 1.789 | 1.320 | 0.469*** | 0.022 |
| 37 | 交通运输设备制造 | 0.952 | 0.778 | 0.174*** | 0.011 |
| 39 | 电气机械及器材制造 | 1.059 | 0.751 | 0.308*** | 0.016 |
| 40 | 通信设备计算机及其他电子设备制造 | 1.549 | 1.323 | 0.226*** | 0.024 |
| 41 | 仪器仪表及文化办公用机械制造 | 2.025 | 1.329 | 0.696*** | 0.034 |
| 42 | 工艺品及其他制造 | 0.768 | 0.623 | 0.145*** | 0.009 |

注：***、**和*分别表示1%、5%和10%的显著水平。
资料来源：作者根据中国工业企业数据和海关进出口贸易数据整理计算所得。

图 1-8 展示了增值税转型改革前后企业出口产品质量的变化趋势。从中可以清晰地发现，改革之前处理组与对照组的出口产品质量变化趋势基本一致。改革之后，两组出口产品质量的变化趋势开始出现差异。其中，处理组出口产品质量的增长幅度较改革前有明显增加，且增长幅度明显高于对照组。这说明增值税转型改革与出口产品质量之间存在正相关关系。

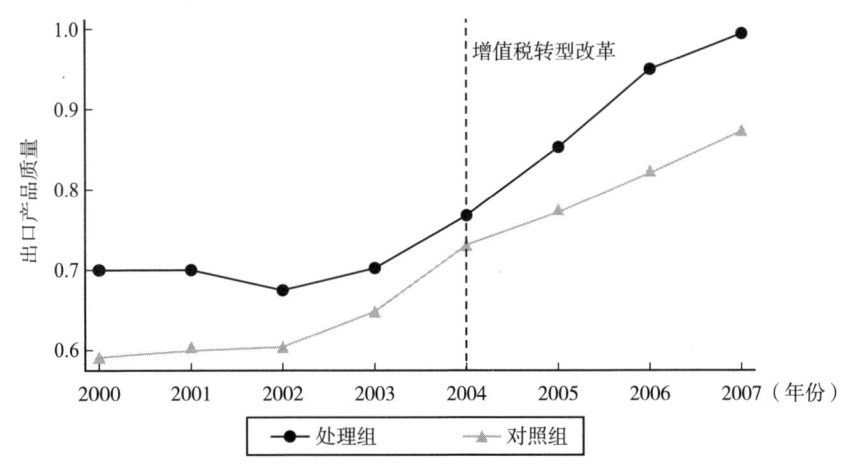

图 1-8　增值税转型改革前后出口产品质量的变化趋势

资料来源：作者根据中国工业企业数据和海关进出口贸易数据整理计算所得。

基于以上分析与观察，我们猜想：税收激励有助于提升出口产品质量。但是，这一结论是否真的存在？内在的逻辑是什么？特定税收激励政策下出口产品质量的反应情况如何？均是未知的。这就需要我们进行进一步探索。为此，本书将研究内容聚焦于税收激励对出口产品质量的影响，试图从税收激励的视角，深入探究中国出口产品质量的升级问题，以期为中国出口产品质量的升级动力提供借鉴，也为税收激励效果的现实表现提供理论及经验解释。

### 1.1.2　研究目的及意义

本书旨在研究税收激励对出口产品质量的影响，为寻找中国出口产品质量提升的有效路径提供理论与经验支撑。具体而言，本书的研究目的主要包括以下几个方面：

第一，明确税收激励是否会影响出口产品质量。

第二，探究税收激励如何影响出口产品质量，明晰二者在理论上的逻辑关系。

第三，从异质性的角度入手，分析现实经济中是否存在着一些干扰因素会影响到税收激励对出口产品质量的作用。

第四，以特定的税收激励政策为例，评估其在实施过程中，是否对出口产品质量产生了影响。

第五，为中国税收激励的机制设计以及出口产品质量的提升提供切实可行的政策参考。

基于以上研究目的，本书的研究意义主要涵盖以下两点：

其一，现实意义。中国经济当前正处于从旧常态跃迁到新常态、从高速增长向高质量发展转型的攻坚期。出口产品质量作为国家创新力与竞争力的集中体现，无疑是推动质量变革、建设贸易强国的重中之重，是实现经济高质量发展的有力抓手。从这一层面上来看，本书对税收激励与出口产品质量关系的考察，具有重要的现实意义。与此同时，本书基于增值税、所得税为中国税收体系主体税种的现实背景，结合中国未来税收政策的调整及改革方向，从政策评估的角度入手，以2004年增值税转型改革、2014年固定资产加速折旧政策为例，基于双重差分法（difference-in-differences，DID）及三重差分法（difference-in-difference-in-differences，DDD）评估了特定税收激励政策的实际效果，为税收激励在实体经济实施的具体反应提供了一定的现实依据，也为未来中国税制改革及税收激励政策的设计提供了经验证据。

其二，理论意义。本书参考梅利兹和奥塔维亚诺（Melitz and Ottaviano，2008）、安东尼亚德斯（Antoniades，2015）关于异质性企业贸易模型的设计思路，同时借鉴刘啟仁和黄建忠（2018）关于企业税负的引入方式，通过构建企业税负与出口产品质量的理论模型，形成了税收激励与出口产品质量的理论架构，全面、系统地论证了税收激励与出口产品质量在理论上的逻辑关系，从定性分析的角度诠释了税收激励如何作用于出口产品质量。为探究税收激励与出口产品质量之间的影响程度以及税收激励对出口产品质量的现实表现，本书搭建了理论分析框架。同时，也对税收激励的经济影响研究形成了有益的补充，丰富和完善了有关于出口产品质量影响因素研究的逻辑体系，为后续更深层次的理论创新奠定了一定的分析基础。

## 1.2 研究思路、结构安排与研究方法

### 1.2.1 研究思路

本书结合中国出口产品质量提升的必要性和重要性，对中国出口产品质量的升级问题予以探索。当前，税收激励作为调控经济发展的重要政策工具，在优化经济结构、激发市场活力、提高供给质量等方面发挥着重要作用。为此，本书尝试将研究内容聚焦于税收激励对出口产品质量的影响，从税收激励的视角，深入探究中国出口产品质量的升级问题，以期为中国出口产品质量的提升以及税收激励效果的识别提供理论依据与经验支撑。

具体而言，本书的研究思路如下：（1）在现有研究的基础上，对与出口产品质量相关的研究、与税收激励相关的研究进行系统地研读、总结与分析，归纳已有文献的研究进展。（2）对中国税收激励的相关制度背景进行说明，把握中国税收收入的税种组成及比例分布，厘清税收激励的实施形式。同时，对中国出口产品质量的测算结果予以描述和分析，明确出口产品质量变化中存在的特征事实及演变动态。（3）构建税收激励与出口产品质量的理论模型，明晰税收激励与出口产品质量在理论上的逻辑关系。（4）运用计量分析方法，就税收激励对出口产品质量的影响做出实证检验，为税收激励影响出口产品质量的实际表现提供经验支撑。（5）进行政策评估，探究特定的税收激励政策的实施是否影响了出口产品质量。（6）依据研究结论得到相应的政策启示，并提出将来可能拓展的研究方向。

### 1.2.2 结构安排

根据以上研究思路，本书将研究内容分为 8 个部分，框架结构如

图1-9所示。

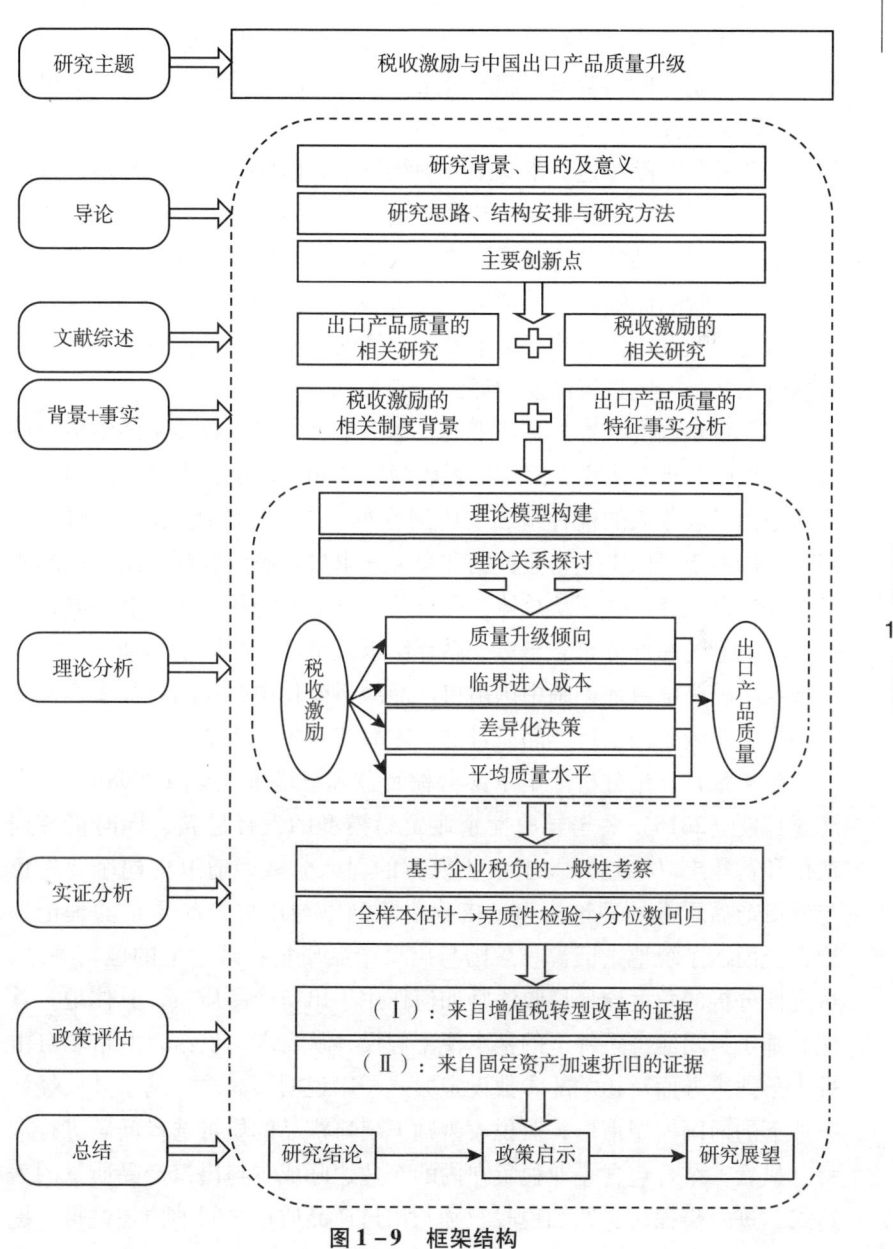

图1-9 框架结构

第1章是导论。本章结合中国出口产品质量提升的必要性、重要性、税制改革的现实背景以及税收激励与出口产品质量的现实表现，引出本书的研究背景，明确研究目的及意义，然后在此基础上阐明研究思路，对本书整体的结构安排和所采用的研究方法进行说明，同时给出研究的主要创新点。

第2章是文献综述。本章主要围绕三个方面展开：一是与出口产品质量相关的研究，主要就出口产品质量的概念界定、出口产品质量的理论基础、出口产品质量的测算方法以及出口产品质量的影响因素进行综述；二是与税收激励相关的研究，主要围绕税收激励的宏观经济影响、税收激励的微观经济影响、未来税收政策的调整与改革方向展开；三是对既有的文献研究进行简要的评述。

第3章是制度背景与特征事实。本章结合中国税收体系的结构组成与税收激励的现实表现，对中国税收激励的相关制度背景进行说明，以明确中国税收收入的税种组成及比例分布，厘清税收激励的实施形式。同时，借助于中国工业企业数据和海关进出口贸易数据测算出口产品质量，并结合测算结果，从总体、分行业、目的地特征、所有制差异、出口产品质量的高低分布、出口关系存续以及出口产品质量的动态分解多个维度，较为细致地刻画中国出口产品质量变化中存在的特征事实及演变动态，明晰中国出口产品质量的基本事实和主要特征。

第4章是理论分析。本章参考梅利兹和奥塔维亚诺（2008）、安东尼亚德斯（2015）关于异质性企业贸易模型的设计思路，同时借鉴刘啟仁和黄建忠（2018）关于企业税负的引入方式，通过构建企业税负与出口产品质量的理论模型，搭建税收激励与出口产品质量的理论架构，全面、系统地论证税收激励与出口产品质量在理论上的逻辑关系，从定性分析的角度诠释税收激励如何作用于出口产品质量。具体地，首先，基于封闭经济条件下的基本模型假设，从需求、供给以及市场自由进入条件等方面对相关的参数设定方式予以说明。其次，基于开放经济条件下的两国模型情形，对税收激励下出口产品的质量选择问题进行求解。最后，结合包含企业税负在内的企业边际成本与出口产品质量的表达式，进一步探讨、归纳税收激励与出口产品质量之间的内在逻辑，提出能够明确表示税收激励与出口产品质量之间理论关系的命题。

第5章是实证分析。本章在第4章理论分析部分的基础上，借助于中国工业企业数据和海关进出口贸易数据，运用计量分析方法，通过对企业税负与出口产品质量进行一般性的实证考察，得到税收激励对出口产品质量的影响效果。具体而言，首先，就企业税负对出口产品质量的影响进行基准回归，初步观察税收激励对出口产品质量的影响效果。其次，对计量模型中潜在的内生性问题进行处理，并基于样本选择偏差、出口退税调整、中国加入WTO、出口产品质量测度方法，就企业税负对出口产品质量的作用进行稳健性检验。再次，在全样本估计的基础上，对现实经济中存在的一些干扰因素进行提取，围绕行业技术水平及要素密集度、目的地收入水平、企业所有制形式、产品差异性、市场竞争程度，对不同的子样本下税收激励影响出口产品质量的异质性表现进行探究。最后，借助于分位数回归，对税收激励下不同企业的差异化质量调整决策进行检验，刻画税收激励引致的差异化质量调整过程。

第6章是政策评估（Ⅰ）。本章基于增值税为中国税收体系主体税种的现实背景，同时结合未来税收政策的调整及改革方向，将研究内容聚焦于增值税减税效应，以增值税转型改革政策为例，评估特定的税收激励政策对出口产品质量的影响效果。首先，对中国渐次推进的增值税转型改革政策进行细致梳理，概括增值税转型改革政策的初衷及具体举措。其次，运用双重差分法（DID）、三重差分法（DDD），对增值税转型改革与出口产品质量之间的因果关系进行识别和分析，明晰增值税转型改革对出口产品质量的影响效果。最后，在此基础上，结合增值税税率简并、税制简化的方向，立足于增值税税率下调的政策背景，进一步分析增值税有效税率对出口产品质量的影响。

第7章是政策评估（Ⅱ）。本章基于中国税收体系中税种分布的现实情况，立足于所得税的视角，探究了以固定资产加速折旧政策为例的税收激励对出口产品质量的影响。首先，对固定资产加速折旧政策的内涵、目标导向、相关规定以及实施进程等方面进行了较为全面的归纳。其次，构建固定资产加速折旧政策与出口产品质量的双重差分估计模型，运用双重差分法（DID）、三重差分法（DDD），对固定资产加速折旧政策与出口产品质量之间的因果关系进行了识别和分析，明晰固定资产加速折旧政策对出口产品质量的影响效果，并进行识别条件检验、稳健性检验及异质性检验和分析。

第8章是结论、启示与展望。本章对全书进行总结，归纳各章研究所得到的主要结论，然后围绕研究结论得到可供借鉴和参考的政策启示，最后进行下一步的研究展望，提出该领域未来的研究方向。

### 1.2.3 研究方法

本书以中国出口产品质量提升的必要性、重要性、税制改革的现实背景以及税收激励与出口产品质量的现实表现为研究背景，构建了税收激励与出口产品质量的理论分析框架，并结合微观企业数据，全面、系统地探讨了税收激励对出口产品质量的影响效果。为了使研究结论更具有可信度，本书着力从多维度、多层次上进行全方位分析。具体而言，本书所采用的研究方法主要有以下几类：

**1. 理论分析与实证分析相结合**

理论分析与实证分析相结合的方法，不仅可以使本书的研究过程更为系统和严谨，也可以极大地增强研究结论的可靠性。具体地，在第4章中，通过构建企业税负与出口产品质量的理论模型，搭建了税收激励与出口产品质量的理论架构，全面、系统地论证了税收激励与出口产品质量在理论上的逻辑关系，从定性分析的角度诠释了税收激励如何作用于出口产品质量。

与理论分析相对应，第5章借助于中国工业企业数据和海关进出口贸易数据，运用计量分析方法，通过对企业税负与出口产品质量进行一般性的实证考察，得到了税收激励对出口产品质量的影响效果。之后，还借助于分位数回归，对税收激励下不同企业的差异化质量调整决策进行了检验，刻画了税收激励引致的差异化质量调整过程。进一步地，第6章以特定的税收激励政策为例，基于增值税转型改革进行了政策评估，从实证上对增值税转型改革与出口产品质量之间的因果关系进行了识别和分析，得到了特定的税收激励政策对出口产品质量的影响效果。

**2. 多种计量分析方法的综合运用**

基于提高估计结果准确性的考虑，本书在实证考察部分，根据不同的研究内容和数据特征，综合运用了多种计量分析方法。第一，普通最小二乘法（OLS）和固定效应模型。这是本书实证回归中应用最多的两种计量分析方法，主要用于基准回归结果的估计。第二，考虑到计量模型中潜在的内生性问题，本书构建了相应的工具变量，进行了两阶段最小二乘法（2SLS）估计。第三，对于样本选择偏差问题的处理，本书采用的方法是赫克曼（Heckman）两步法。第四，分位数回归，主要用于检验税收激励引致的企业的差异化质量调整过程。第五，双重差分法（DID）和三重差分法（DDD）。主要体现在第6章和第7章的政策评估中，用以估计以增值税转型改革和固定资产加速折旧政策为例的特定税收激励政策对出口产品质量的影响效果。

**3. 对比分析法**

对比分析法的应用主要体现在第5章、第6章、第7章中税收激励对出口产品质量的异质性检验及分析部分。这一方法主要依托于分组回归法、交互项回归法及三重差分法（DDD），用以区分不同子样本中税收激励对出口产品质量产生的不同影响。与全样本估计相比，这一方法的运用能够揭示税收激励对出口产品质量产生的影响，是否因样本不同而具有差异性，有助于提出更富有针对性的政策启示，从而丰富本书的研究内涵。

在具体的研究过程中，第5章主要围绕行业技术水平及要素密集度、目的地收入水平、企业所有制形式、产品差异性、市场竞争程度，运用分组回归法及交互项回归法，就税收激励影响出口产品质量的异质性表现进行了探究。在第6章中，针对增值税转型改革政策的实际内涵与目标导向，主要从企业研发强度、行业要素密集度以及企业所有制形式三个维度，分析了以增值税转型改革为代表的特定税收激励政策对出口产品质量的异质性影响，其中，同时运用了分组回归法及三重差分法（DDD）。在第7章中，则立足于所得税减税的现实背景，结合固定资产加速折旧政策的内涵、目标导向、相关规定以及实施进程，从所得税率差异、是否为高新技术企业、贸易方式三个维度探究固定资产加速折旧这一税收激励政策对出口产品质量的影响在不同样本中存在差异化表现。

## 1.3　主要创新点

本书将研究内容聚焦于税收激励对出口产品质量的影响，从税收激励的视角，深入探究中国出口产品质量的升级问题。在理论分析方面，本书通过构建企业税负与出口产品质量的理论模型，搭建了税收激励与出口产品质量的理论架构，全面、系统地论证了税收激励与出口产品质量在理论上的逻辑关系，从定性分析的角度诠释了税收激励如何作用于出口产品质量。在实证分析方面，本书基于中国工业企业数据和海关进出口贸易数据，运用计量分析方法，就税收激励对出口产品质量的影响做出了细致检验，从微观企业层面实证考察了税收激励对出口产品质量的影响效果，量化了税收激励对出口产品质量的作用程度。同时，也在全样本估计的基础上，对现实经济中存在的一些干扰因素进行了提取，围绕行业技术水平及要素密集度、目的地收入水平、企业所有制形式、产品差异性、市场竞争程度，对不同的子样本下税收激励影响出口产品质量的异质性表现进行了探究。本书还以特定的税收激励政策为例，立足于增值税减税和所得税减税的现实背景，基于增值税转型改革和固定资产加速折旧政策进行了政策评估，从实证上对增值税转型改革与出口产品质量、固定资产加速折旧政策与出口产品质量之间的因果关系进行了识别和分析。

与已有的研究相比较，本书的创新点主要体现在以下三个方面。

第一，研究视角。已有研究虽然注意到了中国出口产品质量的提升问题，从不同角度对出口产品质量的影响因素做出了深刻的理论或实证分析，也基于税制改革或税负的视角考察了税收激励对宏观经济、微观经济等方面的影响，但遗憾的是，在当前中国经济迈向高质量发展的新阶段，伴随着供给侧结构性改革的不断深化，作为助推经济高质量发展"重头戏"的税收激励如何作用于出口产品的"质"，似乎鲜有文献提及。本书立足于中国出口产品质量提升的必要性与重要性、税制改革的现实背景以及税收激励与出口产品质量在现实中的关联性，首次将税收激励纳入出口产品质量的研究框架，不仅对出口产品质量的相关研究形成了有益补充，也为税收激励效果的评估拓宽了视角，丰富和完善了关于税收激励的经济影响研究。

第二，理论分析。本书通过构建企业税负与出口产品质量的理论模型，搭建了税收激励与出口产品质量的理论架构，全面、系统地论证了税收激励与出口产品质量在理论上的逻辑关系，从定性分析的角度诠释了税收激励如何作用于出口产品质量，对税收激励如何影响出口产品质量这一问题进行了深入的理论探讨。这为理解税收激励与出口产品质量的关系提供了理论基础，也为明确企业出口产品质量的决策机制提供了理论支撑。

　　第三，实证识别策略。本书借助于中国工业企业数据和海关进出口贸易数据，首先运用计量分析方法，对企业税负与出口产品质量进行了一般性的实证考察，得到了税收激励对出口产品质量的影响效果。其中，在全样本估计的基础上，不仅围绕行业技术水平及要素密集度、目的地收入水平、企业所有制形式、产品差异性、市场竞争程度，运用分组回归法及交互项回归法，就税收激励影响出口产品质量的异质性表现进行了探究，还借助于分位数回归，对税收激励下不同企业的差异化质量调整决策进行了检验，刻画了税收激励引致的差异化质量调整过程。其次，基于增值税为中国税收体系主体税种的现实背景，同时结合未来税收政策的调整及改革方向，立足于增值税减税问题，以增值税转型改革政策为例，运用双重差分法（DID）以及三重差分法（DDD）进行了政策评估，探究了税收激励政策对出口产品质量的影响，明确了以增值税减税为核心的特定税收激励政策在出口产品质量上产生的实际效果。并且，结合增值税税率简并、税制简化的方向，立足于增值税税率下调的政策背景，进一步分析了增值税有效税率对出口产品质量的影响。最后，运用上市公司和海关进出口贸易数据的匹配数据，从所得税减税的角度出发，以固定资产加速折旧政策为例，运用双重差分法以及三重差分法，对以所得税减税为核心的税收激励政策对出口产品质量产生的影响进行了细致分析。总体上看，本书采用的实证识别策略较为全面、系统地检验了税收激励对出口产品质量的影响，提高了实证分析的可信度。

# 第2章 文献综述

考虑到直接聚焦于税收激励对出口产品质量影响的文献少之又少。本章分别从以下两个维度出发，对相关的已有研究做出系统分类、梳理及评述：一是出口产品质量的维度；二是税收激励的维度。其中，出口产品质量方面，主要对出口产品质量的概念界定、出口产品质量的理论基础、出口产品质量的测算方法以及影响出口产品质量的因素进行综述；税收激励方面，主要围绕税收激励的宏观经济影响、税收激励的微观经济影响、未来税收政策的调整与改革方向展开。具体地，本章共包含3节内容：2.1为出口产品质量的相关研究；2.2为税收激励的相关研究；2.3为本章小结，该节是对本章内容的归纳与总结。

## 2.1 出口产品质量的相关研究

本部分聚焦于与出口产品质量有关的文献，对已有文献中与出口产品质量相关的研究内容进行回顾。首先，从出口产品质量的内涵出发，对有关于出口产品质量概念界定的文献进行梳理。其次，结合国际贸易的理论研究，对涉及出口产品质量的理论予以归纳，厘清出口产品质量的相关理论基础。再次，立足于实证研究中所需的出口产品质量的衡量指标，详细地总结现有研究中已经存在的量化出口产品质量的方式，并对不同出口产品质量度量方式之间的优缺点与适用性进行对比，以期为后续章节中出口产品质量的特征事实分析及实证检验指明方向。最后，归纳、总结现有研究中涉及的影响出口产品质量的主要因素。

## 2.1.1 出口产品质量的概念界定

就"出口产品质量"的实际概念而言，可以结合已有研究中阐述的"质量"内涵来理解。起初，学者们对于质量的研究大多分布在质量管理学这一领域。比如，在《关于产品质量的经济控制》（Economic Control of Quality of Manufactured Product）这本书中，休哈特（Shewhart，1931）立足于主、客观两个层面，对质量进行了定义：所谓质量，既包括主观层面上消费者对产品特性的某种要求，也包括消费者要求之外的客观层面上的产品特性。随后，伴随着社会经济的不断发展，一些学者对质量的界定有了更加丰富的内涵。例如，在《质量控制手册》一书中，朱兰（1979）借助于适用性对质量的概念进行了说明：产品的质量就是用户在使用该产品的时候，能够达到预期的目的。类似地，在《质量工程学概论》一书中，田口玄一（1985）对质量做出了更为广泛、通俗的解释：与同一产品的功能相比，质量好的产品往往具有更少的故障、更少的耗电、寿命也更长等特点。同时，该研究也指出，质量好的产品能够给用户带来更少的损失。在1986年，国际标准化组织（ISO）从质量的规范性出发，给出了官方的界定标准"ISO 8402：1986"。在该质量标准中，质量的内涵在于体现产品及服务达到显性或隐性的能力或特性的总和。之后，在2000年，ISO推出了新的质量标准"ISO 9000：2000"。在这一标准中，质量被解释得更为一般化，简而言之，质量指的是能够达到某一特定性质的程度。

在经济学领域，学者们对产品质量的研究较管理学领域稍晚一些。其中，兰卡斯特（Lancaster，1966）在对消费者行为的研究中指出，产品的性能决定了消费者的选择，也体现了消费者的偏好，因此，产品的质量即产品的性能。另有学者从消费者的需求层面入手对产品的质量进行了界定。例如，布尔施泰因和芬斯特拉（Boorstein and Feenstra，1987）、阿卢和罗伯特（Aw and Roberts，2006）基于消费者的需求认为，消费者的消费篮子中各个产品的效用水平的加权平均值反映了产品的质量水平。艾金格（Aiginger，2001）则对何为高质量产品进行了定义。具体地，该研究指出，当消费者面对一种产品时，认为该产品所具有的某种或某几种特性有价值，并且也愿意为该产品付出更多费用时，那么此时与同种类型的其他产品相比较,该产品所拥有的质量水平就是较高的。与这一研究相类似的还有哈拉克和肖特（Hallak and Schott, 2011）、约翰逊（Johnson, 2012）等。例如,哈拉克和肖特（2011）依据产品是否能够增加消费该产品的消费者,以该产品显性及隐性属性的评价为标准,对产品所具有的质量水平进行了界定。约翰逊（2012）认为,质量指的是一单位的有价值产品内所拥有的特性。

除此之外,需要注意的是,不少研究对产品的技术复杂度进行了深入探讨,如陈晓华和刘慧（2012）、刘慧和杨莹莹（2018）、戴魁早和方杰炜（2019）、孙志娜（2020）等。罗德里克（Rodrik, 2006）、姚洋和张晔（2008）、王和魏（Wang and Wei, 2010）对中国出口技术复杂度的研究发现,近年来,在中国的出口技术复杂度中,中高水平的技术复杂度产品占比有所增加。然而,产品的质量与产品的技术复杂度的侧重点截然不同,两者在概念上存在着本质区别。相较于产品的质量,产品的技术复杂度强调不同种类的产品在技术含量上的差别。譬如,普遍意义上我们会认为衣服的技术含量比电脑的技术含量要低。换句话说,技术复杂度强调的是不同产品之间在技术含量上所存在的差别。而产品的质量强调的是同一种类的产品所具有的差异性,它反映的是产品内的垂直差异。比如,我们通常会认为高端的手机与低端的手机相比往往更耐用。换言之,如果以耐用性来评判手机的质量高低,那么很明显,高端手机所具有的质量水平无疑比低端手机所具有的质量水平更高一些。

综合来讲,在现实经济和社会生活中,囿于消费者需求和评判标准的不同,质量这一概念存在不同的实际表现。例如,客观上看,产品所拥有的质量水平指的可能是其所具有的安全等级、耐用性质、兼容性质,也有可能是指产品在使用过程中所形成的信任程度、口碑。从主观感受方面看,产品的质量水平可能还会受到视觉效果、消费者心理满足感的影响。在不考虑数量变化的情况下,产品的质量指的是那些能够提升消费者效用的任何性质（Garvin, 1984;施炳展和邵文波, 2014）。相对而言,与以往大多数研究对于出口产品规模的统计和分析相比,质量在一定程度上可以说是考察出口贸易的新视角,它不仅反映了中国出口贸易的内在结构,也折射了出口贸易的发展格局。

## 2.1.2 出口产品质量的研究基础

在国家宏观层面上，出口产品质量能够用来解释国家之间存在的贸易现象。具体地，它不仅能够对发达国家之间的贸易多于发达国家与发展中国家之间的贸易的现象做出解释，同时，也能够反映出国家之间的贸易由产品内不同质量的贸易转向产品间贸易的现实趋势（刘媛媛，2017）。譬如，哈拉克和肖特（2011）、芬斯特拉和罗迈尔（Feenstra and Romail，2014）等的研究表明，发达国家倾向于出口高质量的产品。国际贸易理论的演变与发展，是出口产品质量研究的理论基础。而从国际贸易理论的演变与发展角度对各国间贸易模式的发展基础进行阐述，则是明晰出口产品质量所依赖的理论基础的有效方式。因此，本部分将从相关的贸易理论出发，对出口产品质量的研究基础进行系统回顾。

**1. 古典贸易理论**

1776 年，在《国富论》（《国民财富的性质和原因的研究》的简称）中，亚当·斯密（Adam Smith）提出了绝对优势理论。该理论聚焦于国际分工、自由贸易和经济发展的内在关联，并对此做出了详细的解释。该理论的核心在于通过国家之间劳动生产率的绝对差异来解释国家之间的贸易以及国际分工存在的内在原因。然而，在实际的经济中，存在着一些国家在生产很多产品上均拥有绝对优势，也存在着一些国家在生产各种产品上都不具有绝对优势，但结果是贸易依然会在这两类国家之间展开。这就说明，绝对优势理论在现实的贸易世界中存在着一定的局限性。

鉴于绝对优势理论在实际应用中存在的这一局限性，1817 年，大卫·李嘉图（David Ricardo）在《政治经济学及赋税原理》中提出了比较优势理论，指出两个国家之间劳动生产率的相对差异是国家之间贸易与国际分工产生并存在的基础。根据该比较优势理论，各个国家生产并且出口的产品是本国拥有比较优势的产品，通过出口具有比较优势的产品，可以交换到本国不具有比较优势的产品。尽管比较优势理论相较于绝对优势理论而言在国际贸易中的广泛性更强，但现实中，该理论也受到了挑战。具体地，比较优势理论与绝对优势理论类似，均仅把劳动要素作为国家生产产品的唯一生产要素，并没有考虑其他诸如自然资源、资本等要素的影响。而且，这一理论将国家之间的劳动生产率视作外生，忽视了国家之间生产率差异的内在原因。

**2. 新古典贸易理论**

赫克歇尔（Heckscher）、俄林（Ohlin）于20世纪30年代创立的要素禀赋理论（也称为H-O理论）是新古典贸易理论的核心。该理论对国际贸易的解释立足于国家之间在要素禀赋上的差异以及不同产业之间在要素投入比例上的差异。相对于比较优势理论，该理论在要素的考虑上更为贴近现实经济：不仅考虑了劳动要素，也考虑了资本和自然资源等生产要素。按照该理论的思想，每个国家的出口产品与进口产品均取决于这个国家的要素禀赋。具体地，各个国家应该生产并且出口密集投入本国相对丰裕要素的产品，相对而言，在进口时，理应进口密集投入本国稀缺要素的产品。由此可见，要素禀赋理论与绝对优势理论、比较优势理论相比，更加符合经济现实。

然而，不可否认的是，要素禀赋理论在实践应用中也存在着一定的局限性。一方面，里昂惕夫（Leontief）在1953年基于投入产出法的分析发现，虽然是资本密集型的国家，按照要素禀赋理论，其理应出口资本密集型的产品，但实际数据却表明，在美国出口的产品中劳动密集型产品占主导，在美国进口的产品中资本密集型产品占主导。这就对要素禀赋理论形成了挑战。

**3. 新贸易理论**

以上提及的贸易理论也被称为传统贸易理论，其基本的假定较为一致，均假设贸易环境为完全竞争、规模报酬不变、产品同质、企业同质。其中，比较优势理论与要素禀赋理论认为国家间劳动生产率的差异与要素禀赋的差异是国家比较优势的核心源头，各个国家基于比较优势的现实情况做出参与国际分工的决策。可以说，这对20世纪上半叶之前的产业间贸易模式做出了充分的解释。

在第二次世界大战以后，国际贸易的发展出现了一些新的现象：第一，经济发展相似的国家之间的贸易占比大幅增加；第二，同一个产业内的贸易占比逐渐增大。对于这两种主要的贸易现象，此时如果依据传统贸易理论来看：一方面，按照比较优势理论的思想，国家之间的生产率差异越大，则这类国家之间的贸易也相应越多。然而，在现实中却观察到贸易是产生于相似国家之间的。另一方面，按照要素禀赋理论的思想，国家之间贸易的产生依赖于国家之间的不同产业在要素投入密集度上的差异程度。然而，实际观察中发现，国际贸易不仅存在于产业之间，更多的是存在于产业内。显然，对于第二次世界大战以后出现的新的贸易现象，传统贸易理论已经无法解释。这引起了经济学者的广泛关注。在这一情况下，囿于传统贸易理论的局限性，一些不同于传统贸易理论的新的贸易理论开始出现。

例如，在 20 世纪七八十年代，克鲁格曼（Krugman）等学者突破了传统贸易理论的一些基本假定，开创性地提出了不完全竞争市场、规模经济、产品差异化假定条件下的新贸易理论。其中，克鲁格曼（1979）对规模报酬递增条件下的国际贸易进行了分析，指出在规模经济的影响下，即便是两个国家拥有相似的生产技术或要素禀赋，也会存在贸易行为，这就很好地解释了以上提及的相似国家之间贸易占比较大的现象。同样的，克鲁格曼（1980，1981）、赫尔普曼（Helpman，1981）、伊顿和格罗斯曼（Eaton and Grossman，1986）等学者在规模报酬递增的条件下对产业内贸易现象进行了诠释。

在新贸易理论的发展之下，一些学者将产品质量引入到了产业内贸易的研究框架中，通过国家间产品质量的差异，对贸易中存在的更为具体的现象进行了分析与解释。例如，林德（Linder，1961）将产品质量纳入国际贸易的分析框架，提出了需求相似理论：一方面，他认为国家收入水平的高低与其所生产的产品的质量高低存在关联，收入水平较高的国家，其生产的产品的质量也较高；另一方面，国家收入水平的高低与其所消费的产品的质量高低有关系，相较于收入水平较低的国家，收入水平较高的国家消费的产品的质量往往更高。费而曼和赫尔普曼（Flam and Helpman，1987）将产品质量纳入分析框架，研究发现，当消费者的收入不同时，其对所需求的产品的质量要求也不同。格罗斯曼和埃尔哈南（Grossman and Elhanan，1991）提出了产品的质量阶梯，认为发达国家与发展中国家之间的经济存在着"创新—模仿—再创新—再模仿"的模式，伴随着这种模式的展开，产品质量得以提高。

肖特（Schott，2004）发现，以新贸易理论的思想来看，产品的价格与生产率应该呈现为反比关系，然而，在研究中却发现，产品的价格与生产率表现为正相关。为了解释这一现象，肖特（2004）将产品的质量引入分析框架，解释了现实数据与新贸易理论下结论不同的现象。

与之类似，丰塔涅等（Fontagné et al.，2007）的研究把产品质量视为国家间的比较优势，认为拥有充裕资本要素及收入水平较高的国家会生产并出口质量水平较高的产品，相比之下，在那些拥有充裕劳动要素的国家或者低收入的国家，生产并出口的产品的质量水平往往较低。

**4. 新新贸易理论**

新新贸易理论从企业异质性的角度入手，为国际贸易理论的新发展奠定了基础。该理论在新贸易理论的基本假定下，进一步纳入了企业异质性的假定条件。其包含两个分支：一是有关于企业国际化路径选择的问题，以梅利兹（Melitz，2003）、伯纳德等（Bernard et al.，2003）的异质性企业贸易理论为代表；二是安彻斯（Antràs，2003）的企业内生边界理论，该研究重在讨论企业在全球生产中的组织选择问题。

其中，在梅利兹（2003）的研究中，以企业生产率的差异代表企业之间存在的异质性特征。该研究认为，企业能否进入市场及进入何种市场取决于生产率水平。相比于国内市场，出口市场中的企业所具有的生产率更高，而生产率最低的企业只能够退出市场。根据这一研究能够推知：由于成本的存在，企业在出口中获取利润的难度与出口市场的地理距离之间存在正向关联，即地理距离越大时，企业的出口获利难度越高。此时，可以存活于出口市场的企业应该是相对来说具有更高生产率的企业，同时也应该是具有更低产品定价的企业。由此概括来看，当企业所面临的出口目的地的距离比较远时，企业的出口产品价格也较低，即表现为地理距离与出口产品价格之间的负向变动关系。然而，尽管理论上的分析如此，现实经济中却往往存在着相反的情况。

基于此，不少研究开始将出口产品质量纳入研究框架，以期解释现实贸易中出现的地理距离与出口产品价格之间正相关的现象。例如，布鲁克斯（Brooks，2006）把出口产品质量引入异质性企业贸易理论模型中发现，存在一些企业具有高的生产率，但只拥有较低的产品质量，而恰恰是低的产品质量阻碍了其进入国际市场。类似地，鲍德温和哈里根（Baldwin and Harrigan，2011）在考虑产品质量的情况下，发现相较于生产低质量产品的企业而言，那些能够生产高质量产品的企业往往拥有更大的国际竞争力，而产品质量高低取决于企业投入成本的差异性，这导致高质量的产品更加昂贵，从而为地理距离与出口产品价格的正相关关系提供了理论支撑。

除此之外，也有学者进一步突破单一产品的贸易假定，基于多产品的假定进行研究。其中，比较有代表性的文献是伯纳德等（2011）、丘和周（Qiu and Zhou, 2013）。具体地，伯纳德等（2011）在研究中发现，对于高生产率企业而言，由于可以获取更多的利润，因此这类企业在出口的时候往往会增加出口产品的种类。丘和周（2013）将企业引入新产品所花费的固定成本归结为产品特征因素，并将其引入理论模型，研究结果发现，面对贸易自由化的推进，随着企业增加产品种类，企业在引入新产品时所花费的成本会成倍地增加，此时，唯有拥有较高生产率的企业才会做出扩大产品范围的决策。马诺瓦和于（Manova and Yu, 2017）在多产品的异质性企业贸易模型中进一步考虑了企业所出口的产品的质量水平，研究结果表明，出口产品所具有的质量水平与其出口额之间存在正相关关系，倘若企业需要减少其出口产品的种类，那么，此时企业会选择增加那些质量较高的产品的生产，而减少甚至放弃那些质量水平较低的产品的生产。

综合以上分析可以发现，囿于现实经济的迅速发展，新的贸易现象也在不断凸显，伴随企业及国家间竞争力地位的愈加重要，在这些贸易理论的基础之上，产品质量因素越来越成为企业及国家关注的重点，也越来越成为学术界研究的扩展领域。

### 2.1.3 出口产品质量的测算方法

在以上关于产品质量的概念界定部分中，我们结合已有文献，对于出口产品质量的内在含义进行了回顾。简而言之，所谓的产品质量，可以理解为：同等产品数量条件下，所有引起消费者效用水平提升的特征（施炳展和邵文波，2014）。从中可以看出，质量这一概念其实囊括了很多的方面，这就对出口产品质量的衡量造成了困难。由此，关于出口产品质量的测算，可以说一直以来都是研究中的难点。但恰恰因为是难点，它也逐渐成为学者们关注并不断探索的重要领域。目前，在现有研究中，关于出口产品质量的测算方法已经比较广泛。本部分结合已有文献中常用的出口产品质量测算方法，着重对各类出口产品质量测算方法的核心思想、优缺点及其应用范畴等予以系统梳理。

现有文献中涉及的测算出口产品质量的方法，大致上可以归结为以下五类：第一类是单位价值法；第二类是特定产品特征法；第三类是需求信息回归推断法；第四类是供给需求信息加总测算法；第五类是余淼杰和张睿（2017a）提出的基于微观数据的测算法。接下来，本部分就围绕这五类方法展开细致描述。

### 1. 单位价值法

正如前文所言，产品质量指的是产品所具有的能够提升消费者效用水平的任何性质。很显然，这很难做到直接量化。相对而言，若想将产品所具有的质量水平进行直观的统计，势必要通过一些代理指标进行间接的度量。现有的研究中，不少文献提到了产品的单位价值（unit value），并将其视为度量产品质量的最常用工具。就消费者对产品所展现出来的需求来看，当某一产品能够提升消费者满意程度的时候，意味着这一产品的质量较高，此时消费者在这一产品上所愿意担负的价格也较高。由此，容易得知，产品的质量与产品的价格之间存在正向关联（Aiginger，1997，2000）。其内在的逻辑是：一般而言，高质量产品的单价也较高。其优点是：简单方便，容易计算。

采用这类方法度量出口产品所具有的质量水平的文献，主要以肖特（2004）、胡梅尔斯和克莱诺（Hummels and Klenow，2005）、哈拉克（Hallak，2006）的研究为代表。其中，肖特（2004）、胡梅尔斯和克莱诺（2005）基于影响因素的视角，探究了进口国所具有的人均收入、市场规模以及出口国所具有的资本水平与资本密集度对出口产品质量的贡献。哈拉克（2006）在研究中指出，出口目的地的收入对出口产品的质量高低有显著影响，与低收入目的地相比，那些出口至较高收入国家的产品的质量水平往往更高。可见，以产品的单位价值反映产品质量的方法已被广为使用。然而，尽管如此，不得不承认的是，这一方法也存在一定的局限性：其一，过多地强调了价格与质量的关系，仅以产品的价格反映产品的质量高低，遗漏了企业层面的异质性对产品质量的影响，比如，企业生产率的高低对产品质量的影响。其二，忽视了影响产品价格的一些因素，如汇率、要素价格扭曲、政府补贴等，容易导致产品单位价值的计算偏倚。

### 2. 特定产品特征法

相较于单位价值法而言，这类方法较为特殊。正如该方法的名称所言，这一方法的应用范畴为一些特定的产品。具体地，该方法对产品质量水平的反映，主要是借助于产品本身的特殊性来界定，通过关注产品某方面的特质，对比同一类型产品的质量水平。比如，一些学者在研究中采用这种方法控制同类汽车在质量水平上的差异程度，他们选择了汽车本身的一些特征指标，如引擎马力等（Goldberg and Verboven，2001；Auer et al.，2018）。除此之外，还有一些学者采用这类方法，基于香槟评级的记录手册和葡萄酒的专家评分，评价不同香槟或葡萄酒的质量高低（Crozet et al.，2012；陈和尤文纳尔，2016）。

简而言之，针对某一特定产品的某方面特质，这一方法能够以最贴切的方式反映出产品质量水平的高低，即其对质量的衡量结果较为精确。这也是该方法的最大优势所在。但是，这类方法在度量产品的质量水平时，也存在着一定的局限性。这主要是由产品特征的专一性或者特殊性导致的。如前文所言，该方法仅针对特定产品的特定性质来界定质量水平的高低。然而，现实中，很多产品的特质并不明显，或者即使存在某方面特质，也缺乏对这一特质的具体量化方式。由此可见，这一方法对数据的要求无疑更加苛刻。

### 3. 需求信息回归推断法

由以上分析可知，以单位价值法测算产品质量时，存在一定的局限性。一方面，它以偏概全，过多地强调了价格与质量的关系，仅以产品的价格反映产品的质量高低，遗漏了企业层面的异质性对产品质量的影响，如企业生产率的高低对产品质量的影响。另一方面，它忽视了影响产品价格的一些因素，诸如汇率、要素价格扭曲、政府补贴等，容易导致产品单位价值的计算偏倚，造成具有较高质量的产品反而具有较低价格水平的现象（Khandelwal，2010）。同时，以上分析也表明，特定产品特征法由于其对产品特质的量化数据要求较为苛刻，同样不易于广泛推广。显然，这对出口产品质量的衡量形成了挑战。但毋庸置疑的是，这也促进了学者们探索更加完善的出口产品质量量化方法。

其中，需求信息回归推断法是对单位价值法的扩展。该方法以坎德尔瓦尔（Khandelwal，2010）、坎德尔瓦尔等（2013）为代表，因此也被称为"KSW方法"。该方法的最大亮点在于，立足于消费者的需求视角，以消费者偏好为切入点，认为消费者对产品的质量存在一定的偏好，这会对产品的需求量产生影响。具体地，该方法借助于需求方面的信息，如消费者对产品的需求量即产品的销售数量、产品的价格，通过求解需求函数，得到产品的质量表达式，进而以此为基准计算产品的质量水平。其内含的基本原理在于，在不考虑产品价格变化的情况下，如果一种产品的市场份额比较大，则意味着消费者对这种产品的需求量比较大，说明消费者对这种产品有更大的偏好，进而也反映了这种产品的质量水平比较高。简而言之，这一方法认为，在价格不变的情况下，产品的质量与其所拥有的市场份额存在正向关联。樊等（Fan et al.，2015）、许家云等（2017）、王雅琦等（2018）在研究中均使用了这一方法测度出口产品的质量水平。

很明显，这一方法比单位价值法更具有优势，它提供了对产品质量更精确、更一般化的测算思路。但是，这一方法也具有一些不足之处。具体地，这一方法在研究框架中只将需求层面的因素考虑在内，并把产品的质量视为独立的外生变量，没有考虑现实经济中企业内生决定质量的实际情况。同时，在使用过程中，关于产品价格的数据，这一方法一般会采用产品的出口离岸价来表示。现实中，囿于从量贸易成本，出口离岸价表示的产品价格与消费者实际承担的产品价格之间往往存在差异，这无疑会影响产品质量计算结果的准确性。此外，这一方法对计算过程中面临的一些非观测因素的处理方式也存在一定的不妥之处。比如，对宏观层面价格变化和目的国消费者收入变化引起的潜在干扰，该方法采用了国家年份固定效应予以去除。这会导致计算结果在国家层面和时间层面上不具有可比性，进而阻碍了计算得到的产品质量水平的横向及纵向对比。

### 4. 供给需求信息加总测算法

该方法以芬斯特拉和罗迈尔（2014）为代表，它同时考虑了供给和需求两方面的因素。不同于以上提及的需求信息回归推断法，这类方法将企业出口产品质量的决策进行了内生化处理，进而在宏观层面上推导出了量化出口产品的质量水平的表达式。在这个基础上，借助于贸易数据，能够计算出表示各个国家所出口的产品的质量水平。

就优势而言，这一方法的理论框架较为完善，不仅考虑了需求层面影响产品质量的因素，也考虑了供给层面影响产品质量的因素，进而得到了较为严谨的量化产品质量的表达式。不过，这一方法也存在明显的不足之处：它主要适用于宏观层面的质量测算，没有对微观数据的使用情况加以说明。由此，容易得知，在这一方法基础上得到的产品质量水平，仅能够用于国家之间的对比，而无法深入到更加微观的层面，这就大大限制了这一类方法的应用范畴。

**5. 基于微观数据的测算法**

余淼杰和张睿（2017a）提出了基于微观数据的测算法。该方法适用于微观数据，能够计算出企业—目的地—产品层面的出口产品所具有的质量水平。与前述的几种方法相比较，该方法不仅从理论上也从计算上对产品质量的测算做出了一定的贡献。

在理论方面，该方法借鉴以上阐述的芬斯特拉和罗迈尔（2014）对产品质量的理论分析逻辑，不仅考虑了需求层面影响产品质量的因素，也考虑了供给层面影响产品质量的因素，从而构建了完善的理论分析架构。在计算方面，这一方法推导出了利用微观数据计算企业出口产品质量的具体公式。其中，不仅直观体现了不同企业在生产率方面具有的差异性，量化了企业生产率在出口产品质量中起到的重要作用，而且避免了需求信息回归推断法中存在的价格偏误，使得计算的质量结果在国家层面和时间层面上具有可比性。当然，尽管这类方法相较于以上提及的其他四类方法而言优势比较突出，但需要注意的是，它也具有一定的缺点：囿于投入品成本水平的处理假定，该方法只能测算一般贸易出口中的产品质量，暂未能考虑加工贸易的产品质量测算。

表2-1直观展示了各类产品质量测算方法的核心思想、优缺点及主要代表文献。

表2-1　　　　　　产品质量测算方法的梳理与总结

| 方法 | 核心思想 | 优缺点、代表文献 |
| --- | --- | --- |
| 单位价值法 | 需求角度看，产品的质量与产品的价格之间存在正向关联 | 优点：简单方便，容易计算<br>缺点：（1）仅以产品的价格反映产品的质量高低，容易以偏概全；（2）忽视了影响产品价格的一些因素<br>代表文献：艾金格（1997，2000）、肖特（2004）、胡梅尔斯和克莱诺（2005）、哈拉克（2006）、巴斯托斯和席尔瓦（Bastos and Silva，2010）、马诺瓦和于（2017） |
| 特定产品特征法 | 利用产品的具体特征构造质量指标 | 优点：能够以最贴切的方式反映出产品所具有的质量水平的高低<br>缺点：对数据的要求苛刻<br>代表文献：戈德堡和沃泊文（Goldberg and Verboven，2001）、克罗泽等（Crozet et al.，2012）、陈和尤文纳尔（Chen and Juvenal，2016）、奥尔等（Auer et al.，2018） |

续表

| 方法 | 核心思想 | 优缺点、代表文献 |
|---|---|---|
| 需求信息回归推断法 | 需求角度看，价格不变的情况下，产品的质量与其所拥有的市场份额存在正向关联 | 优点：相对于单位价值法，提供了对产品质量更精确、更一般化的测算思路<br>缺点：（1）把产品的质量视为独立的外生变量，没有考虑现实经济中企业内生决定质量的实际情况；（2）囿于从量贸易成本，其对产品价格的数据使用不准确；（3）对宏观层面价格变化和目的国消费者收入变化引起的潜在干扰的处理不妥当，导致计算结果在国家层面和时间层面上不具有可比性<br>代表文献：坎德尔瓦尔（2010）、哈拉克和肖特（2011）、坎德尔瓦尔等（2013）、樊等（2015）、许家云等（2017）、王雅琦等（2018） |
| 供给需求信息加总测算法 | 将企业出口产品质量的决策进行了内生化处理，进而在宏观层面上推导出了量化出口产品所具有的质量水平的表达式 | 优点：不仅考虑了需求层面影响产品质量的因素，也考虑了供给层面影响产品质量的因素<br>缺点：得到的产品质量水平，仅能够用于国家之间的对比，而无法深入到更加微观的层面<br>代表文献：芬斯特拉和罗迈尔（2014） |
| 基于微观数据的测算法 | 克服需求信息回归推断法的不足之处，完善供给需求信息加总测算法，得到适用于微观数据的方法 | 优点：（1）适用于微观数据；（2）全面考虑供给和需求因素；（3）量化了企业生产率在出口产品质量中起到的重要作用；（4）避免了需求信息回归推断法中存在的价格偏误，也使得计算的质量结果在国家层面和时间层面上具有可比性<br>缺点：仅适用于测算一般贸易的出口产品质量，暂不能考虑加工贸易的产品质量测算<br>代表文献：余淼杰和张睿（2017a） |

资料来源：作者根据已有的文献资料整理所得。

## 2.1.4 出口产品质量的影响因素

结合以上对测算出口产品质量方法的文献回顾与分析可以发现，在衡量出口产品所具有的质量水平时，综合考虑供给与需求两方面因素的测度方法，更有可能得出比较准确而又稳健的测算结果。鉴于此，关于出口产品质量影响因素的分析和总结，本部分同样遵循这一思路，从供给与需求两大层面入手，立足于出口国与进口国所涉及的相关因素，在已有文献对出口产品质量研究的基础上，就影响出口产品质量的因素予以分类和归纳。

**1. 供给因素**

从供给层面上讲，影响出口产品质量的因素取决于产品生产国，即出口国国内的宏观及微观经济条件和生产经营状况。为此，以下将从国家宏观与企业微观两个角度对影响出口产品质量的供给因素展开分析。

（1）宏观角度。就国家宏观角度而言，出口国的要素禀赋、经济发展水平或收入水平是影响出口产品质量的主要因素。在要素禀赋方面，不少学者从国家要素密集度的视角展开了分析，大多认为一国出口产品质量的高低与该国的资本密集度有关。例如，法尔维（Falvey，1981）在研究中指出，出口产品质量在具有不同要素禀赋的国家中，存在不同的特征。其中，拥有较多劳动要素的国家一般会出口更多的富含劳动要素的低质量产品。相比之下，资本充裕的那些国家，由于在产品的生产过程中较多地使用了资本要素，出口产品的质量水平往往更高一些。类似地，肖特（2004）、哈拉克（2006）在研究中发现，那些具有充裕资本的国家（即资本密集型国家）的出口产品质量往往更高。在经济发展水平或收入水平方面，现有的研究普遍认为国家的经济发展水平与这一国家的出口产品质量水平正相关。胡梅尔斯和克莱诺（2005）结合不同国家产品层面的贸易数据进行了实证分析，发现相较于低收入国家而言，富有国家出口产品的质量水平更高。拉泽和梅内里斯（Latzer and Mayneris，2012）基于收入分配的视角，利用欧盟成员国的数据分析发现，在高收入国家，出口产品的质量随着收入分配不平等的增加而增加。哈拉克和肖特（2011）、芬斯特拉和罗迈尔（2014）等的研究表明，发达国家倾向于出口高质量的产品。可以说，在一定程度上，出口产品质量与国家经济发展水平之间存在正向关联，与此同时，出口产品质量较高的国家在产业竞争力和企业竞争力方面往往更占优势（余淼杰和张睿，2017a）。

此外，从出口国国内环境方面来看，宏观层面上影响出口产品质量的因素还包括出口国国内的市场结构、政府政策、要素市场扭曲、产业集聚、司法质量等。李坤望等（2014）对中国出口产品质量变化的内在机制进行了探索，发现中国加入WTO以后出口产品质量的总体水平出现下滑，而大批出口低质量产品企业的市场进入是造成这一现象的关键原因，这反映出市场结构的变化对出口产品质量的演化存在重要影响。侯欣裕等（2020）基于市场重合度的研究发现，市场重合度的提高会造成侵蚀性竞争的加剧，从而导致出口产品质量下降。施炳展和邵文波（2014）认为市场竞争强度的增加有助于企业出口产品质量的提升，同时，外资竞争总体上提升了出口产品质量，但其在高端产品市场对本土企业的产品具有挤出效应。

在政府政策与出口产品质量方面，现有学者主要集中于探究政府补贴、环境规制等政策的影响。其中，施炳展和邵文波（2014）、张杰等（2015）从政府补贴的角度入手，探究了政府补贴与中国出口产品质量的关系。但二者在不同样本下得到了截然相反的结论。具体地，施炳展和邵文波（2014）的研究表明，政府补贴对出口产品质量具有显著提升作用。而张杰等（2015）发现政府补贴会对出口产品质量产生负向作用，原因在于企业在接受政府补贴之后，其提高出口产品质量的动力有所下降。一些学者在环境规制方面进行了研究。彭冬冬等（2016）的研究表明环境规制与中国出口产品质量之间存在倒 U 型关系。盛丹和张慧玲（2017）分析发现两控区政策在技术创新效应的作用下，对中国出口产品的质量水平有显著提升作用。二者的相同之处在于均发现了环境规制对中国出口产品质量的影响存在行业差异。

王明益（2016）基于要素市场扭曲的视角分析了中国出口产品的质量问题。研究表明，劳动力价格扭曲与资本价格扭曲对出口产品质量的影响作用存在差异。在短期内，劳动力价格扭曲与出口产品质量之间存在显著负相关关系，但随着时间的推移，长期来看，劳动力价格扭曲对出口产品质量的影响会逐渐转为正向影响。相对而言，资本价格扭曲对出口产品质量的影响较为复杂，它依赖于扭曲引致的规模效应与要素错配效应。苏丹妮等（2018）就表征本地化生产体系的产业集聚与企业出口产品质量的关系进行了研究，发现产业集聚显著提升了中国企业的出口产品质量。埃萨吉和藤原（Essaji and Fujiwara，2012）借助于美国的进口产品数据，基于司法质量的角度，对出口产品的质量水平进行了探索。研究发现，出口国国内司法质量的提高有助于促进该国在高质量产品出口上形成比较优势。

（2）微观角度。就企业微观角度而言，企业的生产率、技术水平、所有制、进口中间品投入、工资及雇佣结构、对外直接投资、融资约束、出口持续时间、互联网化等对出口产品质量存在影响。

第一，企业生产率、技术水平与出口产品质量。现有文献中，学者们对企业生产率与出口产品质量关系的分析结果较为一致，大都认为企业生产率与出口产品质量之间存在显著的正相关关系。具体地，哈拉克和西瓦达桑（Hallak and Sivadasan，2009）、约翰逊（2012）、库格勒和维尔豪根（Kugler and Verhoogen，2012）对生产率与出口产品质量的关系进行了实证考察，结果发现，企业生产率的高低对企业出口产品质量有显著影响，生产率、出口产品质量二者之间存在明显的正向关联，生产率更高的企业生产的产品质量更高。施炳展和邵文波（2014）通过研究决定出口产品质量的因素发现，企业生产率在中国出口产品质量的提升中产生了正向贡献。樊海潮和郭光远（2015）在理论分析的基础上，基于中国工业企业数据和海关数据，从生产率的视角出发，探究了生产率对出口产品质量的影响，结果表明，出口产品质量会受到企业生产率的积极影响，且质量变动幅度大的行业受到的影响更大。类似地，巴斯托斯和席尔瓦（Bastos and Silva，2010）、罗丽英和齐月（2016）对生产率与出口产品质量的研究也均证实了生产率与出口产品质量之间存在显著正相关关系。在技术水平方面，格罗斯曼和赫尔普曼（Grossman and Helpman，1991）的研究表明，企业技术水平的高低影响了企业的产品质量，与拥有低技术水平的企业相比，高技术水平企业生产的产品质量水平更高。王明益（2013）则基于中国行业层面的出口产品质量，就技术差距对出口产品质量的影响进行了分析。结果表明，行业间的技术差距大小会影响到出口产品质量的升级与否，技术水平对出口产品质量的提升作用存在门槛效应，唯有适宜的技术水平才能够推动出口产品质量升级。

第二，企业所有制与出口产品质量。企业的所有制形式和出口产品质量之间存在的关系也不容忽视。张杰等（2014）运用中国工业企业数据与海关数据，对不同所有制下出口产品质量受到的作用进行了区分。分析结果发现，除民营企业以外，其他形式企业的出口产品质量均出现了显著上升趋势。王海成等（2019）立足于国有企业改制，对中国的出口产品质量进行了深入探究。研究发现，总体来看，国有企业改制能够显著促进中国出口产品质量的提升，当国有资本的股权比例达到29%左右时，出口产品质量存在一个最优的水平，而企业生产率的提高则是这一作用得以发挥的关键渠道。

第三，进口中间品投入与出口产品质量。现有研究主要从中间投入品的数量、种类、质量方面探究进口中间品投入对出口产品质量的影响。李秀芳和施炳展（2016）利用理论与实证相结合的方法，对进口中间品多元化与出口产品质量的关系进行了分析。结果发现，二者之间的关系因企业所有制、进口中间品的来源地而异。当企业为外资所有且中间品来自于经济合作与发展组织（OECD）时，进口中间品的多元化对出口产品质量的影响为正。马诺瓦和于（2017）的研究表明，企业在生产中所使用的投入品的质量水平能够直接影响出口产品的质量水平。许家云等（2017）发现，中间品进口通过"中间产品质量效应""产品种类效应""技术溢出效应"三个渠道显著促进了企业出口产品质量的提升。不过，这一作用会受到多个因素的干扰，如企业生产率、贸易方式、所有制形式以及地区制度环境等。王雅琦等（2018）指出中间品进口在数量上的下降会对出口产品的质量水平产生负向影响。樊海潮等（2020）的理论与实证分析发现，不仅进口中间品种类的多寡会影响企业所生产的产品质量，进口中间品质量的高低也会影响企业所生产的产品质量。

第四，工资、雇佣结构与出口产品质量。已有研究对工资与出口产品质量关系的研究结论略有不同。许明（2016）从企业劳动报酬变化的角度出发，探究了劳动报酬上涨与出口产品质量之间的关系。研究发现，随着劳动报酬的提高，企业的出口产品质量会增加，但这一效应的发挥会因企业的所有制形式而异。张明志和铁瑛（2016）基于工资上涨的角度研究了出口产品的质量问题，发现企业出口产品质量与工资上涨之间的关系依赖于工资上涨引致的生产率效应。当企业工资上涨引发了企业的生产率提升时，企业的出口产品质量也会得到提升，反之，则不然。许和连和王海成（2016）则以中国最低工资标准的调整为切入点，对工资与出口产品质量的关系进行了探究。结果发现，中国施行的最低工资标准上调制度对企业出口产品质量的提高有抑制作用。刘啟仁和铁瑛（2020）基于企业雇佣结构的角度，将企业的劳动力技能投入与中间投入品的质量相结合，对中国出口产品质量的变动趋势进行了解释。分析结果表明，企业的雇佣结构和出口产品质量之间具有正相关关系，且中间投入品的质量在其中扮演重要角色，当企业提高中间投入品的质量时，雇佣结构对出口产品质量会表现出更大的影响。

第五，对外直接投资与出口产品质量。出口产品质量在一定程度上会受企业对外直接投资的影响。不少研究发现，企业的对外直接投资有助于提升出口产品的质量水平。例如，杜威剑和李梦洁（2016）基于倾向得分匹配法的经验考察发现，企业在进行对外直接投资时，出口产品质量会随之而增加，但对外直接投资动机的差异性会影响出口产品质量的提升幅度。与之相似的是张凌霄和王明益（2016）的研究，该研究认为在不区分企业对外直接投资的动机时，企业对外直接投资与出口产品质量之间并无显著关联。在区分对外直接投资动机之后，可以发现，技术寻求型的对外直接投资对出口产品质量具有积极影响，资源寻求型的对外直接投资对出口产品质量具有负向影响，而市场和效率寻求型的对外直接投资对出口产品质量没有产生明显作用。景光正和李平（2016）的分析表明，技术反馈效应、资源配置效应以及市场深化效应是对外直接投资影响出口产品质量的核心机制。

第六，融资约束、出口持续时间、互联网化等因素与出口产品质量。张杰（2015）从融资约束的视角出发，研究发现融资约束对企业出口产品质量的影响效应具有复杂性，这体现为融资约束与企业出口产品质量之间存在倒 U 型关系。魏浩和张宇鹏（2020）基于企业出口产品结构的角度，考察了融资约束的影响。研究表明，当企业所面临的融资约束程度加剧时，企业核心产品的出口占比会受到冲击，这不利于发展高质量的出口贸易。关于出口持续时间与出口产品质量的分析表明，出口产品的质量水平与出口持续时间之间存在负向关联，即随着出口持续时间的增加，出口产品质量的提升反而受到了抑制。伴随着信息技术的不断发展，企业的互联网化程度也越来越高，这不仅促进了企业创新能力的提高，也推动了企业出口活动的进行（沈国兵和袁征宇，2020）。李兵和岳云嵩（2020）借助于异质性企业贸易理论的研究框架，考虑了互联网和出口产品质量的关系。研究发现，互联网能够显著提升企业的出口产品质量水平，但是这一促进效应的发挥具有明显的样本异质性特征。具体的分析结果表明，互联网对出口产品质量的提升作用仅存在于中小企业、民营及外资企业、一般贸易出口比重较大的企业中。

**2. 需求因素**

从需求层面上讲，影响出口产品质量的因素对应于产品出口目的地（即进口国）层面的一些特征。由于产品在出口以后的最终归宿为进口国的消费者，因此，进口国的经济发展水平与其收入分配情况将会直接影响到进口国消费者对出口产品的需求情况。

林德（1961）最先考察了需求因素对产品质量的影响，并提出了需求相似理论。他认为，与低收入国家相比，在产品的需求方面，高收入国家对产品质量水平的需求更高。安德森和帕尔马（Anderson and Palma，2001）的研究表明，一国人均国民收入水平与一国对高质量产品的需求之间存在正相关关系，这会引致出口产品质量水平的提高。哈拉克（2006）基于60个国家双边贸易数据的分析结果表明，高收入国家比低收入国家进口的高质量产品更多。巴斯托斯和席尔瓦（2010）运用葡萄牙的微观企业数据、克里诺和埃皮法尼（Crinò and Epifani，2010）运用意大利的微观企业数据，得到了与哈拉克（2006）一致的结论，即企业出口到高收入国家的产品质量更高。进一步地，鲍德温和哈里根（2011）、约翰逊（2012）从出口目的地的距离、收入水平、目标市场规模的角度探究了出口至不同国家的产品质量水平，分析结果表明，对于不同的出口目的国，企业所出口的产品质量有所不同。

在近期的研究中，钟腾龙（2020）对外部需求与出口产品质量的关系进行了分析。结果表明，二者之间存在显著正相关关系，即企业出口产品的质量水平会随着外部需求的增加而增加。其中，这一影响的内在机制在于外部需求的变动产生了市场的规模效应与竞争效应，并且外部需求对出口产品质量的影响程度因企业所有制类型、企业贸易方式以及出口目的地收入水平而具有明显的异质性表现。在收入分配层面，现有研究指出，收入分配情况会影响一国进口产品的结构需求，收入差距较大的国家往往对高质量产品的需求量更大（Dalgin et al.，2008；Choi et al.，2009；Bekkers et al.，2012；Flach and Janeba，2017）。原因在于，从消费者与产品偏好之间的关系上看，那些拥有高收入的消费者，对质量水平的要求也更高，同时也愿意为高质量产品支付高价格。

除此之外，进口国非正式制度因素对出口产品质量的影响也不容忽视。例如，祝树金等（2019）基于普遍道德水平界定的出口目的地非正式制度的研究结果表明，非正式制度的改善对企业出口产品质量具有非常显著的正向影响，且这一影响的内在机制在于企业预期违约风险水平与产品被侵权风险水平的下降。

**3. 其他因素**

以上从出口国、进口国的角度重点分析了影响出口产品质量水平的供给因素与需求因素。但现实经济中还存在着一些外生性的因素，可能会直接或间接地影响供给或需求层面的某些因素，进而将这一影响传递至出口产品质量上，引致出口产品的质量水平发生变化。鉴于此，本部分在已有文献的基础上，对涉及汇率变动、贸易自由化等外生性环境因素影响出口产品质量的文献加以概括。

（1）汇率变动。关于汇率变动影响出口产品质量的研究表明，人民币升值有助于提升中国企业的出口产品质量。其中，余淼杰和张睿（2017b）的研究发现，人民币升值与出口产品质量之间存在的正向关联效应，因行业间出口产品质量的差异幅度而异，且人民币升值对出口产品质量的提升作用主要来源于人民币升值引致的市场竞争压力的提高。张明志和季克佳（2018）基于垂直专业化视角的分析发现，企业的垂直专业化水平放大了人民币升值对出口产品质量产生的积极影响。张夏等（2020）围绕事实汇率制度，对中国出口产品的质量问题展开了分析。研究结果表明，总体上，事实固定汇率制度会对出口产品质量产生抑制作用，并由此指出推动出口产品质量提升的根本在于提高企业的生产率水平。

（2）贸易自由化。苏理梅等（2016）立足于贸易政策不确定性，就贸易自由化对出口产品质量的作用机制和作用效果进行了分析。研究结果表明，伴随着贸易政策不确定性的降低，中国总体的出口产品质量水平有所降低，而出口贸易在扩展边际上的质量调整是这一结果产生的内在机制。阿米提和坎德尔瓦尔（Amiti and Khandelwal, 2013）探究了进口关税减免产生的质量效应，发现出口国面临的进口关税得到削减以后，出口企业面临的市场竞争会加剧，这会使原本处于质量前沿边缘的企业产生质量升级的动机，从而对出口产品质量水平的提高产生积极影响。巴斯和施特劳斯—卡恩（Bas and Strauss-Kahn, 2015）、樊等（2015）、赵春明和张群（2016）等的研究与之类似。其中，巴斯和施特劳斯卡恩（2015）、赵春明和张群（2016）的分析表明，关税的下降能够使中国企业获得较高质量的进口中间投入品，进而引致出口产品质量水平的提高。樊等（2015）的研究发现，对进口中间品的关税进行减免，有助于提高出口企业的产品质量水平，但这一影响存在行业差异，当行业内的质量差异幅度比较大时，进口中间品关税下降对出口产品质量的提升作用更加显著。然而，赵文霞和刘洪愧（2020）基于贸易壁垒视角的研究则表明，贸易壁垒的存在对出口产品质量有正向影响，不过，这仅是针对单一贸易壁垒而言。在多重贸易壁垒下，这一正向影响会减弱。原因在于，当贸易壁垒存在时，具有较高产品质量的企业可以借助价格策略改进产品质量；而具有较低产品质量的企业因缺乏质量优势和价格优势，往往无力承担质量升级的高成本，最终只能被迫退出市场。

## 2.2 税收激励的相关研究

本质上讲，税收激励是国家在税收体系运转的过程中，通过对税收机制的设计、调节，在宏观及微观层面，直接或间接地对投资、生产、消费等经济活动给予的积极干预，是实现社会经济协调发展战略的措施。基于此，本部分在已有文献的基础上，对现有研究中与税收激励有关的内容进行集中整理。首先，结合税收政策在宏观经济运行中所扮演的角色对税收激励的宏观经济影响进行总结。其次，从企业行为、企业绩效两个维度出发，对税收激励在微观层面产生的经济影响进行归类。最后，结合税收激励的目标导向，对未来税收政策的调整与改革方向进行概括。

### 2.2.1 税收激励的宏观经济影响

在经济运行中，货币政策、财政政策是推动宏观经济稳步运行的常用调节工具。根据万晓莉（2011）的研究，囿于经济中下调利率的空间有限、货币传导渠道不畅的现实背景，货币政策有效性的发挥容易受到较大的制约，而且货币政策在时滞性、指向性等方面不强的特征，也导致了其在平抑经济波动方面的作用受到了较大的争议。相比之下，财政政策的使用承载了更多的期待。然而，不少研究表明，由于地方政府债务攀升对财政政策空间的不断压缩，财政政策逐渐面临着融资难、投资回报率降低甚至腐败和经济结构扭曲的问题，这就使得以扩大政府支出为主体的扩张性财政政策与扩张性的货币政策类似，均可能造成政策风险的积累，从而对宏观经济的健康、平稳运行形成威胁（Chen and

Yao，2011；白重恩和张琼，2014）。在这一背景下，税收政策的积极作用开始凸显。

就减税来说，在理论意义上，这一举措对于宏观经济的影响主要表现在以下三个方面（申广军等，2016）：第一，从长期来看，减税对经济增长具有促进作用。这是因为，减税能够通过降低税收造成的价格扭曲问题，促进市场中整体资源配置效率的提升。第二，从总需求角度来看，减税对总需求的扩大有重要作用，尤其是对经济衰退时期的需求疲软具有良好的刺激作用。其原因在于，减税能够通过激发企业的投资，对总需求形成扩张作用。第三，从产业结构和区域间发展差距的角度来看，税收政策本身所特有的指向性强、调控力度容易掌握的优越性，使其可以推进产业结构的优化调整，并能够缩小区域间存在的发展差距，对不同区域之间的发展形成平衡作用。为此，申广军等（2016）利用2009年增值税转型改革的政策冲击，分析了减税对中国经济的潜在影响，结果发现减税不仅可以提升短期总需求，还可以在长期内改善供给效率。

在最近的研究中，一些学者基于一般均衡模型评估了税收激励对宏观经济的具体影响。例如，刘磊和张永强（2019）基于可计算一般均衡模型对增值税减税政策对宏观经济的影响进行了分析。具体而言，该研究分析了2019年4月中国实施的增值税减税政策的经济效果，发现该政策对经济增长具有正向影响效应，同时对实际国内生产总值、居民消费、居民收入、总投资、社会福利以及进出口贸易的增长具有积极作用。倪红福（2021）基于投入产出网络结构的一般均衡模型，在税收社会核算矩阵的基础上，模拟分析了减税降费的福利效应。研究结果表明，结构性减税降费对经济增长与社会福利具有显著促进作用。胡海生等（2021）则基于动态可计算一般均衡模型对增值税税率降低与加计抵减政策的经济效应进行了评估。该研究发现，增值税税率降低减轻了大部分行业的增值税税负，可以带来有效的减税效应。与此同时，增值税的加计抵减能够在一定程度上对冲生产及生活服务业的税负上升，产生较好的定向减税效应。

## 2.2.2 税收激励的微观经济影响

以上结合税收政策在宏观经济运行中所扮演的角色分析了税收激励

在宏观层面产生的主要经济影响效应。当然，除宏观层面的影响以外，根据现有文献来看，税收激励的经济影响还更多地体现在微观企业层面。综合来看，税收激励在微观企业层面产生的经济效应可以归结为企业行为以及企业绩效两个维度。

**1. 企业行为**

关于企业行为方面的税收激励研究，主要涉及企业的投资行为、雇佣行为、研发行为、分工协作行为。早期研究多以增值税转型改革为例，探究企业的投资行为与雇佣行为。在企业投资行为方面，聂辉华等（2009）首次基于企业数据，采用双重差分法进行研究，发现2004年的增值税转型改革政策显著促进了企业对固定资产的投资。张等（Zhang et al.，2018）对2004年增值税转型改革的政策效果进行了检验，得到了类似的结论。王（Wang，2013）利用2009年的全国增值税转型改革数据、许伟和陈斌开（2016）基于2004~2009年渐次推进的增值税转型改革数据，也发现增值税转型改革促进了企业的固定资产投资。其中，许伟和陈斌开（2016）采用工具变量法得到了如下研究结论：增值税有效税率与企业投资之间存在负相关关系，每减少1%的税率可以增加16%的投资。倪婷婷和王跃堂（2016）则从企业异质性的视角出发，强调了两权分离程度对增值税政策效果的影响。他们在研究中发现，在增值税转型改革背景下，集团公司的固定资产投资规模显著高于独立公司，并且两权分离度越高差距越大。而蔡和哈里森（Cai and Harrison，2011）的研究却发现，2004年的增值税转型改革政策并没有显著促进企业固定投资的增长。

在企业雇佣行为方面，蔡和哈里森（2011）发现2004年增值税转型改革对就业有负向影响，但这一影响因企业所有制而异，除国有企业外，非国有内资企业、外资企业的就业数量分别下降了约8%和6%。聂辉华等（2009）、陈烨等（2010）同样发现增值税转型改革对就业具有负向影响。其中，聂辉华等（2009）发现增值税转型改革平均减少了企业约10%的雇员。陈烨等（2010）在中国经济结构特征的基础上进行研究，基于宏观闭合的可计算一般均衡（CGE）模拟结果显示，增值税转型改革可能造成多达444万人的新增失业。但刘璟和袁诚（2012）的研究显示东北地区的增值税转型改革并没有减少就业，而是显著提高了试点企业的劳动力雇佣。在研发行为方面，刘和毛（Liu and Mao，2019）运用2005~2012年国家税收调查数据的研究发现，增值税转型改革有助于激发企业的研发行为，增加企业的研发支出。

此外，区别于以上聚焦于增值税转型改革方面的研究，对于税收激励与企业投资行为、雇佣行为、研发行为、分工协作行为的研究，也有不少学者围绕企业承担的税负、固定资产加速折旧政策、营改增政策而展开。

例如，王苍峰（2009）的研究结果表明，税收减免对内资企业的研发投资具有显著促进作用，而在外资企业中，这一影响并不显著。同时，税收减免对企业研发投资的作用会受企业规模的影响，随着企业规模的扩大，税收减免对企业研发投资的作用也随之增加。李香菊和贺娜（2019）基于2008~2015年中国A股上市公司的数据分析发现，税收激励不利于企业研发成果的转化，从长期来看，企业的融资约束、管理层短视等因素是税收激励推动企业技术创新的主要干扰因素。赵立三和王梓楠（2020）基于企业盈利能力的视角，探究了所得税优惠与企业研发投入的内在关系。研究发现，所得税优惠能够显著促进企业研发投入的增加，但这一影响在高新技术企业中的表现与在非高新技术企业中的表现有所不同，具体表现为所得税优惠在高新技术企业中产生的研发激励作用高于非高新技术企业。刘铠豪和王雪芳（2020）采用世界银行中国企业调查数据进行了研究，发现企业的税收负担与企业的劳动力需求之间存在显著的负向关联。

在固定资产加速折旧政策方面，李昊洋等（2017）发现该政策的实施显著增加了企业的研发投入，并且这种影响在高税率企业或市场化程度较低的地区中更为明显。刘啟仁等（2019）基于2010~2016年中国A股上市公司数据进行了研究，发现固定资产加速折旧政策显著促进了试点行业内企业的固定资产投资，特别是对在资产偏长期和急需更新固定资产的企业中，这一政策产生的助推作用尤为显著。刘啟仁（2020）则将固定资产投资扩展至人力资本投资，从企业人力资本投资的角度评估了2014年的固定资产加速折旧政策，结果表明，税收激励对试点企业的人力资本结构具有改善作用，税收激励能够显著促进企业技能劳动力占比的增加，推动企业的人力资本升级。在营改增政策方面，范子英和彭飞（2017）基于分工视角，借助于三重差分的政策评估方法，研究了营改增产生的减税效应。结果表明，营改增带来的减税效应存在比较明显的税率依赖性,同时,由于营改增之后服务业企业可以将中间投入在纳税时扣除,该政策也有效地推动了跨地区的分工与协作。同时,该政策还促进了企业在设备方面的固定资产投资。

**2. 企业绩效**

在税收激励对企业绩效的影响上,现有的研究主要关注税收激励在企业生产率、资源配置效率、融资约束等方面产生的影响效果。

其一,企业生产率。聂辉华等(2009)与刘和毛(2019)等发现,增值税转型改革显著提高了企业的生产率。其中,刘和毛(2019)基于2005~2012年国家税收调查数据的研究表明,除内部资金积累之外,增值税转型改革还通过促进研发支出、降低产业层面加成率离散度来提高企业的生产率。陈丽霖和廖恒(2013)的研究同样表明,增值税转型改革对企业的生产率有显著促进作用,但这一促进作用因企业的所有制类型和行业的技术水平而异。具体的异质性表现是:在非国有企业中,增值税转型改革对企业生产率的影响效应高于其在国有企业中产生的影响效应;同时,相较于非高新技术行业,增值税转型改革在高新技术行业中能够带来更大的生产率促进作用。

其二,资源配置效率。罗宾逊(Robinson,1933)指出,企业间资源配置的结构在本质上取决于产品市场的结构,资源配置效率达到最优的必要条件为产品间的加成率相等。在此基础上,刘啟仁和黄建忠(2018)综合考虑企业所具有的增值税税负、主营业务税负及所得税税负,利用"可变加成率"模型探讨了税负对资源配置效率的影响及政策选择。结果发现,面对税负的增加,提升加成率是企业进行税负转嫁的一个渠道。这能够直接引致要素的边际产出偏离社会的最优水平。同时,企业间的税负不公平又会造成行业内的加成率离散度增大,引致具有不同加成率水平的企业利用资源的效率出现差异,进而造成资源浪费。康茂楠等(2019)采用双重差分法考察了增值税转型改革对中国制造业成本加成率分布以及资源配置效率的影响。结果表明,以增值税转型改革为代表的减税政策有效缩小了成本加成率分布的离散程度,对制造业的资源配置效率起到了改善作用。然而,需要注意的是,尽管企业税负率的下降有助于改善资源配置效率,增值税有效税率的差异却会导致企业的效率损失、生产率离散与资源误置(陈晓光,2013;蒋为,2016)。这是因为,相比于单一税率,多档税率会降低增值税的效率

(Charlet and Owens，2010），税负的差异会影响生产要素的流动方向。具体而言，当不同企业间的税负存在差异时，生产要素（比如，劳动、资本等）会从高税负的企业流向低税负的企业中，由此造成资源的错配现象，进而降低行业内生产要素的总体利用效率（陈晓光，2013）。

其三，融资约束。税收激励的作用主要体现在缓解企业融资约束、降低企业流动负债率、提高企业长期负债率方面（罗宏和陈丽霖，2012；申广军等，2018）。其中，罗宏和陈丽霖（2012）评估了增值税转型改革与融资约束的关系，发现企业的融资约束会因增值税转型改革而得以改善，并且这一政策效果会随着时间的推移呈现出放大趋势。同时，他们在研究中指出，增值税转型改革对企业融资约束的影响作用主要是通过缓解企业的内源融资约束实现的。申广军等（2018）借助于双重差分法对结构性减税的去杠杆效应进行了实证检验，发现增值税转型改革与企业的流动负债率之间存在负向关联，但是增值税转型改革对企业的长期负债率却有提高作用。同时，研究结果表明，增值税转型改革对企业的这一影响具有明显的异质性特征，具体的去杠杆效果因企业类别而异。

以上从宏观、微观两大层面就税收激励产生的经济影响进行了系统总结。但若聚焦于本书的研究主题——税收激励与中国出口产品质量升级，仅从出口方面来看，现有文献中与本研究主题直接相关的研究则少之又少。

综合来看，主要包括以下研究：一是刘和陆（Liu and Lu，2015）的研究。该研究发现增值税转型改革有助于提升企业的出口倾向。二是费德里奇等（Federici et al.，2019）的分析。该研究借助于意大利企业数据，就公司税与企业出口的关系进行了探究，发现公司税的提高对新企业进入出口市场的参与程度有促进作用，但其对在位企业的出口强度却有抑制作用。三是刘铠豪和王雪芳（2020）对税收负担与企业出口行为的研究。该研究基于世界银行中国企业调查数据的分析发现，无论是企业的出口倾向、出口规模还是出口强度均与企业的税收负担呈负向关联。四是刘玉海等（2020）的研究。该研究以2009年增值税转型改革的全面实施为政策冲击，基于双重差分法对税收激励与企业出口国内附加值率的内在关联进行了探究。结果发现，增值税转型改革政策有助于企业出口国内附加值率的提高，并且这一影响具有先升后降的时间趋势特征。

### 2.2.3 未来税收政策的调整及改革方向

伴随着中国经济发展进入新常态，中国税收制度的发展也开始向形态更高级、功能更齐全、作用更完善、结构更合理的方向演化，可以说，中国税收制度已经进入了一个新的历史时期（高培勇，2015）。

从发展阶段上看，中国经济已逐步从以高速增长为特点的阶段，迈向以高质量增长为特点的阶段。在此背景下，税制改革也应当以助推经济的高质量发展为目标。范子英和高跃光（2019）对如何推进高质量发展的税制改革进行了系统分析。结果发现，税制改革的实施重点主要在于解决以增值税为核心的减税问题。同时，需要注意实施真正意义上的分税制、切实落实结构性减税、平衡行业间的税负、引导地方政府之间的理性竞争、强化税收征收率。2020年政府工作报告指出，积极的财政政策要更加积极有为，要加大减税降费的力度。尤其是在新冠肺炎疫情之下，面对经济的下行压力，更应该继续深化减税降费政策，在"六稳""六保"的大政方针下，做到精准施税，相机选择税收政策，着力扶持小微企业，促进实体经济的有效发展（温彩霞，2020）。类似地，李明等（2020）对疫情后中国积极财政政策的走向和财税体制改革的任务进行了分析，指出未来中国财税体制改革的重点方向在于强化预算绩效管理、健全地方税体系、落实完善财政事权与支出责任划分方案等。本质上讲，税制改革的新方向即在于通过结构调整，推动稳增长与治理水平攀升的良性循环。2021年政府工作报告提出了建立现代财税金融体制的方向，细化了当年财税工作重点：优化和落实减税政策、深化财税金融体制改革、用税收优惠机制激励企业加大研发投入、对先进制造业企业按月全额退还增值税增量留抵税额以及扩大企业所得税优惠目录范围等。2022年政府工作报告提出，实施新的组合式税费支持政策：坚持阶段性措施和制度性安排相结合，减税与退税并举。2023年政府工作报告指出，完善税费优惠政策，对现行减税降费、退税缓税等措施，该延续的延续，该优化的优化。

"十四五"时期是中国税制结构转型与完善现代税收制度的关键时期（马珺和杜爽，2021）。马珺和杜爽（2021）认为，"十四五"时期税制结构的优化应当注意以下几点：一是要强调以人民为中心，完善现行税收制度，建立科学、合理的税种结构、税负结构、税基结构、税源结构、税率结构、政府收入结构，不断提高税收制度的现代化程度和治理水平；二是要立足于构建高水平社会主义市场经济体制，完善现代税收制度，对变化中的国内外经济社会环境、国内公共政策目标的优先排序以及主体税基的重要变化保持必要的敏感性，以积极应对各种内外部环境的挑战；三是要适应以扩大内需为战略基点的"双循环"新发展格局的要求，优化税制结构；四是要强调系统观念，全面提升现代税收国家的治理能力。

## 2.3 本章小结

在现有研究的基础上，本章对以下两类文献进行了系统地归纳、总结与分析：一是出口产品质量的相关研究；二是税收激励的相关研究。

第一，出口产品质量的相关研究。该部分首先从出口产品质量的内涵出发，对关于出口产品质量概念界定的文献进行了梳理。其次，结合国际贸易的理论研究，对涉及出口产品质量的理论予以归纳，厘清了出口产品质量的相关理论基础。然后，针对出口产品质量指标，对现存的出口产品质量测算方法进行了详细总结，并对不同出口产品质量测算方法之间的核心思想与优缺点进行了对比，为后续章节中出口产品质量的特征事实分析及实证检验指明了方向。其中，涉及的出口产品质量测算方法有五类：第一类是单位价值法；第二类是特定产品特征法；第三类是需求信息回归推断法；第四类是供给需求信息加总测算法；第五类是基于微观数据的测算法。最后，从供给与需求两大层面入手，立足于出口国与进口国所涉及的相关因素，在已有文献对出口产品质量研究的基础上，就出口产品质量的影响因素进行了分类和归纳；同时，也对诸如汇率变动、贸易自由化等外生性环境因素影响出口产品质量的文献进行了总结。

第二，税收激励的相关研究。首先，结合税收政策在宏观经济运行中所扮演的角色分析了税收激励在宏观层面产生的主要经济影响。其次，从企业行为、企业绩效两个维度出发，对税收激励在微观层面产生的经济影响进行了归类。最后，结合税收激励的目标导向，对未来税收政策的调整与改革方向进行了概括。

通过对现有文献的梳理和总结可以发现，尽管学者们从不同角度对出口产品质量的影响因素做出了深刻的理论或实证分析，也基于税制改革或税负的视角考察了税收激励对宏观经济、微观经济等方面的影响，但遗憾的是，在当前中国经济迈向高质量发展的新阶段，伴随供给侧结构性改革的不断深化，作为助推经济高质量发展"重头戏"的税收激励如何作用于出口产品的"质"，似乎鲜有文献提及。

有鉴于此，关于税收激励与出口产品质量的研究就显得尤为必要。这不仅可以作为出口产品质量的相关研究的有益补充，还可以为出口产品质量提升动力的探索以及税收激励效果的评估拓宽视角。

# 第 3 章 制度背景与特征事实

本章首先结合中国税收体系的结构组成与税收激励的现实表现，对中国税收激励的相关制度背景进行说明，以明确中国税收收入的税种组成及比例分布，厘清税收激励的实施形式。然后，结合出口产品质量的测算结果，从多个维度较为细致地刻画中国出口产品质量变化中存在的特征事实及演变动态。具体内容安排如下：3.1 为税收激励的相关制度背景；3.2 为出口产品质量的数据说明；3.3 为出口产品质量的特征事实分析；3.4 为本章小结。

## 3.1 税收激励的相关制度背景

### 3.1.1 税制改革的历程回顾

自 1978 年改革开放以来，中国的税收制度经历了长期且持续的改革与调整。整体上而言，中国税制改革的进程大致可以划分为三个阶段：

第一阶段为 1978~1993 年，这一阶段可以称为有计划的商品经济时期的税制改革。具体而言，这一阶段的税制改革又可划分为三个子阶段。

（1）1978~1982 年的涉外税制改革。

在这一时期内，第五届全国人民代表大会先后通过了三部法律规范：《中外合资经营企业所得税法》《个人所得税法》《外国企业所得税法》。这三部法律规定明确了对中外合资企业、外国企业继续征收工商统一税、城市房地产税和车船使用牌照税的决定，从而初步形成了一套大体适用的涉外税收制度。

（2）1983年形成第一步"利改税"方案。

该方案的确立，意味着新中国成立以后实行了30多年的国营企业向国家上缴利润的制度开始改为缴纳企业所得税。就理论和实践上来看，这一项制度改革突破了国营企业只能向国家缴纳利润、国家不能向国营企业征收所得税的禁区。因此，可以说，这项方案的确立是国家与企业分配关系的一个历史性转折。

（3）1984年形成第二步"利改税"方案和工商税制改革。

在这一时期，国家颁布了有关税收条例，制定了包含国营企业调节税、国营企业所得税、增值税、产品税、营业税、资源税、盐税等税种在内的税收征收办法。相对而言，这意味着中国自改革开放之后第一次大规模的税制改革开始了。在工商税制方面，截至1991年，中国工商税制涉及的税种有37个，依据经济性质和作用进行划分，大致包括所得税、流转税、财产和行为税、特定目的税、资源税、涉外税、农业税七个类别。

第二阶段为1994~2000年，这一阶段属于社会主义市场经济初期的税制改革。1994年启动了新中国成立以来规模最大、范围最广、内容最深刻、力度最强的工商税制改革。改革的内容主要包括如下几点：第一，全面改革流转税；第二，对内资企业实行统一的企业所得税；第三，统一个人所得税；第四，调整、撤并和开征其他一些税种。可以说，这一改革为实现中国税收制度的高效统一、简化、规范奠定了坚实的基础。

第三阶段为2001年及以后所进行的社会主义市场经济完善期的税制改革。尤其是2004年以后，伴随着社会经济发展的需要，为强化税收制度的宏观及微观调控体系，形成科学、规范、可持续的税收制度，新一轮的税收制度改革开始逐步推行。其中，影响较大的税制改革有如下几项：

一是增值税转型改革。2004年9月14日，财政部、国家税务总局发文正式启动改革试点，印发了《东北地区扩大增值税抵扣范围若干问题的规定》的通知，规定自2004年7月1日起，东北地区（辽宁、吉林、黑龙江、大连）从事装备制造业、石油化工业、冶金业、船舶制造业、汽车制造业以及农产品和加工业产品生产为主的增值税一般纳税人，可以在进项税额中抵扣购买固定资产所缴纳的税额，即生产型增值税转变成了消费型增值税，这一政策也被称为"增值税转型改革试点"。同年12月,东北三省的部分军品和高新技术产品生产的企业也纳入试点范围。2007年7月1日起,试点范围扩大到中部六省26个老工业基地城市的电力业、采掘业等八大行业;2008年7月1日,试点范围扩大到内蒙古自治区东部五个盟市和四川汶川地震受灾严重地区;2009年1月1日起,增值税转型改革进入全面推行阶段,即全国所有地区、所有行业(增值税征税范围内的)均实行增值税转型改革。

二是营业税改征增值税。2012年1月1日起,上海交通运输业和部分现代服务业率先开展"营改增试点",即营业税改征增值税——将以前缴纳营业税的应税项目改成缴纳增值税。2012年8月1日起至当年年底,营改增试点扩大至10个省市。2013年8月1日,营改增范围推广到全国试行,广播影视服务业纳入试点。2014年1月1日起,铁路运输和邮政服务业纳入试点;2016年5月1日起,建筑业、房地产业、金融业、生活服务业全部纳入试点,营改增试点全面推开。2017年10月30日,国务院常务会议通过《国务院关于废止〈中华人民共和国营业税暂行条例〉和修改〈中华人民共和国增值税暂行条例〉的决定(草案)》,标志着实施60多年的营业税正式退出历史舞台。

三是固定资产加速折旧政策。2014年10月20日,财政部、国家税务总局就有关固定资产加速折旧企业所得税政策问题进行了通知,指出对生物药品制造业,专用设备制造业,铁路、船舶、航空航天和其他运输设备制造业,计算机、通信和其他电子设备制造业,仪器仪表制造业,信息传输、软件和信息技术服务业6个行业的企业2014年1月1日后新购进的固定资产,可缩短折旧年限或采取加速折旧的方法。《中华人民共和国企业所得税法》中规定,在计算应纳税所得额时,企业可扣除为取得收入而发生的相关支出,如成本、费用、税金等。然而,由于资本性支出的受益期限超过一个营业周期,导致其不能从收入总额中一次性扣除,而是要先计入资产科目,然后通过分期计提折旧或摊销的方式计入相关费用,再从应纳税所得额中扣除,当期计提折旧乘以所得税率便是企业在该期的所得税税收优惠额。因此,当年计提折旧越多,企业在当年享受的税收优惠额也越大。固定资产加速折旧政策通过减少企业的当期应纳税所得额为企业带来了税收优惠。

四是2019年的大规模减税,即增值税税率下调。2019年3月,政府工作报告提出,2019年将深化增值税改革,将制造业等行业现行

16%的税率降至13%，交通运输业、建筑业等行业现行10%的税率降至9%，确保主要行业税负明显降低，确保所有行业税负只减不增。

### 3.1.2 税种组成及比例分布

考虑到在中国税收制度的不断改革与完善中税种的变迁及调整，本部分选取两个代表年份——2007年与2021年[①]，用以反映早期及当前中国税收体系的结构组成，以明确中国税收收入的税种组成及比例分布，数据来源于国家统计局。图3-1为2007年中国的税种组成及比例分布，

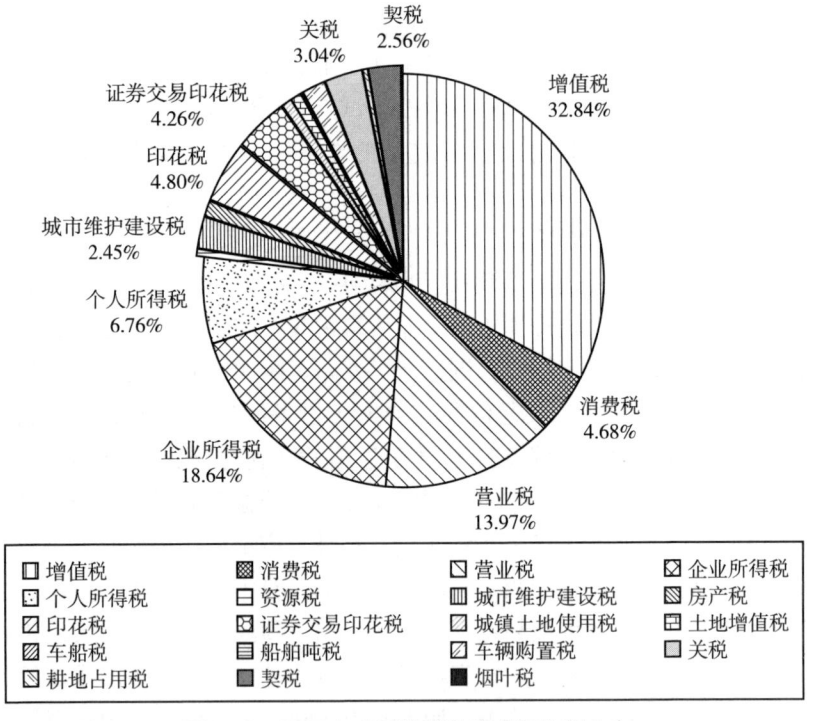

**图3-1 2007年中国的税种组成及比例分布**

注：鉴于资源税、房产税、城镇土地使用税、土地增值税、车船税、船舶吨税、车辆购置税、耕地占用税、烟叶税等税收收入的占比较小，为保证图表清晰可见，未在图中添加这些税种的比例标签。同时，由于其他税收收入占比约等于0，图中未显示该项图例。

资料来源：作者根据国家统计局中的税收收入数据整理所得。

---

① 囿于数据可得性，最新中国税收收入的统计年份采用2021年。

图 3-2 为 2021 年中国的税种组成及比例分布。由图 3-1 可以发现，增值税、企业所得税、营业税、个人所得税占据中国税收收入的绝大部分。其中，增值税的占比最高，达 32.84%；企业所得税次之，占比为 18.64%；然后是营业税，占比为 13.97%。增值税、企业所得税与营业税的总占比约为 65%，个人所得税与消费税的占比之和约为 11%。

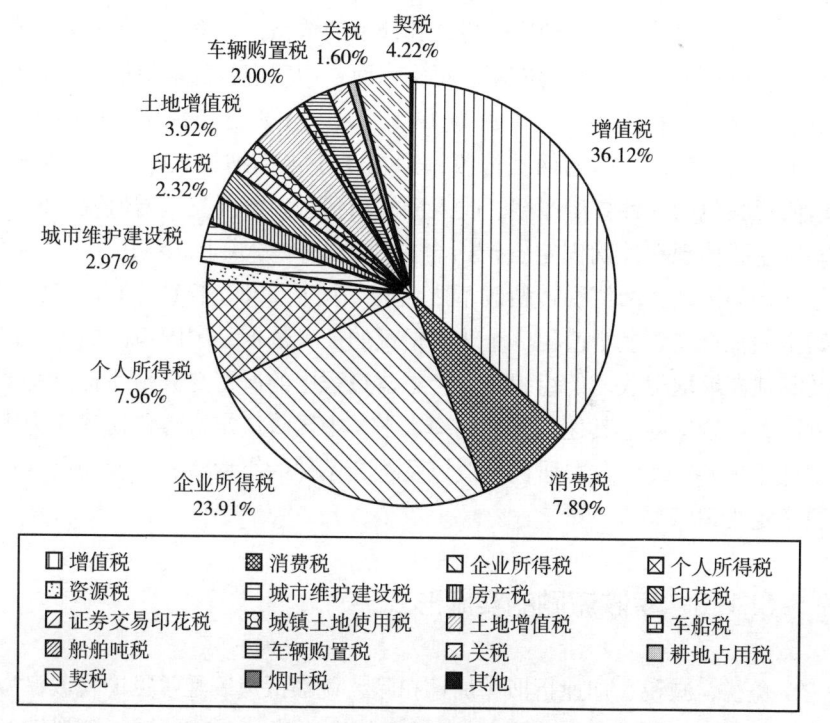

**图 3-2　2021 年中国的税种组成及比例分布**

注：与图 3-1 类似，鉴于资源税、房产税、证券交易印花税、城镇土地使用税、车船税、船舶吨税、耕地占用税、烟叶税、其他税收收入的占比较小，未在图中添加这些税种的比例标签。
资料来源：作者根据国家统计局中的税收收入数据整理所得。

与图 3-1 相比，图 3-2 中由于经历了营业税到增值税的改革，已经没有了营业税。但与图 3-1 中增值税、企业所得税、个人所得税、消费税比例较高相比，图 3-2 中比例较高的几个税种并未出现明显差别，而仅在各税种所占的比例上有所不同。其中，增值税的占比依然最高，且与 2007 年相比增加了 3.28%；企业所得税的占比次之，较 2007

年增加了 5.27%。在 2021 年，增值税、企业所得税占比之和为 60.03%，这与 2007 年相比差距较为明显。消费税、个人所得税的比例较 2007 年有所提高。

综合图 3-1 与图 3-2 可以发现，在中国税收体系的结构组成中，增值税、企业所得税的占比最高，可以说，这两个税种构成了中国税收收入的主体，是中国税收体系中的主体税种。

其中，增值税是一种流转税，其计税的依据是包含应税劳务在内的商品在流转中所产生的增值额。税率方面，中国现行的增值税属于比例税率，就应税行为而言，可分为 13%、9%、6% 三档税率，适用于一般纳税人，5%、3% 的两档征收率适用于小规模纳税人[①]。类别方面，增值税共包括三种：生产型、收入型、消费型。不同类型增值税之间的差别主要体现在外购固定资产所含税金的扣除方式上。经历了自 2004 年开始的渐进式增值税转型改革之后，中国从 2009 年 1 月 1 日起已开始全面推行消费型增值税。企业所得税的征税依据是中国境内的企业以及其他能够取得收入的组织在生产经营过程中的所得与其他所得。税率方面，结合国际上其他国家的税率水平，中国将法定所得税税率定为中偏低水平——25%，非居民企业以及符合条件的小型微利企业的所得税税率定为 20%。

### 3.1.3 税收激励的实施形式

免税、减税、加速折旧、加计扣除、税额抵免等是常见的税收激励表现。结合张同斌和高铁梅（2012）、胡海生等（2021）对财税激励政策的研究，本部分对已有的税收激励实施形式做出简要概括。

其一，税基式激励。该形式下的税收激励主要是以减少计税依据（缴税起征点、项目扣除、免征额、跨期结转等）为准则对纳税人实行税收减免。比如，以纳税起征点为例，缴税起征点是税收缴纳的一个界

---

① 从划分标准上看，一般纳税人和小规模纳税人的区别在于年增值税应税销售额方面：一般纳税人包括生产型纳税人和非生产型纳税人。其中，生产型纳税人年增值税应税销售额为 50 万元人民币；批发、零售等非生产型纳税人年增值税应税销售额为 80 万元人民币。年销售额达不到这一标准的为小规模纳税人，并且，个人、非企业性单位以及不经常发生增值税应税行为的企业也被认定为小规模纳税人。

限，以其为依据进行的税收激励是通过判断课税对象的价值或数量是否达到了一定的标准而进行的税收激励。在实际的生产经营活动中，增值税转型改革政策、研发费用的加计扣除政策、固定资产加速折旧政策均可列入此类税收激励范畴。

其二，税额式激励。该形式下的税收激励是通过对纳税人所缴纳的税额的直接减少而进行的税收干预，是以税额为基准所设计的税收激励。其中，免税、税额抵免、减半征收等均属于这一形式的税收激励。例如，对于购买并在实际生产中使用环保、节能等设备的企业，实行投资抵税，以投资额的10%抵扣税额。

其三，税率式激励。相较于税基式激励、税额式激励而言，税率式激励更容易理解，也更容易操作。这一形式的税收激励是通过对纳税人所缴纳的税种的法定征收率（即税率）的调整来实现的。比如，为激发企业的研发创新，增强创新能力，2007年通过的《中华人民共和国企业所得税法》规定，对于在国家重点扶持名单之内的高新技术企业的所得税税率给予优惠，减按15%征收。2019年增值税税率下调的规定指出，制造业等行业现行16%的税率将降至13%，交通运输业、建筑业等行业现行10%的税率将降至9%。

## 3.2 出口产品质量的数据说明

本书在第1章中借助于法国CEPII数据库提供的出口单位价值及贸易流量数据，在相对较长的时间跨度下，描述了中国出口产品质量的总体情况及国际地位。但是，不得不承认，该数据库仅提供了宏观层面的数据，在探索出口产品质量的微观表现及微观决定机制方面尚有不足。基于此，为从微观层面上更为细致地刻画中国出口产品质量变化中存在的特征事实及演变动态，本部分进一步基于微观企业数据对出口产品质量进行测算，并对测算结果进行描述性统计与分析。

### 3.2.1 指标处理

如前文所述，关于出口产品质量的测算方法主要有以下几类：一是单位价值法（Aiginger, 1997; Schott, 2004; Hummels and Klenow, 2005; Hallak, 2006）；二是特定产品特征法（Crozet et al., 2012; Chen and Juvenal, 2016; Auer et al., 2018）；三是需求信息回归推断法（Khandelwal et al., 2013; Fan, 2015; 王雅琦等, 2018）；四是供给需求信息加总测算法（Feenstra and Romail, 2014）；五是余淼杰和张睿（2017a）提出的全面考虑供给和需求因素，适用于微观数据的测算方法。现阶段，已有研究中广泛使用的方法是第三种，即需求信息回归推断法，以下简称为"KSW方法"。

相比之下，第五种方法更具有优势。该方法适用于微观数据，能够计算出企业—产品—目的地层面的出口产品所具有的质量水平。与前述的几种方法相比较，该方法不仅从理论上也从计算上对产品质量的测算做出了一定的贡献。

基于此，出于对出口产品质量测算精确度的考虑，本章参考余淼杰和张睿（2017a）提出的方法，量化中国工业企业的出口产品质量，继而从总体、分行业、目的地特征、所有制差异、出口产品质量的高低分布、出口关系存续以及出口产品质量的动态分解维度，较为全面地刻画中国出口产品质量存在的典型事实。

### 1. 测算出口产品质量的理论框架

本章借鉴余淼杰和张睿（2017a）的做法，测算中国工业企业层面的出口产品质量，并在芬斯特拉和罗迈尔（2014）的基础上对该测算方法的理论框架予以阐述。

第一，需求方面。

假设消费者的效用取决于两个因素：一是消费者所消费的产品的数量；二是消费者所消费的产品的质量水平。具体地，我们假设消费者所在的国家为 j 国，产品类别为 g，即海关数据中的 HS6 位码产品。同时，假定每个产品类别 g 中存在连续的差异化产品品种，并定义为 ω。

由此，可根据消费者效用得到如下等式表示的支出函数：

$$E_{jg} = U_{jg} \times P_{jg} = U_{jg} \cdot \left[\int_\omega \left(\frac{p_{\omega j}}{z_{\omega j}^{\alpha_{jg}}}\right)^{(1-\sigma_g)} d\omega\right]^{\frac{1}{1-\sigma_g}} \quad (3-1)$$

式（3-1）中，$E_{jg}$ 表示 j 国用于产品 g 的总消费支出，$P_{jg}$ 表示 j 国的价格指数。$U_{jg}$ 表示消费者的效用，且 $U_{jg} > 0$，$\alpha_{jg} = 1 + \gamma_g \ln(U_{jg})$。$p_{\omega j}$ 表示 j 国销售的品种为 ω 的产品的到岸价格，$z_{\omega j}$ 表示 j 国销售的品种为

ω 的产品的质量。$\alpha_{jg}$ 这一参数代表消费者对类别为 g 的产品的"质量偏好程度",该参数依赖于消费者效用。$\sigma_g$ 为同一产品类别 g 内,不同产品品种之间的替代弹性。

根据(3-1)式,将 $E_{jg}$ 对产品价格 $p_{\omega j}$ 求导,可得到消费者的需求函数:

$$q_{\omega j} = \frac{\partial E_{jg}}{\partial p_{\omega j}} = \left(\frac{\partial E_{jg}}{\partial \bar{p}_{\omega j}}\right) \times \frac{1}{(z_{\omega j})^{\alpha_{jg}}} = E_{jg} \times P_{jg}^{\sigma_g - 1} \times p_{\omega j}^{-\sigma_g} \times z_{\omega j}^{\alpha_{jg}(\sigma_g - 1)} \qquad (3-2)$$

其中,$\bar{p}_{\omega j}$ 可表示为 $\bar{p}_{\omega j} \equiv p_{\omega j}/(z_{\omega j})^{\alpha_{jg}}$,是价格与质量的比值,代表经质量调整后的产品价格。该价格的下降,意味着产品的性价比提升。

第二,供给方面。

考虑供给方面的意义在于内生化产品质量。换言之,这里暗含的基本假定是,当企业所处的市场为垄断竞争类型时,企业不仅能够决定生产的产品的价格,也能够决定产品的质量水平。具体而言,假设在 j 国市场上存在产品类别为 g 的 i 销售企业。那么,在利润最大化的基本原则下,能够得到如下等式:

$$\underset{p_{ijg}^*; z_{ijg}}{\text{Max}} \left[ p_{ijg}^* - c_i(z_{ijg}, w) \right] \times \frac{\tau_{ijg} q_{ijg}}{\text{tar}_{jg}} \qquad (3-3)$$

式(3-3)中 $p_{ijg}^*$ 为 g 产品的离岸出口价,$z_{ijg}$ 为 g 产品的质量。$c_i$ 表示单位生产成本,它受两个变量的影响:产品质量 $z_{ijg}$ 与投入品成本水平 w。$q_{ijg}$ 是 i 企业销售到 j 国市场上的类别为 g 的产品的数量,$\text{tar}_{jg}$ 是 j 国对 g 产品所征收的进口关税。

假设企业出口时面临的贸易成本有两类:$\tau_{ijg}$ 所代表的从价成本与 $T_{ijg}$ 代表的从量成本,则 i 企业出口到 j 国的 g 产品的离岸出口价 $p_{ijg}^*$ 和到岸出口价 $p_{ijg}$,二者之间可表示为如下关系:

$$p_{ijg} = (p_{ijg}^* + T_{ijg})\tau_{ijg} \qquad (3-4)$$

其中,到岸出口价 $p_{ijg}$ 代表 j 国消费者实际承担的产品价格。参考芬斯特拉和罗迈尔(2014)的研究,假定用以下式子表示单位生产成本 $c_i$:$c_i(z_{ijg}, w) = w(z_{ijg})^{1/\theta_g}/\varphi_i$。那么,这意味着企业在提高产品的质量时会面临着边际成本递增的情况。$0 < \theta_g < 1$ 表示在类别为 g 的产品中衡量成本递增效应大小的参数。$\varphi_i$ 代表 i 企业的生产率。在利润最大化的条件下,根据边际成本等于边际收益,可得:

$$\frac{w(z_{ijg})^{\frac{1}{\theta_g}}}{\varphi_i \theta_g} = \left[ p_{ijg}^* - \frac{w(z_{ijg})^{\frac{1}{\theta_g}}}{\varphi_i} \right] \times \left[ \alpha_{jg}(\sigma_g - 1) \right] \qquad (3-5)$$

对式（3-5）的两边取对数，同时整理化简，可以得到如下等式：

$$\ln(z_{ijg}) = \theta_g \left[ \ln(\kappa_{1jg} p_{ijg}^*) - \ln\left(\frac{w}{\varphi_i}\right) \right] \quad (3-6)$$

$$\kappa_{1jg} = \alpha_{jg}\theta_g(\sigma_g - 1)/[1 + \alpha_{jg}\theta_g(\sigma_g - 1)] \quad (3-7)$$

如前文所述，式（3-7）中的 $\alpha_{jg}$ 表示的是 j 国消费者在 g 产品上所反映出的"质量偏好程度"，$\sigma_g$ 代表同一产品类别 g 内不同品种之间存在的替代弹性。由此，在式（3-7）的基础上考虑年份 t 的差异，可得到如下所示的更为直观的产品质量的表达式：

$$\ln(z_{ijgt}) = \theta_g \left[ \ln(\kappa_{1jg}) + \ln(p_{ijgt}^*) + \ln(\varphi_{it}) - \ln(w_t) \right] \quad (3-8)$$

式（3-8）即为出口产品质量的测算公式。其中，$z_{ijgt}$ 表示第 t 年企业 i 销往 j 国的类别为 g 的产品的质量。参考芬斯特拉和罗迈尔（2014）的做法，假设如下式子表示单位生产成本：$c_i(z_{ijgt}, w) = w(z_{ijgt})^{1/\theta_g}/\varphi_i$。其中，当企业提高产品质量的时候会面临递增的边际成本，$0 < \theta_g < 1$ 为在产品类别 g 中衡量这一成本递增效应大小的参数。$p_{ijgt}^*$ 表示第 t 年企业 i 销往 j 国的产品类别 g 的离岸出口价。$\varphi_{it}$ 表示第 t 年企业 i 的生产率。$w_t$ 表示第 t 年企业 i 的投入品成本水平。

根据余淼杰和张睿（2017a）的分析，该式主要有三个层面的含义：

其一，生产率 $\varphi_{it}$ 对产品质量 $z_{ijgt}$ 具有重要作用，二者之间呈正相关关系，企业生产率的提高有助于企业产品质量的提高；

其二，产品价格 $p_{ijgt}^*$ 与产品质量 $z_{ijgt}$ 之间存在正相关作用，产品价格的提高会直接反映在产品质量的提高上，这也为以单位价值测算出口产品质量的方法提供了支撑；

其三，$w_t$ 表示投入品成本水平，以上式子显示，投入品成本水平与产品质量之间存在负相关关系，这表明投入品成本水平的提高会使企业所生产的产品的质量水平降低。这是因为 $w_t$ 提高时，如果不考虑企业生产的产品的质量水平的变化，那么，企业为提高质量而付出的边际成本就会增加。然而，此时提高质量为企业带来的边际收益没有发生变化。所以，在利润最大化的基本原则下，企业为追求利润的最大化水平，必然要通过降低所生产的产品的质量水平来压低边际成本，以使提高质量而付出的边际成本等于提高质量为企业带来的边际收益。由此，投入品成本水平与产品质量之间便呈现出负相关性。

**2. 出口产品质量的测算步骤**

本部分在以上所阐述的测算出口产品质量的理论框架基础上，结合式（3-8）详细阐述运用中国工业企业数据和海关进出口贸易数据的匹配数据计算出口产品质量的步骤。值得指出的是，考虑到加工贸易在投入品成本水平方面的数据难以获得，本章仅测算一般贸易出口中的产品质量。

第一步，计算出口离岸单价 $p_{ijgt}^*$。

结合海关进出口贸易数据的统计信息，可以计算出"企业—目的地—产品—年份"维度的出口离岸单价。具体地，将企业 i 在 t 年出口到 j 国的类别为 g 的产品的离岸价值（数量）加总得到总价值（总数量），将总价值除以总数量即可得到出口离岸单价：

$$p_{ijgt}^* = uv_{ijgt} = \frac{value_{ijgt}}{quantity_{ijgt}} \quad (3-9)$$

式（3-9）中，$value_{ijgt}$ 为企业 i 在 t 年向 j 国出口的类别为 g 的产品的出口离岸价值，$quantity_{ijgt}$ 为相应的出口数量，$uv_{ijgt}$ 是出口离岸单价。其中，产品类别 g 以 HS6 位产品分类码为准，并依据联合国统计司（United Nations Statistics Division，UNSD）提供的 HS 编码版本对应表，将不同年份的 HS 编码（HS1996、HS2002、HS2007）以 HS1996 为基准进行了协调统一。实际操作中，根据海关进出口贸易的数据统计情况，我们利用当月（当年）平均美元对人民币的汇率将每笔交易的出口离岸价值转换为人民币计价，并利用布兰特等（Brandt et al.，2012）提供的 CIC4 分位产出价格指数进行价格平减，构造出"企业—目的地—产品—年份"层面的出口离岸价值。

第二步，计算企业生产率 $\varphi_{it}$。

余淼杰和张睿（2017a）在测算出口产品质量的过程中，以全要素生产率（total factor proctivity，TFP）表示企业的生产率。计算过程中，他们为克服瞬时偏差和选择偏误，主要依据阿米提和康宁斯（Amiti and Konings，2007）、余（Yu，2015）的研究，采用了奥利和帕克斯（Olley and Pakes，1996）提出的半参数方法计算 TFP。

借鉴这一做法，本章同样以 TFP 代表企业生产率。但有所不同的是，关于 TFP 的测算，本章采用了阿克伯格等（Ackerberg et al.，2015）提出的方法。尽管在已有的研究中，对 TFP 的测算大多借鉴奥利和帕克斯（1996）、莱文森和彼得林（Levinsohn and Petrin，2003）提出的半参数方法，以下简称为 OP/LP 方法（盛丹和王永进，2013；田朔等，2015；

Yu，2015）。然而，阿克伯格等（2015）却发现，在 OP/LP 方法中，存在"函数相关性"（亦称函数依赖性、共线性）问题。也就是说，实际处理中需要在投资需求或者中间品需求函数当中考虑劳动力因素，但 OP/LP 方法中并没有做此处理。因此，本章借鉴布兰特等（Brandt et al.，2017）的研究，采用 ACF 方法测算企业全要素生产率，并在测算过程中加入了中国加入 WTO 和国有企业虚拟变量，以剔除内外部因素对企业全要素生产率的影响。除了解决"函数相关性"之外，该方法还能够不受劳动力价格变化的干扰。

第三步，计算投入品成本水平 $w_t$。

现实情况表明，在企业的生产过程中，除了劳动力的投入以外，还需要中间品和资本品的投入。因此，本部分对投入品成本水平 $w_t$ 的计算综合考虑了劳动、资本和中间品投入。

$$\ln(w_t) = \alpha'\ln(w_t^L) + \beta'\ln(w_t^K) + \gamma'\ln(w_t^M) \quad (3-10)$$

式（3-10）中，$w_t^L$ 表示劳动投入成本、$w_t^K$ 表示资本投入成本、$w_t^M$ 为中间投入成本，$\alpha'$、$\beta'$、$\gamma'$ 表示与三者相对应的份额。如前文所述，因为只考虑一般贸易出口的情况，所以，企业在生产过程中的中间投入大多由国内供应。由此，均衡状况下，存在 $w_t^M = 1$，进而可得：

$$\ln(w_t) = \alpha'\ln(w_t^L) + \beta'\ln(w_t^K) \quad (3-11)$$

其中，$\alpha'$ 代表的是劳动成本与投入品成本的比值，$\beta'$ 代表的是资本成本与投入品成本的比值。将每个 CIC2 位码行业中每年出口企业的应付工资总额和应付福利总额加总并予以价格平减，除以该行业每年出口企业的总雇员人数 $Emp_t$，即可得到下式所示的 CIC2 位码行业层面每年的劳动成本：

$$w_t^L = \frac{Wage_t + Comp_t}{Emp_t} \quad (3-12)$$

进一步地，将每个 CIC2 位码行业中出口企业每年产生的折旧总额加总并予以价格平减，然后除以该行业每年出口企业的总真实资本存量，即可得到 CIC2 位码行业层面每年的资本成本：

$$w_t^L = \frac{Depr_t}{Capi_t} \quad (3-13)$$

在生产函数满足柯布—道格拉斯（Cobb-Douglas）形式 $Y_{it} = \varphi_{it}K_{it}^\alpha L_{it}^\beta M_{it}^\gamma$ 的前提下，$\alpha'$、$\beta'$ 的具体数值可根据生产函数的投入品弹性计算

得到，具体如下：

$$\alpha' = \frac{\alpha}{\alpha+\beta+\gamma}, \quad \beta' = \frac{\beta}{\alpha+\beta+\gamma} \tag{3-14}$$

其中，α、β和γ为全要素生产率估计过程中的劳动、资本和中间品投入的产出弹性，可以在估计企业全要素生产率的过程中得到。

最后，综合式（3-12）~式（3-14）式，将计算出的劳动成本、资本成本以及弹性系数 α'、β'代入到式（3-11）中，即可得到企业每年的投入品成本水平 $w_t$。

第四步，计算结构性参数。

根据出口产品质量的测算公式（3-8），在上述得到出口离岸单价、企业生产率、投入品成本水平之后，还需要得到包含质量偏好程度 $\alpha_{jg}$、衡量成本递增效应大小的 $\theta_g$、产品间的替代弹性 $\sigma_g$ 在内的结构性参数。芬斯特拉和罗迈尔（2014）在其研究中给出了每个国家每种国际贸易标准分类（Standard International Trade Classification，SITC）第二版4位码产品层面上的结构性参数。本部分将 HS6 位码与 SITC 第二版4位码匹配，从而得到每个 HS6—国家层面的 $\alpha_{jg}$、$\theta_g$、$\sigma_g$ 参数值。具体而言，首先，考虑到所用的企业数据中没有 SITC 编码，我们依据 UNSD 提供的 HS1996 版编码与 SITC 第二版的对应表对企业数据进行编码的匹配；然后，将所用数据与芬斯特拉和罗迈尔（2014）提供的包含结构性参数的数据文件进行匹配，即可得到 HS6—国家层面的结构性参数。结构性参数的原始数据来源于芬斯特拉的个人网站。

需要注意的是，考虑到一部分 HS6 位码所对应的 SITC4 位码层面的参数值存在缺失，我们将这些 HS6 位码所对应的 SITC3 位码内的平均 $\alpha_{jg}$、$\theta_g$、$\sigma_g$ 参数值作为其对应的参数值，以此保证样本在最大限度内完整。

第五步，计算出口产品质量。

将以上四个步骤得到的各变量，代入式（3-8）所示的出口产品质量的表达式中，即可得到"企业—目的地—产品—年份"层面的出口产品质量。

此外，为剔除极端值的影响，本部分参考余淼杰和张睿（2017a）的研究，将 HS6 位码中低于1%分位数和高于99%分位数的产品质量观测值去除，并对上述得到的出口产品质量指标进行标准化，公式如下：

$$\text{qual}_{ijgt} = \ln(z_{ijgt}) - \ln(z_{10\%\_g}) \tag{3-15}$$

式 (3-15) 中, $\ln(z_{10\%\_g})$ 表示的是类别为 g 的产品内总体产品质量的 10% 分位数。

### 3.2.2 数据来源

本章测算出口产品质量所用的微观企业数据为 2000~2007 年中国工业企业数据和海关进出口贸易数据的匹配数据。

其中，中国工业企业数据库的统计对象为全部国有企业以及规模以上非国有企业（规模以上指"年主营业务收入在 500 万元及以上"，2011 年该划分标准调整为"年主营业务收入在 2000 万元及以上"），是国家统计局基于企业所在地统计局的季报和年报汇总得到的统计资料，详细地记录了企业的基本情况、生产、经营及财务等方面的状况。海关进出口贸易数据来自于海关总署，该数据库提供了中国全部进出口企业的贸易往来信息，包括进出口产品种类、贸易方式、贸易量、贸易额、进口来源国、出口目的地等，是探究中国企业相关贸易问题的主要数据。结合研究主题——税收激励与中国出口产品质量升级，本章的研究既需要企业层面的生产经营信息，也需要企业层面的出口贸易信息，即需要中国工业企业数据库与海关进出口贸易数据库的匹配数据。

目前，中国工业企业数据的可获得年份为 1996~2013 年，海关进出口贸易数据的可获取时间是 2000~2016 年。然而，就中国工业企业数据而言，不少学者已对其中的 2008~2013 年（尤其是 2008 年、2009 年、2010 年）的数据质量表示出了明确的质疑，指出 2008~2013 年的数据相较于 2008 年之前的数据存在较大的样本遗漏、指标缺失等问题（Brandt et al., 2014；李坤望和蒋为，2015；陈林，2018；季书涵和朱英明，2019；万江滔和魏下海，2020）。例如，布兰特等（Brandt et al., 2014）表明，2008 年的中国工业企业数据遗漏了 30% 的规模以上企业样本，2009 年之后的数据则在准确度、健全度方面存在一定的问题。而且，自 2011 年开始，该数据的统计口径也发生了变动，对"规模以上"企业的界定标准由原来的"年主营业务收入在 500 万元及以上"变为"年主营业务收入在 2000 万元及以上"，致使统计数据的覆盖范围发生了较大的变动。

具体到本研究，我们详细对比了 2008 年前后研究所需的来自中国工业企业数据库的各个变量的存在情况,发现部分关键变量在 2008～2013 年的确存在缺失。比如,用以构建识别每一个企业的唯一特征编码的法人代码、企业名称、法人姓名,用以测算出口产品质量的子指标——本年应付工资总额、本年应付福利费总额、本年折旧、固定资产原价、中间投入等数据均存在缺失的情况,这就导致 2008～2013 年的数据不能被有效使用。有关于数据可得性的具体说明,详见附录中的附表 1。由此,为保证研究结果的准确性,本章将数据的使用时间跨度限定为 2000～2007 年。

综合来看,该时段数据的使用能够在较为可靠的数据范围下,以目前较为完善的出口产品质量测算方法(余淼杰和张睿,2017a)反映中国企业层面的出口产品质量变化情况。

在数据处理方面,本章对 2000～2007 年中国工业企业数据和海关进出口贸易数据的处理如下:首先,依据布兰特等(2012)的做法,通过法人代码对不同年份的企业进行匹配,然后按照企业名称、法人姓名、地区代码、电话号码等信息每两年匹配,对工业企业的唯一性进行识别,对行业代码进行调整,构建可以识别每一个样本企业的唯一特征编码,避免由同一企业具有多个代码、改变企业名称、发生企业重组等问题产生的样本选择偏误,并对 2002 年前后国民经济行业代码的统计口径进行统一。其次,借鉴蔡和刘(Cai and Liu,2009)、芬斯特拉和罗迈尔(2014)、余(Yu,2015)的做法对数据进行了如下筛选:(1)删除产品销售收入在 500 万元以下的非国有企业;(2)删除主要变量(如总资产、固定资产净值、产品销售收入和工业总产值)存在缺失、零值或负值的企业;(3)删除不符合一般会计准则的企业:流动资产大于总资产、固定资产大于总资产、固定资产净值大于总资产、存在无效建立时间(年份大于 2007,月份小于 1 或大于 12);(4)删除法人代码缺失或不唯一的企业;(5)删除雇员人数小于 8 的企业;(6)删除利息支出为负的企业;(7)删除贸易额存在缺失、零值或者负值的企业;(8)删除不存在实际生产活动的贸易中间商,即企业名称中含有"进出口""经贸""贸易""科贸""外经"的企业(Ahn et al.,2011)。最后,借鉴余(2015)的方法将中国工业企业数据与海关进出口贸易数据进行匹配,一方面采用两套数据中的企业名称、年份进行匹配,另一方面,为了提高匹配度,也利用企业的邮政编码、电话号码的后七位数字进行匹配,而后对这两类结果进行合并。

此外,需要说明的是:(1)对涉及价格因素的变量,均采用布兰特等(Brandt et al.,2012)提供的 CIC4 分位产出或投入价格指数调整为以 2000 年为基期的实际值;(2)考虑到加工贸易出口中使用的全部中间品及部分资本品均来自进口,其成本水平与国内投入品相差很大,难以获得(余淼杰和张睿,2017a),本部分仅研究一般贸易出口企业;(3)出口额汇率转换方面,2000~2006 年数据中,美元转化为人民币用的是来自"新浪财经——中国宏观经济数据"的当月平均美元对人民币汇率,2007 年数据中,美元转化为人民币用的是来自国家统计局的人民币对美元的年平均汇率;(4)对于海关进出口贸易数据及关税数据中存在的 HS 编码版本差异问题,本部分根据 UNSD 提供的不同 HS 编码版本对应表,统一将 2002 版 HS 编码、2007 版 HS 编码对应到 1996 版 HS 编码,以使各年份数据对应的 HS 编码协调统一。

## 3.3 出口产品质量的特征事实分析

基于以上出口产品质量的测算方法,本部分利用中国工业企业数据和海关进出口贸易数据的匹配数据测算了 2000~2007 年"企业—目的地—产品—年份"层面的出口产品质量。接下来,为直观展示中国出口产品质量的变化情况、刻画中国出口产品质量的特征事实,本部分将针对出口产品质量的总体情况、分行业情况、目的地特征、所有制差异、高低分布、出口关系存续以及动态分解方面做进一步描述。

### 3.3.1 总体情况

表 3-1 反映了 2000~2007 年中国出口产品质量的总体分布情况,从中可以发现,无论从均值还是分位数水平来看,2000~2003 年出口产品质量的变化幅度都比较小。自 2004 年开始,出口产品质量有明显增长,2004 年均值水平较 2003 年增长了约 12%。2000~2007 年,总体出口产品质量的均值和中位数均增长了 40% 左右,25% 及 75% 分位数

上的出口产品质量也均出现了较大提升①。此外，从图3-3中可以发现，出口产品质量水平在2001~2002年有所下降。可能的原因在于，2001年中国加入WTO，促使一些生产低质量产品的企业采取低价竞争的方式进入国际市场，从而导致中国出口产品质量出现总体下滑（李坤望等，2014）。

表3-1　　　　2000~2007年中国出口产品质量的总体分布

| 年份 | 样本数 | 均值 | 中位数 | 25%分位 | 75%分位 | 标准差 |
| --- | --- | --- | --- | --- | --- | --- |
| 2000 | 126185 | 0.591 | 0.455 | 0.152 | 0.861 | 0.714 |
| 2001 | 169869 | 0.603 | 0.455 | 0.157 | 0.873 | 0.716 |
| 2002 | 229755 | 0.602 | 0.455 | 0.165 | 0.864 | 0.701 |
| 2003 | 308279 | 0.649 | 0.492 | 0.193 | 0.919 | 0.725 |
| 2004 | 495929 | 0.730 | 0.556 | 0.244 | 1.009 | 0.766 |
| 2005 | 545686 | 0.774 | 0.598 | 0.286 | 1.052 | 0.764 |
| 2006 | 694142 | 0.823 | 0.637 | 0.307 | 1.115 | 0.802 |
| 2007 | 582236 | 0.872 | 0.670 | 0.313 | 1.192 | 0.863 |
| 总体 | 3152081 | 0.754 | 0.577 | 0.255 | 1.042 | 0.785 |

资料来源：作者根据中国工业企业数据和海关进出口贸易数据整理计算所得。

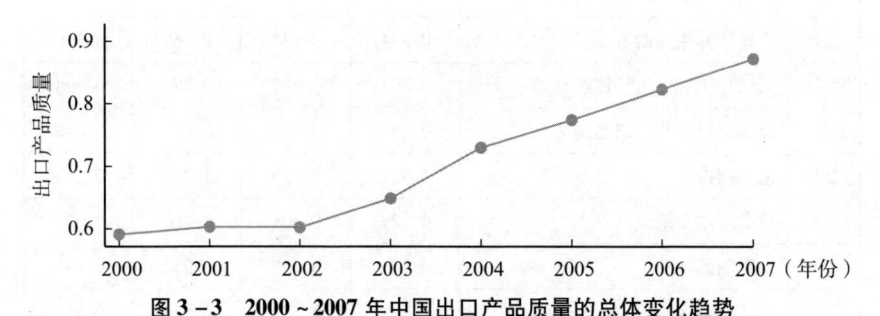

**图3-3　2000~2007年中国出口产品质量的总体变化趋势**

资料来源：作者根据中国工业企业数据和海关进出口贸易数据整理计算所得。

---

① 此处测算结果与余淼杰和张睿（2017a）略有差别，可能的原因在于本章在样本匹配、数据筛选、价格指数调整及全要素生产率测算方法等细节方面与其存在一定的差别。但整体而言，本章得到的出口产品质量的变动趋势与其相比并无显著差异。

## 3.3.2 分行业情况

表 3-2 以 CIC2 分位行业为分类依据,对样本期内中国出口产品质量的行业情况进行了统计。

表 3-2　　　　　分行业出口产品质量的均值情况

| CIC2 | 行业名称 | (1) 总体 | (2) 2000 年 | (3) 2007 年 | (4) 差异 |
|---|---|---|---|---|---|
| 13 | 农副食品加工 | 0.498 | 0.597 | 0.403 | -0.194** |
| 14 | 食品制造 | 0.479 | 0.426 | 0.504 | 0.078* |
| 15 | 饮料制造 | 0.428 | 0.387 | 0.466 | 0.079*** |
| 17 | 纺织 | 0.499 | 0.426 | 0.501 | 0.075*** |
| 18 | 纺织服装鞋帽制造 | 0.539 | 0.415 | 0.621 | 0.206* |
| 19 | 皮革毛皮羽毛(绒)及其制品 | 0.640 | 0.522 | 0.725 | 0.203*** |
| 20 | 木材加工及木竹藤棕草制品 | 0.637 | 0.409 | 0.774 | 0.365*** |
| 21 | 家具制造 | 0.870 | 0.480 | 1.198 | 0.718*** |
| 22 | 造纸及纸制品 | 0.537 | 0.407 | 0.530 | 0.123*** |
| 23 | 印刷业和记录媒介的复制 | 0.630 | 0.308 | 0.720 | 0.412*** |
| 24 | 文教体育用品制造 | 0.734 | 0.547 | 0.865 | 0.318* |
| 25 | 石油加工、炼焦及核燃料加工业 | 0.893 | 0.789 | 0.887 | 0.098** |
| 26 | 化学原料及化学制品制造 | 0.652 | 0.626 | 0.674 | 0.048*** |
| 27 | 医药制造 | 1.307 | 1.115 | 1.388 | 0.273*** |
| 28 | 化学纤维制造 | 0.329 | 0.301 | 0.262 | -0.039*** |
| 29 | 橡胶制品 | 0.778 | 0.596 | 0.932 | 0.336* |
| 30 | 塑料制品 | 0.793 | 0.537 | 0.853 | 0.316*** |
| 31 | 非金属矿物制品 | 0.675 | 0.469 | 0.867 | 0.398*** |
| 32 | 黑色金属冶炼及压延加工 | 0.276 | 0.192 | 0.308 | 0.116*** |
| 33 | 有色金属冶炼及压延加工 | 0.404 | 0.473 | 0.324 | -0.149* |
| 34 | 金属制品 | 0.707 | 0.585 | 0.788 | 0.203*** |

续表

| CIC2 | 行业名称 | （1）总体 | （2）2000年 | （3）2007年 | （4）差异 |
|---|---|---|---|---|---|
| 35 | 通用设备制造 | 1.030 | 0.859 | 1.181 | 0.322*** |
| 36 | 专用设备制造 | 1.334 | 0.967 | 1.488 | 0.521*** |
| 37 | 交通运输设备制造 | 0.785 | 0.637 | 0.936 | 0.299*** |
| 39 | 电气机械及器材制造 | 0.754 | 0.805 | 0.761 | -0.044 |
| 40 | 通信设备计算机及其他电子设备制造 | 1.326 | 0.949 | 1.483 | 0.534** |
| 41 | 仪器仪表及文化办公用机械制造 | 1.339 | 1.003 | 1.610 | 0.607*** |
| 42 | 工艺品及其他制造 | 0.626 | 0.520 | 0.686 | 0.166** |

资料来源：作者根据中国工业企业数据和海关进出口贸易数据整理计算所得。

表3-2中的第（1）列为2000~2007年每个细分行业的出口产品质量均值。从中可以看出，质量水平相对较高的是仪器仪表及文化办公用机械制造、专用设备制造、通信设备计算机及其他电子设备制造、医药制造以及通用设备制造，这些行业的出口产品质量水平均高于1。质量水平相对较低且处于0.45以下的行业是饮料制造、有色金属冶炼及压延加工、化学纤维制造、黑色金属冶炼及压延加工。表3-2中第（2）列为样本期初即2000年各细分行业的出口产品质量水平，第（3）列则为样本期末即2007年各细分行业的出口产品质量水平，第（4）列为2007年与2000年出口产品质量水平的差值及其t检验的显著性水平。由第（4）列可以发现，除了农副食品加工、化学纤维制造、有色金属冶炼及压延加工、电气机械及器材制造行业的出口产品质量相对于2000年有所下降之外，其他行业的出口产品质量水平均有所提高。其中，家具制造、仪器仪表及文化办公用机械制造、通信设备计算机及其他电子设备制造、专用设备制造的质量提升幅度相对较高，说明这类行业出口产品质量的增长幅度较大，同时也说明不同行业之间存在明显的异质性。

### 3.3.3 目的地特征与出口产品质量

根据前文提及的测算出口产品质量的理论框架可知，出口产品质量的变化一方面受供给因素的影响,另一方面也受需求因素的影响。其中,从供给角度看,出口产品质量在一定程度上与国家经济发展水平之间存在正向关联,并且出口产品质量较高的国家往往在产业竞争力和企业竞争力方面更占优势(余淼杰和张睿,2017a)。哈拉克和肖特(2011)、芬斯特拉和罗迈尔(2014)等研究表明发达国家倾向于出口高质量的产品。自改革开放以来,尤其是2001年加入WTO以来,中国的经济实现了快速增长,经济发展水平不断提高。与此同时,象征经济发展水平的出口产品质量也表现出了增长态势。正如以上总体及分行业维度的描述性统计与分析所言,2002~2007年,中国出口产品质量有明显提升。而在需求层面上,出口产品质量则受出口目的地收入、消费者偏好等因素的影响。由此,出口目的地的差异与出口产品质量之间无疑存在着一定的关联。基于此,本部分以出口目的地为参照系,区分不同目的地中国出口产品的质量分布情况。

首先,为初步观察目的地收入水平与出口产品质量的关系,本部分以2007年人均国民总收入(gross national income, GNI)为基准,将研究样本所涉及的出口目的地进行分类,定义人均GNI低于25分位值的目的地收入为"低收入水平"、人均GNI介于25~75分位值的目的地收入为"中等收入水平"、人均GNI高于75分位值的目的地收入为"高收入水平"[①],统计结果见表3-3。

表3-3　　不同目的地下中国出口产品的质量分布情况(一)

| 目的地类别 | 出口产品质量均值 |
| --- | --- |
| 低收入水平 | 0.733 |
| 中等收入水平 | 0.767 |
| 高收入水平 | 0.793 |

资料来源:作者根据中国工业企业数据和海关进出口贸易数据整理计算所得。人均GNI数据来源于"新浪财经——全球宏观经济数据"。

---

[①] 尽管世界银行对不同类别收入水平国家的界定有具体的标准,但考虑到该标准是随时间动态调整的、本部分的数据年份较为靠前,且本部分在此仅为粗略地观察目的地收入与出口产品质量的关系,因而,此处以人均GNI的四分位数为分组依据,试图从整体上呈现目的地收入与出口产品质量的关系。

总体而言，低收入水平国家的出口产品质量均值为 0.733；中等收入水平国家的出口产品质量水平为 0.767，略高于低收入水平国家的质量均值；出口产品质量水平在高收入水平国家内最高，达 0.793。从中可以看出，产品的质量水平与其出口目的地的收入水平有一定的正相关关系，说明高收入水平国家更倾向于进口质量相对较高的产品。这一发现与哈拉克（2006）、芬斯特拉和罗迈尔（2014）、余森杰和张睿（2017a）的发现基本一致，说明一国的出口产品质量水平与其出口目的地收入之间存在一定的正向关联。

其次，本部分就中国出口到主要发达国家和新兴经济体的产品质量水平进行横向及纵向比较，以更好地描述中国出口产品质量的国际分布情况，结果见表 3-4。其中，发达国家主要考虑七国集团（Group of Seven，G7）：美国、德国、英国、日本、法国、加拿大、意大利；新兴经济体则依据英国《经济学家》的划分标准，考虑金砖国家（印度、俄罗斯、巴西、南非）及新钻国家（韩国、土耳其、墨西哥、印度尼西亚、菲律宾、埃及、马来西亚、波兰、阿根廷、匈牙利、罗马尼亚）。

表 3-4　不同目的地下中国出口产品的质量分布情况（二）

| 目的地类别 | 出口产品质量水平 |||||||| 
|---|---|---|---|---|---|---|---|---|
| | 2000年 | 2001年 | 2002年 | 2003年 | 2004年 | 2005年 | 2006年 | 2007年 |
| 发达国家 | 0.645 | 0.657 | 0.661 | 0.706 | 0.778 | 0.801 | 0.843 | 0.900 |
| 新兴经济体 | 0.591 | 0.605 | 0.589 | 0.629 | 0.712 | 0.776 | 0.836 | 0.891 |

资料来源：作者根据中国工业企业数据和海关进出口贸易数据整理计算所得。

由表 3-4 可以发现，2000~2007 年，中国出口到发达国家的产品质量水平逐年提高，在贸易自由化即 2001 年中国加入 WTO 以后，这一质量水平的提升幅度有所增加，平均而言，2002~2007 年出口产品质量的逐年增长率在 6% 以上，2007 年的质量水平较 2002 年增长了 36%。结合前文分析可知，这主要是因为发达国家的收入水平较高，消费者对产品的质量具有更高的偏好。相比之下，中国出口到新兴经济体的产品质量水平的变化略有不同。其中，2000~2002 年这 3 年内，出口产品质量的变化呈现为先升后降的趋势。究其原因，主要是受贸易自由化的影响。具体而言，贸易自由化之后，企业的出口准入门槛有所降低，大批量生产低质量产品的企业进入出口市场（李坤望等，2014），降低了出口产品质量的总体水平。但随着优胜劣汰的市场竞争机制的运行，低质量产品逐渐退出市场，最终出口市场中的产品质量将有所提升。如表3-4所示，在新兴经济体的市场上，出口产品质量自2002年以后有所提升，并逐年提升，2007年中国出口至新兴经济体市场上的产品质量均值达0.891。整体上看，中国出口到发达国家的产品质量水平要明显高于其出口到新兴经济体的产品质量水平。

### 3.3.4 所有制差异与出口产品质量

图3-4呈现的是不同所有制企业出口产品质量的平均变化情况，所有制划分借鉴的是布兰特等（2017）的研究，以企业登记注册类型为基准，辅之资本金类型进行界定。

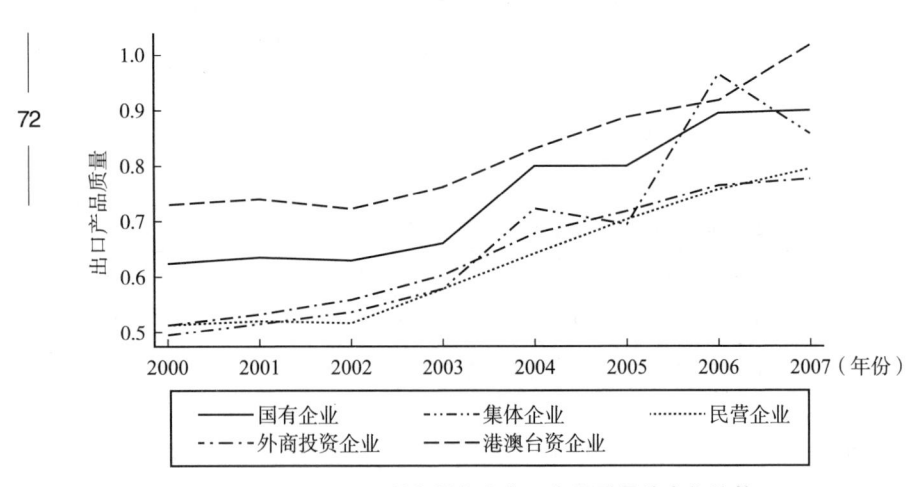

**图3-4 不同所有制企业出口产品质量的变化趋势**

资料来源：作者根据中国工业企业数据和海关进出口贸易数据整理计算所得。

由图3-4可以看出，不同所有制企业出口产品质量的变化趋势存在明显差异。总体来看，港澳台资企业出口产品的质量水平远高于其他类型企业，国有企业和外商投资企业次之，民营企业最低。从增长幅度上看，可以发现，外商投资企业的变化比较稳定，基本保持上升态势，国有企业与集体企业的增长波动比较大。分阶段来看，在2002年之前，各类企业的出口产品质量变化较为平缓。2002年以后,港澳台资及民营企业出口产品质量的增长速度开始加快,民营企业出现明显追赶态势。样本期末,民营企业的出口产品质量甚至高于外商投资企业。

### 3.3.5 出口产品质量的高低分布

图3-5为2000~2007年,不同出口产品质量水平下样本数目的分布情况。高、低产品质量的定义方式如下:计算出口产品质量在相应产品类别(HS6位码)—年份的中位数,将产品质量低于中位数的产品记为低质量产品,将产品质量高于或等于中位数的产品记为高质量产品。

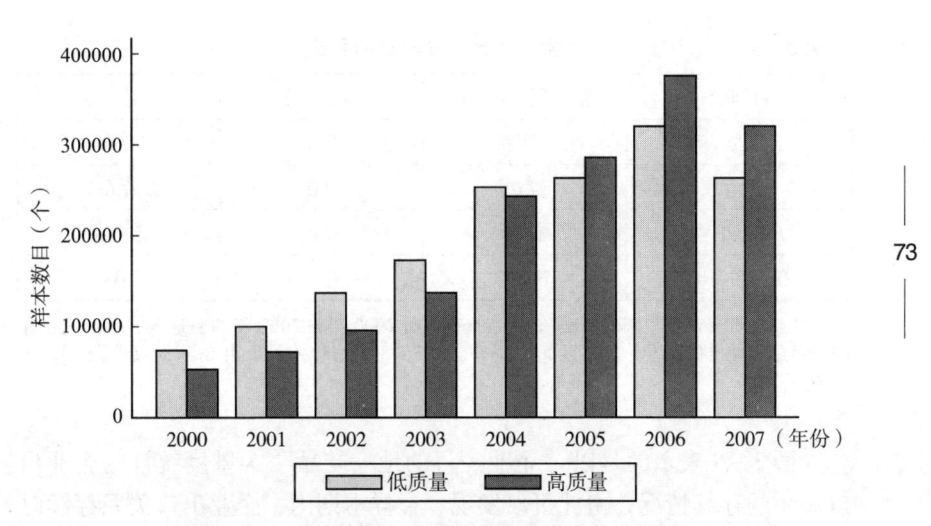

**图3-5 不同出口产品质量水平下样本分布情况**

资料来源:作者根据中国工业企业数据和海关进出口贸易数据整理计算所得。

由图3-5可知,在2005年之前,低产品质量样本数均高于高产品质量样本数。其中,2001~2003年两者之差较为明显,尤其是2002年,低产品质量与高产品质量样本数目相较于其他年份出现了较大差距。正如前文所述,出现这一现象背后的原因在于中国加入WTO以后,很多生产低质量产品的企业以低价竞争的方式进入。2004年开始,低产品质量与高产品质量样本数目之差出现大幅度缩小,2005~2007年,出口产品市场中低产品质量样本数目已明显低于高产品质量样本数目。这恰好对图3-3所描述的总体产品质量在2004年开始出现明显提高的现象做出了很好的解释，说明较多生产高质量产品的企业的存在使市场总体的产品质量水平有所提升。

### 3.3.6 出口关系存续与出口产品质量

为直观反映不同企业出口关系存续状态下出口产品质量的变化情况，本部分借鉴李坤望等（2014）的做法，采用表3-5列示的"三年判断标准"界定企业出口关系的进入与退出情况，界定维度为"企业—目的地—产品"。

表3-5　　　　　　　　出口关系存续状态的界定

| 存续状态 | 前一期（t-1） | 当期（t） | 后一期（t+1） |
| --- | --- | --- | --- |
| 新进入 | 不存在 | 存在 | 存在 |
| 持续存在 | 存在 | 存在 | 存在 |
| 退出 | 存在 | 存在 | 不存在 |
| 仅存在一年 | 不存在 | 存在 | 不存在 |

注：按照该"三年判断标准"，无法准确区分2000年和2007年的新进入、退出及仅存在一年这三类出口关系，故在以下图3-7、图3-8、图3-9中，年份区间仅涉及2001~2006年。

图3-6表示的是以"企业—目的地—产品"为维度统计的企业出口关系的存续情况，由此可以发现，在样本期内，企业出口关系存续时间存在显著不同，换言之，企业的出口关系在样本期内存在进入退出的情况。

图3-7、图3-8、图3-9、图3-10分别刻画了新进入、退出、仅存在一年、持续存在，四种不同出口关系下企业出口产品质量与全样本企业出口产品质量的对比情况。

由图3-7可知，在2001~2004年，新进入出口关系的平均出口产品质量均低于样本总体的平均质量水平。尤其是在2001~2003年，二者的差距比较大。这与前文分析一致，原因在于中国加入WTO加大了低产品质量企业的进入规模。在2003年之后，新进入出口关系的平均出口产品质量水平有所提高，2004年及之后年份，新进入出口关系的质量均值与样本的总体质量均值基本持平。

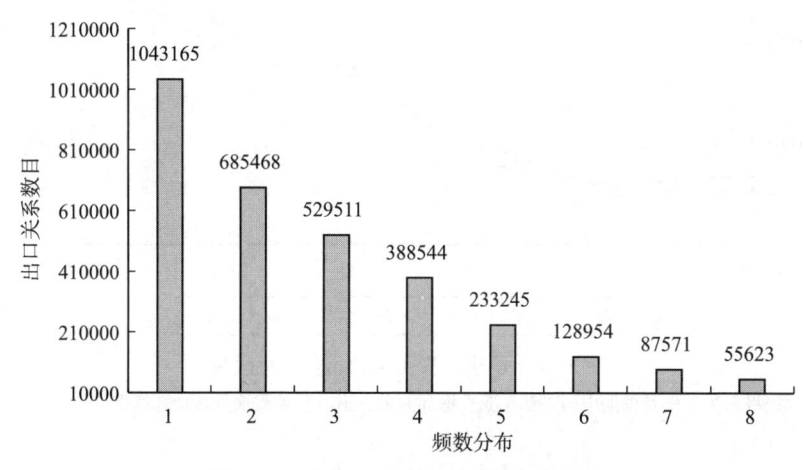

**图 3-6　企业不同出口关系的频数分布**

资料来源：作者根据中国工业企业数据和海关进出口贸易数据整理计算所得。

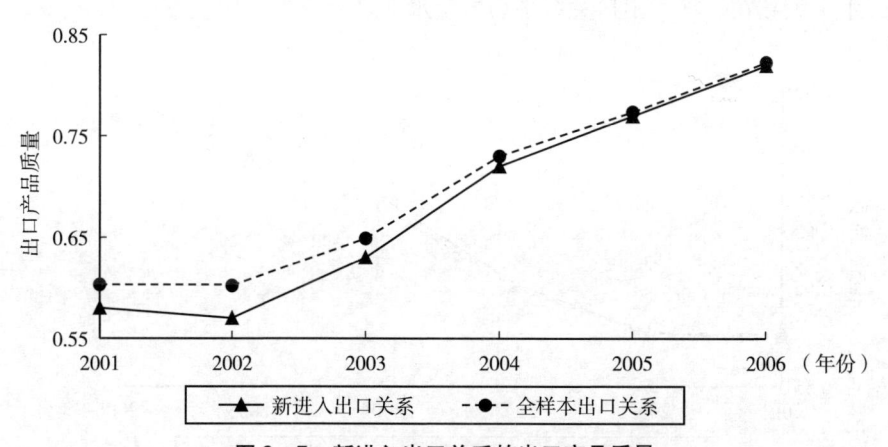

**图 3-7　新进入出口关系的出口产品质量**

资料来源：作者根据中国工业企业数据和海关进出口贸易数据整理计算所得。

图 3-8 呈现的退出出口关系的出口产品质量变化情况表明，在 2003 年及以后，退出出口关系的平均质量水平明显低于样本总体的平均质量水平，这反映了"优胜劣汰"的市场准则，在一定程度上说明出口关系的退出在于其缺乏质量竞争优势。

税收激励与中国出口产品质量升级

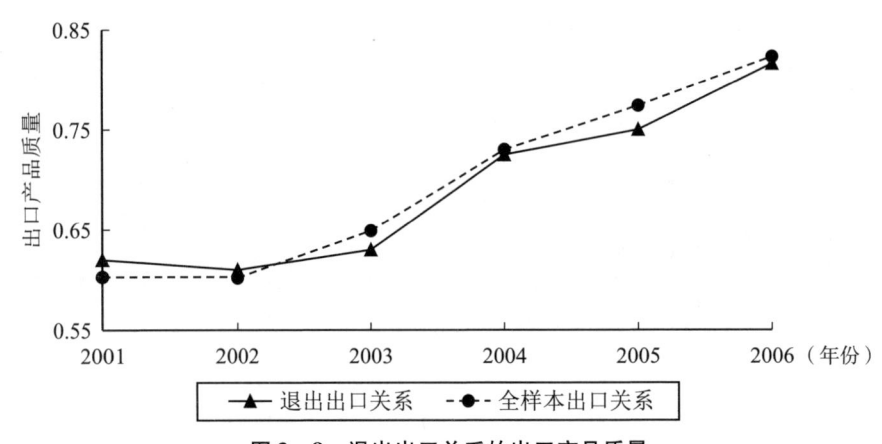

**图3-8 退出出口关系的出口产品质量**

资料来源：作者根据中国工业企业数据和海关进出口贸易数据整理计算所得。

图3-9表示的是仅存在一年出口关系与全样本出口关系的平均质量对比情况。可以发现，在样本期内，仅存在一年出口关系的平均质量水平大致在全样本出口关系平均质量水平之上。

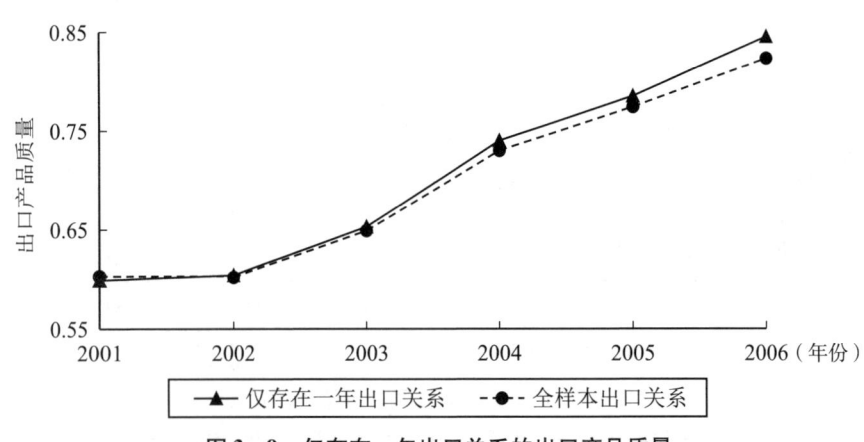

**图3-9 仅存在一年出口关系的出口产品质量**

资料来源：作者根据中国工业企业数据和海关进出口贸易数据整理计算所得。

图3-10刻画了持续存在出口关系在不同频数分布下产品质量的平均水平。可以发现，以5年为分界点，当出口关系的存续时间在5年以下时，企业出口产品质量会随着存续时间的增加而降低；出口关系的存

续时间在5年以上时，企业出口产品质量则会随着存续时间的延长而上升。可能的解释是，产品质量的提升对企业的成本投入要求较高，且存在周期长、风险高以及回报率低等弊端，因此，在最初阶段，企业为提高竞争力，往往会致力于产品质量的提升，而随着存续时间的增加，企业面临边际成本递增而边际收益递减的情况，此时，企业便有可能降低提升产品质量的需求。但当企业存续时间持续增加，即大于5年时，企业在拥有较高资本与技术积累的基础上，又会为扩大市场份额而提升产品质量。

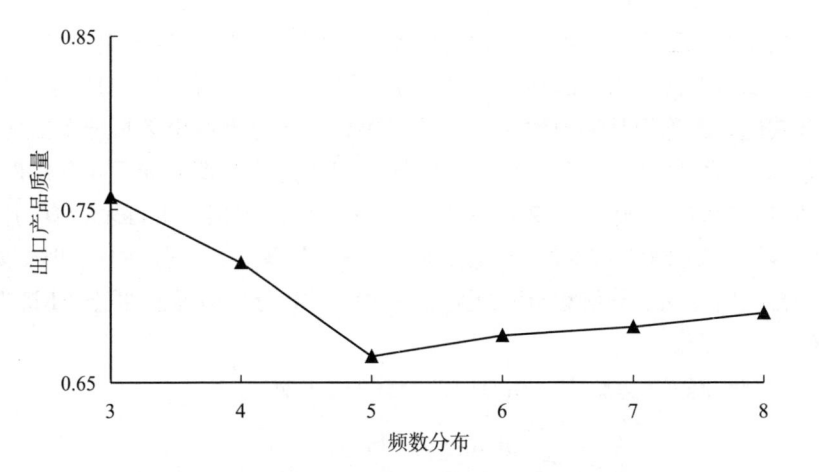

图3-10 持续存在出口关系的出口产品质量

资料来源：作者根据中国工业企业数据和海关进出口贸易数据整理计算所得。

## 3.3.7 出口产品质量的动态分解：集约边际与扩展边际

以上分析从出口产品质量的总体情况、分行业情况、目的地特征、所有制差异、高低分布以及出口关系存续六个维度揭示了中国出口产品质量的演化事实。其中，基于出口关系存续的分析部分简要给出了新进入出口关系、退出出口关系、仅存在一年出口关系以及持续存在出口关系四种情况下出口产品质量的变化趋势。实际上，企业的进入、退出是市场动态变迁的结果，而深入挖掘企业进入、退出对出口产品质量变化的贡献也具有一定的现实意义。这不仅可以更加详尽地展现中国出口产品质量的特征化事实，还可以为厘清出口产品质量变动的内在机制奠定分析基础。

余淼杰和张睿（2017a）运用梅利兹和波兰内克（Melitz and Polanec，2015）提出的动态 OP（Olley and Pakes，1996）分解方法，基于微观企业数据，将中国出口产品的总体质量变化分解为持续出口品种效应（品种内效应与品种间效应）、新进入/退出出口品种效应，即集约边际和扩展边际。这不仅可以明确出口产品质量的提高是来自企业自身的成长、品种间效应的改善，还是来自进入或退出企业的贡献，而且可以分析出贸易自由化及异质性企业在出口产品质量的动态变迁和内在机制中扮演什么样的角色。借鉴这一分解方法，本部分将样本期内出口产品质量的总体变化分解为持续出口品种效应、新进入/退出出口品种效应；而后在持续出口品种效应中区分两种效应：一是品种自身的质量提升效应，亦称为品种内效应；二是不同品种之间市场份额再分配效应，亦称为品种间效应。动态分解的时期，即任意的两期，如逐年分解时，其表示 2000~2001 年、2001~2002 年……以此类推，也可表示有间隔的两期，如 2000~2002 年、或 2002~2007 年等。本部分在分解时，除进行时间层面的分解以外，还将这一动态 OP 分解方法拓展至 CIC2 分位行业层面。

与动态 OP 分解方法相对应的公式如下所示：

$$Q_t = \sum_h qual_{ht} \cdot (value_{ht} / \sum_h value_{ht}) \quad (3-16)$$

$$M_{Gt} = (\sum_{h \in G} value_{ht}) / \sum_h value_{ht} \quad (3-17)$$

$$Q_{Gt} = \sum_{h \in G} qual_{ht} \cdot (value_{ht} / \sum_{h \in G} value_{ht}) \quad (3-18)$$

其中，$h = ijg$ 为"企业—目的地—产品"层面上的产品类别，此处称为一个产品品种。t 表示年份，含期初和期末，若 $t=1$，则表示期初，若 $t=2$，则表示期末。$Q_t$ 表示每一期的总体出口质量，为加权平均意义上的总体质量水平，权重为每一品种的出口额占这一期这一品种出口总额的比重。$qual_{ht}$ 为"企业—目的地—产品—年份"层面的出口产品质量，等同于前文测算得到的出口产品质量。$value_{ht}$ 表示产品—年份层面上的出口额，将 $value_{ht}$ 按照不同组别 G 在年份层面上进行加总，即可得到每一期每种存活组别的出口总额 $\sum_{h \in G} value_{ht}$。G 表示产品品种 h 在出口市场上的存活情况，是包含持续出口品种（S）、新进入出口品种

(E)和退出出口品种(X)在内的三种存活组别的集合。将 value$_{ht}$ 在年份层面上进行加总,即可得到每一期的出口总额 $\sum_h$ value$_{ht}$。$M_{Gt}$ 表示不同出口存活状态下,某一存活组别在 t 期中占有的市场份额的多少。$Q_{Gt}$ 则反映了某一存活组别的产品品种在 t 期中的加权平均质量。

基于以上设定,每一期的总体出口产品质量 $Q_1$ 与 $Q_2$,可进行如下分解:

$$Q_1 = M_{S1}Q_{S1} + M_{X1}Q_{X1} = Q_{S1} + M_{X1}(Q_{X1} - Q_{S1}) \quad (3-19)$$

$$Q_2 = M_{S2}Q_{S2} + M_{E2}Q_{E2} = Q_{S2} + M_{E2}(Q_{E2} - Q_{S2}) \quad (3-20)$$

对总体出口产品质量的变化,即 $Q_2 - Q_1$,作两期分解,可得:

$$\Delta Q = Q_2 - Q_1 = (Q_{S2} - Q_{S1}) + M_{E2}(Q_{E2} - Q_{S2}) + M_{X1}(Q_{S1} - Q_{X1}) \quad (3-21)$$

进一步地,在持续出口品种的效应中区分两种效应:一是品种自身的质量提升效应;二是不同品种之间市场份额再分配的效应。

$$Q_{S2} - Q_{S1} = (\overline{Q}_{S2} - \overline{Q}_{S1}) + \Delta cov_S \quad (3-22)$$

式(3-19)~式(3-22)中,$\Delta Q$ 为两期之间总体出口产品质量的变化;$Q_{S2} - Q_{S1}$ 为持续出口品种的贡献;$M_{E2}$ 表示新进入出口品种的市场份额,$M_{E2}(Q_{E2} - Q_{S2})$ 表示新进入出口品种的贡献,若新进入出口品种的质量高于同期持续出口品种的质量,则新进入出口品种对总体质量变化的贡献为正;$M_{X1}$ 表示退出出口品种的市场份额,$M_{X1}(Q_{S1} - Q_{X1})$ 表示退出出口品种的贡献,仅当退出出口品种的贡献低于同期持续出口品种的质量时,退出出口品种的贡献才为正。$\overline{Q}_{S2} - \overline{Q}_{S1}$ 是两期之间总体质量的简单平均值之差,代表品种内效应即品种自身的质量提升效应;$\Delta cov_S$ 为持续出口品种市场份额和质量水平的协方差,即品种间市场份额的再分配效应,该值越大,代表质量越高的品种对应的市场份额越大。

**1. 时间层面的分解**

表 3-6 是在时间层面上对出口产品质量进行动态分解的结果。其中,表 3-6 中 A 部分为 2000~2007 年内出口产品质量水平在每两年之间的逐年分解结果。该分解把每两年之间出口产品质量的变化分解成了三部分:一是持续出口品种效应;二是新进入出口品种效应;三是退出出口品种效应。首先,就总体质量变化来看,2000~2007 年,除了 2001~2002 年出现负增长以外,其他年份中,出口产品质量的变化均为正。结合这两年间质量变化的分解效应来看,可以发现,2001~2002

年，无论是持续出口品种，还是新进入出口品种抑或是退出出口品种效应，均表现为负。结合中国贸易发展的现实可以知道，这主要受2001年中国加入WTO的影响。贸易自由化进程的加快放低了企业进入出口市场的门槛，促使一部分生产低质量产品的企业进入出口市场，同时也影响了市场中优胜劣汰规则的运行。其次，就持续出口品种效应来看，其在2002年以后基本表现为正贡献，且贡献程度较为稳定。相比之下，新进入出口品种、退出出口品种对总体质量变化的贡献略有起伏。

表3-6　　出口产品质量的动态分解：相对于上一年的变化

| 年份 | 总体质量变化 | 持续出口品种 | 新进入出口品种 | 退出出口品种 |
| --- | --- | --- | --- | --- |
| A：逐年分解 ||||| 
| 2000~2001 | 0.023 | -0.051 | 0.058 | 0.016 |
| 2001~2002 | -0.117 | -0.023 | -0.002 | -0.092 |
| 2002~2003 | 0.046 | 0.033 | 0.053 | -0.040 |
| 2003~2004 | 0.075 | 0.055 | 0.007 | 0.013 |
| 2004~2005 | 0.055 | -0.006 | 0.028 | 0.033 |
| 2005~2006 | 0.034 | 0.065 | -0.005 | -0.026 |
| 2006~2007 | 0.057 | 0.049 | 0.009 | -0.001 |
| B：贸易自由化前后分解 |||||
| 2000~2001 | 0.023 | -0.051 | 0.058 | 0.016 |
| 2001~2007 | 0.092 | 0.123 | -0.071 | 0.040 |

资料来源：作者根据中国工业企业数据和海关进出口贸易数据整理计算所得。

具体地，图3-11更为直观地呈现出了任意两年间出口产品质量变化的构成。

表3-6中B表部分，以贸易自由化即中国2001年加入WTO为分界点，对贸易自由化前后中国出口产品质量的变化进行了分解。同时结合图3-12，我们可以发现，经历了贸易自由化之后，总体产品质量是提升的。其中，持续出口品种的贡献由负转正，新进入出口品种的贡献整体表现为负，退出出口品种的贡献较为稳定，但占比较小。这说明，贸易自由化之后，持续出口品种对出口产品质量的提升效应比较明显，出口产品质量的提升动力主要来自于持续出口品种。

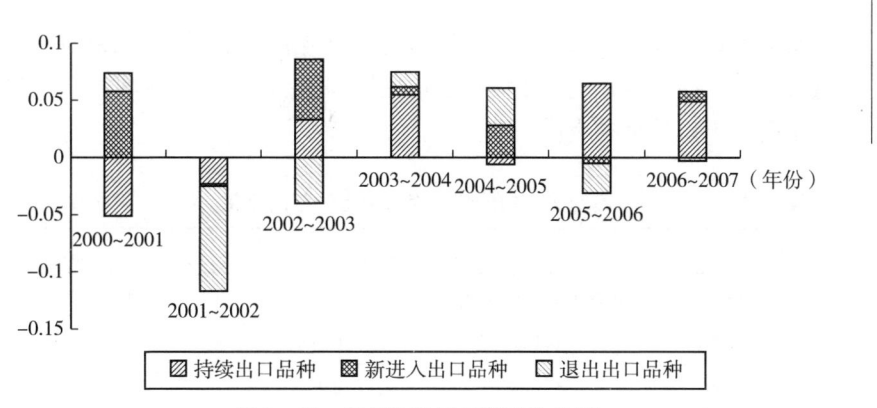

图 3-11　出口产品质量的动态分解

资料来源：作者根据中国工业企业数据和海关进出口贸易数据整理计算所得。

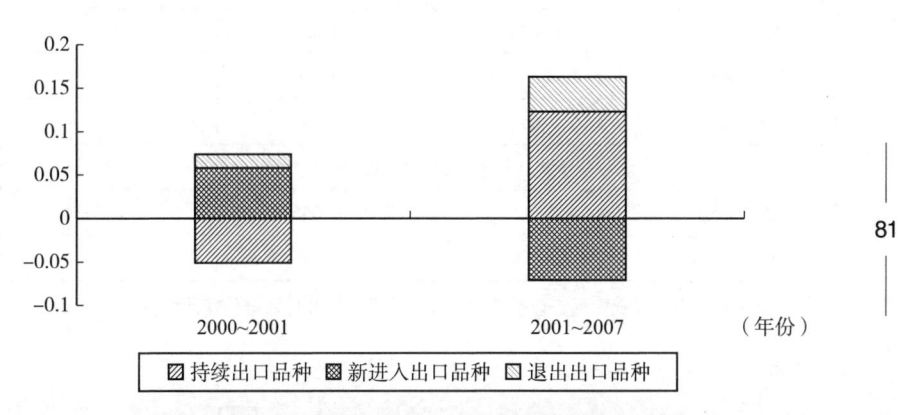

图 3-12　贸易自由化前后出口产品质量的动态分解

资料来源：作者根据中国工业企业数据和海关进出口贸易数据整理计算所得。

进一步地，表 3-7 从集约边际的视角对持续出口品种效应进行了细分：品种内效应和品种间效应。与表 3-6 类似，表 3-7 同样分为 A、B 两个子表格。其中，表 3-7 中的 A 部分为逐年分解，B 部分则是以贸易自由化为分界点的分解。具体而言，首先，结合表 3-7 中的 A 部分和图 3-13 可以发现，除了 2002 年以前品种内效应和品种间效应的贡献为负以外，在其他年份中，品种内效应和品种间效应的正贡献基本呈上升趋势。但由于品种间效应在 2004~2005 年的贡献表现为负，所以，与品种间效应相比，品种内效应的正贡献更加稳定。其次，结合表 3-7 中的 B 部分和图 3-14 呈现的贸易自由化前后出口产品质量的

### 税收激励与中国出口产品质量升级

动态分解情况来看，总体而言，贸易自由化之后，在持续出口品种的质量效应中，品种内效应的正向贡献占主导作用，可以说，品种内效应带动了持续出口品种的质量提升。

表3–7　　集约边际的分解：相对于上一年的变化

| A：逐年分解 ||||
| --- | --- | --- | --- |
| 年份 | 持续出口品种效应 | 品种内效应 | 品种间效应 |
| 2000~2001 | -0.051 | -0.006 | -0.045 |
| 2001~2002 | -0.023 | -0.001 | -0.022 |
| 2002~2003 | 0.033 | 0.023 | 0.010 |
| 2003~2004 | 0.055 | 0.032 | 0.023 |
| 2004~2005 | -0.006 | 0.023 | -0.029 |
| 2005~2006 | 0.065 | 0.020 | 0.045 |
| 2006~2007 | 0.058 | 0.034 | 0.024 |
| B：贸易自由化前后分解 ||||
| 2000~2001 | -0.051 | -0.006 | -0.045 |
| 2001~2007 | 0.123 | 0.124 | -0.001 |

资料来源：作者根据中国工业企业数据和海关进出口贸易数据整理计算所得。

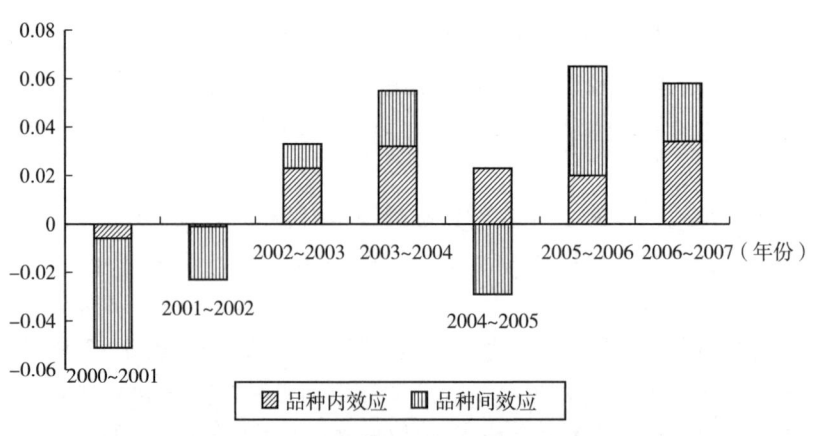

图3–13　持续出口品种质量的动态分解

资料来源：作者根据中国工业企业数据和海关进出口贸易数据整理计算所得。

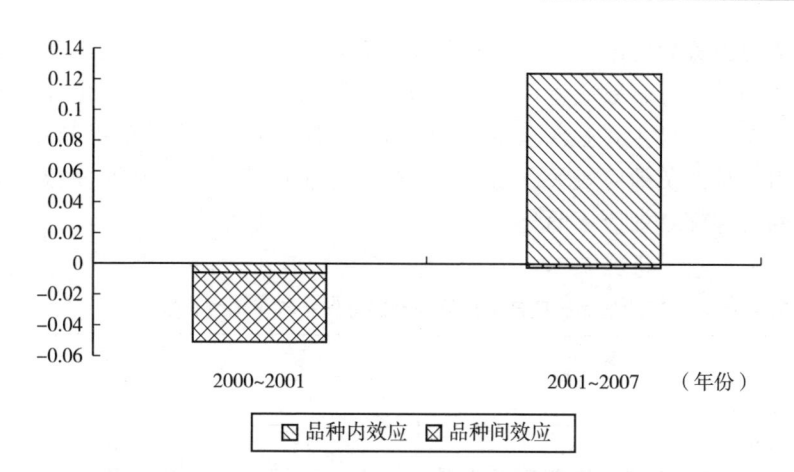

**图 3-14  贸易自由化前后持续出口品种质量的动态分解**

资料来源：作者根据中国工业企业数据和海关进出口贸易数据整理计算所得。

### 2. 行业层面的分解

以上是在时间层面上对出口产品质量进行动态分解的结果，反映了样本期内出口产品质量总体变化的构成。接下来，本部分在时间层面的基础上，将动态 OP 分解法拓展至 CIC2 分位行业层面，试图从行业角度对出口产品质量的动态演变做更细致的探讨。表 3-8 是行业层面出口产品质量的动态分解情况，该表呈现了每种效应的年平均增长幅度。可以发现，在样本期内，出口产品质量的总体变动幅度平均为 0.015。具体地，集约边际，即持续出口品种效应的贡献为 0.013；扩展边际，即新进入出口品种效应与退出出口品种效应之和为 0.002。细分来看，持续出口品种效应中的品种内效应的贡献为 0.013，品种间效应的贡献为 -0.00002。相比之下，品种内效应是支撑持续出口品种效应的主导效应。扩展边际中，新进入出口品种效应的贡献为 0.043，退出出口品种效应为 -0.041。可见，新进入出口品种的贡献为正，而退出出口品种的负贡献比较明显，几乎抵消了新进入出口品种的正贡献。

进一步地，参考格里利什和雷格夫（Griliches and Regev, 1995）的研究，我们将品种间效应、新进入出口品种效应和退出出口品种效应定义为资源配置效应。由表 3-8 可以发现，资源配置效应为 0.002。这与出口产品质量的总变动幅度相比，仅占很小一部分，说明资源配置效应的正影响并不明显。总体上来看，行业层面出口产品质量的动态分解效应显示，集约边际是促进行业出口产品质量提升的主要渠道，且主要来源于品种内效应，即品种自身的质量提升效应；退出品种的负效应较大，抵消了新进入品种的正效应，从而使行业整体的资源配置效应不明显。

表 3-8　行业层面出口产品质量的动态分解：年平均增长幅度

| 名称 | 序号 | 增长幅度 |
| --- | --- | --- |
| 总变动 | （1） | 0.015 |
| 品种内效应 | （2） | 0.013 |
| 品种间效应 | （3） | -0.00002 |
| 新进入出口品种效应 | （4） | 0.043 |
| 退出出口品种效应 | （5） | -0.041 |
| 集约边际（持续出口品种） | （2）+（3） | 0.013 |
| 扩展边际（新进入+退出） | （4）+（5） | 0.002 |
| 资源配置效应 | （3）+（4）+（5） | 0.002 |

资料来源：作者根据中国工业企业数据和海关进出口贸易数据整理计算所得。

## 3.4　本章小结

本章对税收激励的相关制度背景以及中国出口产品质量的特征事实进行了介绍与分析。其中，制度背景方面，结合税收体系的结构组成与税收激励的现实表现，明确了中国税收收入的税种组成及比例分布，厘清了中国税收激励的具体实施形式。特征事实方面，借助于中国工业企业数据和海关进出口贸易数据测算出口产品质量，并结合测算结果，从多个维度较为细致地刻画了出口产品质量变化中存在的特征事实及演变动态，明晰了中国出口产品质量的基本事实和主要特征。

从税收激励的相关制度背景来看：

（1）通过对 2007 年和 2019 年中国税种组成及比例分布的对比和分

析发现，直观上，增值税、企业所得税、营业税①、消费税、个人所得税占据中国税收收入的绝大部分，所占比例之和超过了 70%。综合来看，增值税与企业所得税在中国的税收收入中起主导作用，可以说，增值税与企业所得税是中国税收体系的主体税种。

（2）免税、减税、加速折旧、加计扣除、税额抵免等是常见的税收激励表现。概括来看，税收激励的实施形式主要包括税基式激励、税额式激励及税率式激励。

从中国出口产品质量的特征事实来看：

（1）总体上，2000~2007 年，中国出口产品质量的均值水平增长了 40% 左右。其中，2000~2003 年出口产品质量的变化幅度比较小，自 2004 年开始，出口产品质量有明显增长，并且受 2001 年中国加入 WTO 的影响，一些生产低质量产品的企业的进入，使得出口产品质量水平在 2001~2002 年有所下降。

（2）分行业来看，出口产品质量水平相对较高的行业为：仪器仪表及文化办公用机械制造、专用设备制造、通信设备计算机及其他电子设备制造、医药制造以及通用设备制造。不同行业之间存在明显的异质性，出口产品质量增长幅度较大的行业有家具制造、仪器仪表及文化办公用机械制造、通信设备计算机及其他电子设备制造、专用设备制造。

（3）区分出口目的地特征的统计分析发现，产品的质量水平与其出口目的地的收入水平有一定的正相关关系，高收入水平国家更倾向于进口相对较高质量的产品。同时，对主要发达国家和新兴经济体的产品质量水平进行的横向及纵向比较显示，中国出口到发达国家的产品质量水平逐年提高，相比之下，中国出口到新兴经济体的产品质量水平的变化略有波动，其受制于贸易自由化的影响，表现为先升后降而后再升的变化趋势。

（4）不同所有制下，企业出口产品质量的变化趋势存在明显差异。直观上来看，港澳台资企业出口产品的质量水平远高于其他类型企业，国有企业和外商投资企业次之，民营企业最低。增长幅度上，外商投资企业的变化比较稳定，基本保持上升态势，国有企业与集体企业的增长波动比较大。2002 年以后，港澳台资及民营企业出口产品质量的增长

---

① 2007 年中存在营业税；2019 年中由于已经经历了营业税到增值税的改革，不再存在营业税的统计。

速度开始加快,民营企业出现明显追赶态势。

(5) 就出口产品质量的高低分布而言,2005年之前低产品质量样本数均高于高产品质量样本数。其中,2001~2003年两者之差较为明显,尤其是2002年,低产品质量与高产品质量样本数目相较于其他年份出现了较大差距。2004年开始,低产品质量与高产品质量样本数目之差出现大幅度缩小,2005~2007年出口产品市场中低产品质量样本数目已明显低于高产品质量样本数目。

(6) 从企业出口关系的存续情况上看,不同企业出口关系存续状态下出口产品质量的变化有所不同。首先,2001~2004年新进入出口关系的平均出口产品质量均低于样本总体的平均质量水平,2004年及之后年份,新进入出口关系的质量均值与样本的总体质量均值基本持平。其次,在2003年及以后,退出出口关系的平均质量水平明显低于样本总体的平均质量水平,这在一定程度上说明出口关系的退出在于其缺乏质量竞争优势。再次,在样本期内,仅存在一年出口关系的平均质量水平大致在全样本出口关系平均质量水平之上。最后,当出口关系的存续时间在5年以下时,企业出口产品质量会随着存续时间的增加而降低;出口关系的存续时间在5年以上时,企业出口产品质量则伴随存续时间的延长而上升。

(7) 出口产品质量的动态分解从集约边际与扩展边际的角度揭示了中国出口产品质量的演化动态。其中,集约边际即持续出口品种效应,包括品种自身的质量提升效应、品种间的市场再分配效应;扩展边际包括新进入出口品种效应、退出出口品种效应。结果发现,无论是时间层面上的分解,抑或是行业层面上的分解,总体上均表现出集约边际是出口产品质量提升的主导,且动力源主要是品种自身的质量提升效应。

# 第4章 理论分析：基于企业税负的理论架构

本章为税收激励与出口产品质量的理论分析部分。通过构建企业税负与出口产品质量的理论模型，探讨税收激励与出口产品质量在理论上的逻辑关系，为理解税收激励如何影响出口产品质量搭建理论框架，也为后文探究税收激励对出口产品质量的影响程度和现实表现奠定理论基础。具体地，本章共包括3节内容：4.1 为理论模型构建，该部分将以综合实际税负率表示的企业税负引入出口产品质量的研究框架中，构建了企业税负与出口产品质量的理论模型；4.2 为理论关系探讨，该部分在4.1 理论模型构建的基础上，基于企业税负与出口产品质量的理论关系式，就税收激励与出口产品质量之间的内在逻辑关系进行了全面、系统地探讨；4.3 为本章小结，该部分是对本章内容的简要总结。

## 4.1 理论模型构建

本部分参考梅利兹和奥塔维亚诺（2008）、安东尼亚德斯（2015）关于异质性企业贸易模型的设计思路，同时借鉴刘啟仁和黄建忠（2018）关于企业税负的引入方式，构建企业税负与出口产品质量的理论架构。在模型的构建过程中，首先基于封闭经济条件下的基本模型假设，从需求、供给以及市场自由进入条件等方面对相关的参数设定方式予以说明，然后基于开放经济条件下的两国模型情形，求解税收激励下出口产品的质量选择问题。

### 4.1.1 需求层面

假设经济中存在的代表性消费者的效用偏好为如下形式：

$$U = q_0^c + \alpha \int_{i \in \Omega} q_i^c di + \beta \int_{i \in \Omega} z_i q_i^c di - \frac{1}{2} \gamma \int_{i \in \Omega} (q_i^c)^2 di - \frac{1}{2} \eta \left( \int_{i \in \Omega} q_i^c di \right)^2 \tag{4-1}$$

式（4-1）中，U 表示代表性消费者获得的效用水平，i 表示差异化产品，$\Omega$ 为一个产品集合，代表消费者可以购买的差异化产品 i 的集合。$q_0^c$ 表示的是每一个消费者所消费的同质化产品（亦称为非差异化产品或标准化产品）的数量，$q_i^c$ 表示的是每一个消费者所消费的差异化产品 i 的数量。$z_i$ 反映的是差异化产品 i 的质量水平。$\alpha$、$\beta$、$\gamma$、$\eta$ 表示需求参数。具体而言，$\alpha$ 表示的是消费者在差异化产品 i 的消费过程中所得到的效用水平的多少；$\beta$ 表示的是消费者对差异化产品 i 的质量的偏好程度；$\gamma$ 代表的是非标准化产品即差异化产品的差异程度大小，若 $\gamma=0$，则代表产品之间不存在差异；$\eta$ 表示替代弹性，反映了同质化产品、差异化产品之间的替代弹性大小，$\eta$ 的值越小，表示消费者在差异化产品上的需求数量越大。

根据代表性消费者效用最大化的基本原理，可以得到如下所示的消费者效用最大化问题的表达式：

$$MaxU = Max \left\{ q_0^c + \alpha \int_{i \in \Omega} q_i^c di + \beta \int_{i \in \Omega} z_i q_i^c di - \frac{1}{2} \gamma \int_{i \in \Omega} (q_i^c)^2 di \right.$$
$$\left. - \frac{1}{2} \eta \left( \int_{i \in \Omega} q_i^c di \right)^2 \right\} \tag{4-2}$$

$$s.t. \int_{i \in \Omega} p_i q_i di = X \tag{4-3}$$

其中，$p_i$ 为差异化产品 i 的价格，此处假定所有消费者面临的同一差异化产品的价格均相等，故有 $p_i = p_i^c$。$q_i$ 为消费者对差异化产品 i 的需求量，假定消费者数量即市场规模为 L，则有 $q_i = Lq_i^c$。X 代表的是消费者的总支出水平。

通过构造拉格朗日函数，对上述效用最大化问题进行求解，能够得出差异化产品 i 所对应的反需求函数的表达式，如下：

$$p_i = \alpha + \beta z_i - \gamma q_i^c - \eta Q^c \tag{4-4}$$

$$Q^c = \int_{i\in\Omega} q_i^c di \qquad (4-5)$$

式（4-5）表示的 $Q^c$ 为消费者对所有差异化产品的总需求量。

将公式（4-4）进行化简、整理，可得到消费者对差异化产品 i 的需求量的表达式：

$$q_i = Lq_i^c = \frac{\alpha L}{\eta N + \gamma} - \frac{L}{\gamma}p_i + \frac{L\beta}{\gamma}z_i + \frac{\eta NL}{\eta N + \gamma}\bar{p} - \frac{\eta NL\beta}{\eta N + \gamma}\bar{z} \qquad (4-6)$$

化简、整理可得：

$$q_i = \frac{L}{\gamma}(\alpha + \beta z_i - \eta Q^c - p_i) \qquad (4-7)$$

其中，L 为消费者数量，即市场规模，$Q^c$ 的表达式为：

$$Q^c = \frac{N}{\eta N + \gamma}(\alpha + \gamma\beta\bar{z} - \gamma\bar{p}) \qquad (4-8)$$

在式（4-8）中，N 表示差异化产品 i 的种类数目，$\bar{z}$ 表示市场中差异化产品的平均质量水平，$\bar{p}$ 表示市场中差异化产品的平均价格。$\bar{z}$ 与 $\bar{p}$ 的表达式分别如式（4-9）、式（4-10）所示：

$$\bar{z} = \frac{1}{N}\int_{i\in\Omega^*} z_i di \qquad (4-9)$$

$$\bar{p} = \frac{1}{N}\int_{i\in\Omega^*} p_i di \qquad (4-10)$$

其中，$\Omega^* \subset \Omega$，表示 $\Omega^*$ 是差异化产品 i 的集合 $\Omega$ 中的子集。根据式（4-7）可知，这一子集所对应的具体条件为：

$$p_i \leq \alpha + \beta z_i - \eta Q^c = p_{max} \qquad (4-11)$$

将式（4-8）所示的 $Q^c$ 的表达式代入式（4-11）中，化简可得：

$$p_{max} = \frac{\alpha\gamma}{\eta N + \gamma} + \beta\left(z_i - \frac{\eta\gamma}{\eta N + \gamma}\gamma\bar{z}\right) + \frac{\eta\gamma}{\eta N + \gamma}\gamma\bar{p} \qquad (4-12)$$

以上即为需求层面的消费者所对应的各变量的具体设定情况。接下来，我们对供给层面即企业层面的相关变量设定以及企业所对应的生产与决策行为等展开详细的分析。

### 4.1.2 供给层面

**1. 基本假定**

供给层面即企业层面的相关条件设定，我们主要借鉴梅利兹

(2003),以及梅利兹和奥塔维亚诺(2008)的做法。具体的设定如下:

第一,假设生产中所用到的生产要素仅有一种,且唯一,为劳动力。

第二,计价产品(同质化产品)所处的市场为完全竞争市场,其投入产出的系数是1,即生产一单位计价产品时,投入的劳动要素为1,故劳动力的工资水平也是1。

第三,差异化产品所处的市场为不完全竞争市场,每个企业仅生产一种差异化产品。生产差异化产品的企业需要支付沉没成本,即企业需要付出一定的固定成本$f_E$才能够进入市场。在这一过程中,企业得知其自身所具有的边际成本,定义为c。该边际成本参数服从的累积分布函数形式为$G(c)$,也就是说,c是该分布下的随机变量,且c所在的区间是$[0, c_M]$。并且,边际成本参数c也反映了企业的生产率高低。c的值越大,表示企业的生产率越低。反之,c取值越小时,则代表企业具有较高的生产率。

第四,在企业成本参数一定的情况下,假设企业产品质量的提升需要付出一定的生产成本和创新投入成本,换言之,企业产品质量$z_i$的产生,一方面需要在生产过程中付出成本$\delta q_i z_i$,另一方面需要创新投入成本$I_i$。其中,$\delta$用以衡量生产过程中采用的质量成本参数,$I_i$表示创新投入成本,代表企业能够经过创新投入获得产品质量的提升,即$z_i = \theta(I_i)^{1/2}$。为方便将创新投入成本$I_i$纳入总成本函数,下文中均将创新投入与产品质量的关系式写作$I_i = \theta z_i^2$,$\theta$为刻画企业创新能力的参数。在$z_i = \theta(I_i)^{1/2}$中,创新投入$I_i$的开方形式反映了企业在提高产品质量的过程中所面临的创新投入的边际效率递减的现实情况。

第五,在边际成本参数c一定、产品质量一定的条件下,企业可以选择生产多少数量的产品,也可以为其所生产的产品进行定价。同时,在这一条件下,消费者可以选择消费多少数量的产品。

### 2. 企业的生产决策

在上述条件设定的基础上,可以写出企业存在产品质量升级时所面临的总成本函数的具体形式:

$$TC_i = c_i q_i + \delta q_i z_i + \theta z_i^2 \qquad (4-13)$$

其中,$TC_i$表示企业在生产差异化产品i时所花费的总成本。公式(4-13)中等号右边的第一项$c_i q_i$,表示的是边际成本与产品生产数量的乘积,这反映了随产品数量可变的生产成本。$\delta q_i z_i$表示企业在生产

数量为 $q_i$、质量为 $z_i$ 的产品时所付出的生产成本。$\theta z_i^2$ 反映了企业在进行产品质量升级时所支付的创新投入的成本水平。

基于以上参数设定，根据"利润=总收益-总成本"，可以得到企业的利润表达式：

$$\pi_i = p_i q_i - TC_i \qquad (4-14)$$

由于利润是边际成本 c、产品质量 z 的函数，将公式（4-13）代入，可以得到：

$$\pi(c, z) = pq - cq - \delta qz - \theta z^2 \qquad (4-15)$$

关于企业税负的引入，本部分借鉴刘啟仁和黄建忠（2018）的做法，考虑企业所承担的综合实际税负率。具体而言，定义企业的综合实际税负率等于企业所缴纳的实际税收与企业销售收入的比值，即在企业单位销售收入水平下，企业所应该缴纳的税收金额。考虑企业综合实际税负率的原因如下：现实中，鉴于政企关系等因素的影响，企业通常存在着避税行为。这些企业中的绝大部分通过借助于政治关系，能够将一定的企业税负进行转嫁，将其原本需要承担的税负转移至一些非市场主体。而这一转移过程往往会影响到产品市场的均衡状态。根据蔡和刘（Cai and Liu，2009）的研究，一般而言，企业在实际的生产销售过程中，为了不影响消费者对产品的需求，通常不会直接将其应该承担的税负转嫁到消费者身上，而率先会利用自身所拥有的一些政治、社会关系去尽可能多地减少其应该缴纳的税负。由此可见，在研究中，相对于考察企业的名义税负水平而言，利用企业本身实际缴纳的税负，通过企业自身的综合实际税负率去考虑与企业生产、决策相关的问题就显得重要而又富有现实意义。

具体地，在公式（4-15）的基础上，我们引入以企业的综合实际税负率表示的企业税负 $t[t \in (0, 1)]$，由此可以得到式（4-16）所示的包含企业税负 t 在内的利润表达式 π：

$$\pi(c, z) = (1-t)pq - cq - \delta qz - \theta z^2 \qquad (4-16)$$

根据企业利润最大化的基本原则，可以求解出企业生产决策过程中的相关变量。首先，结合式（4-4）、式（4-7）对产品价格 p 进行一阶求导，整理后可得：

$$p(c, z) = \frac{1}{2}\left(\alpha - \eta Q^c + \frac{c}{1-t}\right) + \frac{1}{2}(\beta + \delta)z \qquad (4-17)$$

其次，对产品的生产数量 q 进行一阶求导，可得：

$$q(c, z) = \frac{L}{2\gamma}\left[\alpha - \eta Q^c - \frac{c}{1-t} + (\beta - \delta)z\right] \quad (4-18)$$

与此同时，将式（4-13）、式（4-17）、式（4-18）代入式（4-16），再经过化简、整理，可以得到更为明确的利润函数：

$$\pi(c, z) = (1-t)\frac{L}{4\gamma}\left[\left(\alpha - \eta Q^c - \frac{c}{1-t}\right) + (\beta - \delta)z\right]^2 - \theta z^2 \quad (4-19)$$

进一步地，根据利润最大化的基本原则，即产品质量对应的边际收益等于该质量水平下的边际成本，将式（4-19）两边对产品质量 z 求导，并令：

$$\frac{\partial \pi(c, z)}{\partial z} = 0 \quad (4-20)$$

化简、整理后可以得到产品质量的具体表达式，如下：

$$z = \lambda\left(\alpha - \eta Q^c - \frac{c}{1-t}\right) \quad (4-21)$$

假设企业进入市场的临界成本为 $c_D$，且 $c_D = \alpha - \eta Q^c$。这意味着，企业的边际成本 c 小于 $c_D$ 时，企业能够在市场上存活，而当 c 大于 $c_D$ 时，企业会从市场中退出。

将 $c_D = \alpha - \eta Q^c$ 代入式（4-21），可得：

$$z = \lambda\left(c_D - \frac{c}{1-t}\right) \quad (4-22)$$

在式（4-22）中，如果 $c_D = c/(1-t)$，即 $c = c_D(1-t)$，说明在存在企业税负 t 时，企业进入市场的临界成本为 $c_D(1-t)$，此时 z=0。这也说明企业不进入市场时，是无法进行生产的，此时产品质量为 0。

其中，λ 代表企业产品质量的差异程度：

$$\lambda = \frac{L(\beta - \delta)}{[4\gamma\theta/(1-t) - L(\beta - \delta)^2]} \quad (4-23)$$

与安东尼亚德斯（2015）一致，为保证产品质量为正数，此处假定 λ>0。同时，从式（4-23）中可以发现，企业税负 t 与 λ 负相关，即随着 t 的增大，λ 会减小，相应地，t 减小时，λ 会增大。这表明存在税收激励时，企业产品质量的差异程度会增大。

将企业进入市场的临界成本 $c_D = \alpha - \eta Q^c$、式（4-22）所示的产品质量 z 代入以上式（4-17）、式（4-18）、式（4-19）表示的产品价格 p、生产数量 q、利润 π 中，可得：

$$p(c) = \frac{1}{2}\left(c_D + \frac{c}{1-t}\right) + \frac{1}{2}\lambda(\beta+\delta)\left(c_D - \frac{c}{1-t}\right) \qquad (4-24)$$

$$q(c) = \frac{L}{2\gamma}[1 + (\beta-\delta)\lambda]\left(c_D - \frac{c}{1-t}\right) \qquad (4-25)$$

$$\pi(c) = \frac{L}{4\gamma}(1-t)[1 + (\beta-\delta)\lambda]\left(c_D - \frac{c}{1-t}\right)^2 \qquad (4-26)$$

### 4.1.3 市场自由进入的条件

正如前文所述，对生产差异化产品的企业来说，其进入市场需要付出一定的固定成本 $f_E$。并且，企业自身所具有的边际成本为 $c$，该成本参数服从的累积分布函数形式为 $G(c)$。当市场处于均衡状态时，企业所具有的特征是：预期的利润（即企业的期望利润）与企业进入该市场所需付出的成本 $f_E$ 相等。

由此，有如下等式成立：

$$\int_0^{(1-t)c_D} \pi(c) dG(c) = f_E \qquad (4-27)$$

将式（4-26）所示的企业利润的表达式代入，可知：

$$\frac{L}{4\gamma}(1-t)[1+(\beta-\delta)\lambda]\int_0^{(1-t)c_D}\left(c_D - \frac{c}{1-t}\right)^2 dG(c) = f_E$$
$$(4-28)$$

结合式（4-8）、式（4-21）、式（4-22）以及式（4-23）~式（4-26），可以得到企业进入市场的临界成本 $c_D$ 满足如下等式：

$$c_D = \frac{1}{(\eta N + \gamma)}(\alpha\gamma + \eta N \bar{p} - \eta N \beta \bar{z}) \qquad (4-29)$$

其中，$\bar{p}$ 为产品的平均价格，$N$ 为市场规模：

$$\bar{p} = \frac{1}{2}\left(c_D + \frac{\bar{c}}{1-t}\right) + \frac{1}{2}\lambda(\beta+\delta)\left(c_D - \frac{\bar{c}}{1-t}\right) \qquad (4-30)$$

$$N = \frac{2\gamma}{\eta[1+(\beta-\delta)\lambda]} \cdot \frac{(\alpha - c_D)}{\left(c_D - \frac{\bar{c}}{1-t}\right)} \qquad (4-31)$$

对于 $c$ 所代表的边际成本参数的分布函数，我们假定其服从于帕累托（Pareto）分布，因此，边际成本 $c$ 的分布形式可表示为：

$$G(c) = \left(\frac{c}{c_M}\right)^k, \ c \in [0, c_M] \qquad (4-32)$$

其中，参数 k 为帕累托分布函数的形状参数。

因此，可进一步得到如下所示的企业进入市场的临界成本 $c_D$ 的表示方式：

$$c_D = \frac{1}{1-t}\left[\frac{2\gamma f_E c_M^k(k+1)(k+2)}{L[1+(\beta-\delta)\lambda](1-t)}\right]^{\frac{1}{k+2}} \quad (4-33)$$

将式（4-23）所代表的企业产品质量差异程度 λ 代入式（4-33），可得：

$$c_D = \frac{1}{1-t}\left\{2\gamma f_E c_M^k(k+1)(k+2)\left[\frac{1}{L(1-t)} - \frac{(\beta-\delta)^2}{4\gamma\theta}\right]\right\}^{\frac{1}{k+2}} \quad (4-34)$$

根据式（4-34），就临界成本参数 $c_D$ 对企业进入市场所需支付的固定成本 $f_E$ 求一阶偏导可得：

$$\frac{\partial c_D}{\partial f_E} > 0 \quad (4-35)$$

这意味着，企业进入市场所需支付的固定成本 $f_E$ 与企业进入市场的临界成本 $c_D$ 之间存在正相关关系。换句话说，企业进入市场所需支付的固定成本 $f_E$ 越高，企业进入市场的临界成本 $c_D$ 也越高，即企业能够存活于市场的临界成本越高。

与此同时，就 $c_D$ 对企业税负 t 求一阶偏导，可得：

$$\frac{\partial c_D}{\partial t} > 0 \quad (4-36)$$

这意味着企业税负 t 与企业进入市场的临界成本 $c_D$ 之间存在正向关联。说明随着企业税负 t 的增加，企业进入市场的临界成本 $c_D$ 也会增加。反之，当企业面临税收激励时，企业税负 t 降低，此时企业进入市场的临界成本 $c_D$ 也会降低。由于企业的边际成本小于 $c_D$ 时企业能够在市场上存活，边际成本与生产率之间存在反比关系，所以企业税负 t 降低带来的临界成本 $c_D$ 降低的现象意味着，此时市场对企业的生产率准入要求提高了，说明原本边际成本较高即具有较低生产率的企业现在无法进入市场。这是因为，税收激励降低了企业的税收负担，提高了企业的利润水平，促进了潜在企业的进入，加剧了市场竞争，提高了企业存活于市场的生产率门槛，致使那些具有较高边际成本的低效率企业被淘汰。

以上为企业在面对税负变化时在生产决策中做出的优化调整过程和结果。企业产品质量与税负的关系表达式为式（4-22）。其中，产品质量 z 与企业税负 t 的关系受到两方面影响：一是产品质量的差异程度 λ 与企业税负 t 的关系式 λ/1-t；二是企业进入市场的临界成本 $c_D$。

其中：

$$\frac{\lambda}{1-t} = \frac{L(\beta-\delta)}{[4\gamma\theta/(1-t) - L(\beta-\delta)^2]} \cdot \frac{1}{(1-t)} = \frac{L(\beta-\delta)}{[4\gamma\theta - L(\beta-\delta)^2(1-t)]} \quad (4-37)$$

$$c_D(1-t) = \left\{2\gamma f_E c_M^k (k+1)(k+2)\left[\frac{1}{L(1-t)} - \frac{(\beta-\delta)^2}{4\gamma\theta}\right]\right\}^{\frac{1}{k+2}} \quad (4-38)$$

从式（4-37）、式（4-38）中可以发现：

$$\frac{\partial[(\lambda/1-t)]}{\partial t} < 0 \quad (4-39)$$

$$\frac{\partial[c_D(1-t)]}{\partial t} > 0 \quad (4-40)$$

为直观描述企业税负 t 发生变化时产品质量 z 的受影响程度，我们以图示的形式进行描述，具体如图 4-1 所示。

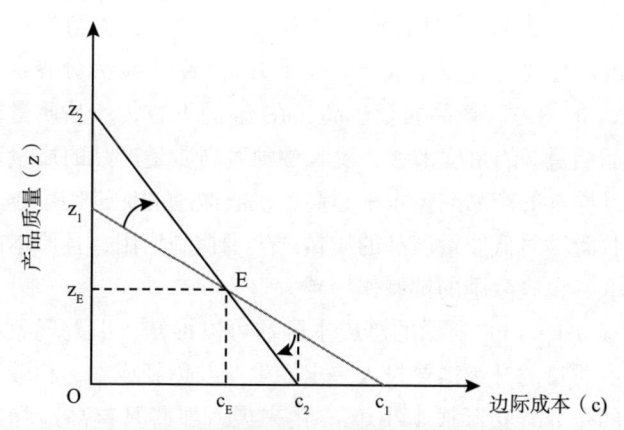

**图 4-1　存在税收激励时边际成本与产品质量的关系**
资料来源：作者根据理论模型的推导结果绘制所得。

在图 4-1 中，直线 $z_1 c_1$ 表示企业税负为 $t_1$ 时企业边际成本 c 与企业产品质量 z 的关系：

$$z_1 = \lambda_1 \left( c_{D1} - \frac{c_1}{1-t_1} \right) \tag{4-41}$$

由于 $\lambda/1-t$ 与 $t$ 呈负相关关系，$c_D(1-t)$ 与 $t$ 呈正相关关系。所以，在存在税收激励时 $[t_1 \to t_2, t_2 < t_1$ 且 $t \in (0,1)]$，图 4-1 中直线 $z_1c_1$ 的斜率会由 $-(\lambda_1/1-t_1)$ 变为 $-(\lambda_2/1-t_2)$，且 $|\lambda_1/1-t_1| < |\lambda_2/1-t_2|$，直线 $z_1c_1$ 的横截距 $c_1 = c_{D1}(1-t_1)$ 会变为 $c_2 = c_{D2}(1-t_2)$，且 $c_{D1}(1-t_1) > c_{D2}(1-t_2)$。由此，直线 $z_2c_2$ 表示 $t_1 \to t_2$ 时企业边际成本 c 与企业产品质量 z 的关系。

通过图 4-1 可以发现，边际成本 c 与产品质量 z 成反比，较低的边际成本 c 对应于较高的产品质量 z。当税收激励发生时，企业税负下降，这对产品质量的影响表现在两个方面：一是直线的斜率绝对值增大；二是直线的横截距变小。这使得边际成本高于临界成本的企业，即边际成本高于 $c_2$ 的企业（边际成本介于 $c_2$ 到 $c_1$ 之间）不得不退出市场，而存活的企业（边际成本低于 $c_2$）中，边际成本小于 $c_E$ 的企业的产品质量较税收激励之前有所提高，边际成本介于（$c_E, c_2$）的企业的产品质量较税收激励之前有所下降。这反映了企业由于边际成本不同而对产品质量水平做出的不同调整，说明在税收激励发生以后，具有较低边际成本的企业会做出提高产品质量的决策（在 E 点的左边，直线 $z_2c_2$ 位于直线 $z_1c_1$ 上方），而具有较高边际成本的企业会下调产品质量（在 E 点的右边，直线 $z_2c_2$ 位于直线 $z_1c_1$ 下方）。若以 $z_E$ 为分界点，则可以发现，在 $z_E$ 的上方，产品质量较高，在 $z_E$ 的下方，产品质量较低。由此，从产品质量 z 的角度来看，税收激励对高质量产品的质量产生了促进作用，且原本的产品质量水平越高，税收激励的促进作用越大。相对应地，税收激励对低质量产品的质量产生了抑制作用，且原本的产品质量水平越低，税收激励的抑制作用越大。

结合式（4-13）所示的总成本函数可以推知，以上现象产生的内在原因为：质量的升级需要投入一定的生产及创新成本，相较于具有低边际成本的企业（边际成本小于 $c_E$）来说，那些具有高边际成本的企业（边际成本大于 $c_E$）的成本负担较重，往往难以克服质量升级所需的投入成本。

那么，更进一步地，就市场总体而言，税收激励会对产品质量产生何种影响？接下来，我们对市场中产品质量的平均水平与税收激励的关系进行探究。

结合式（4-11）、式（4-22）~式（4-26），可以得到：

$$\bar{z} = \lambda\left(c_D - \frac{\bar{c}}{1-t}\right) \tag{4-42}$$

$$\bar{c} = \frac{kc_D(1-t)}{k+1} \tag{4-43}$$

整理、化简得市场的平均产品质量表达式为：

$$\bar{z} = \lambda\left(\frac{c_D}{k+1}\right) \tag{4-44}$$

由于产品质量的差异程度 $\lambda$、企业进入市场的临界成本 $c_D$ 均是企业税负 t 的函数。因此，令平均质量 $\bar{z}$ 对企业税负 t 求导可得：

$$\frac{\partial \bar{z}}{\partial t} = \frac{\partial \lambda}{\partial t}\left(\frac{c_D}{k+1}\right) + \frac{\lambda}{k+1}\frac{\partial c_D}{\partial t} \tag{4-45}$$

由式（4-23）、式（4-36）知，$\partial \lambda / \partial t < 0$，$\partial c_D / \partial t > 0$，因此，式（4-45）中 $\partial \bar{z} / \partial t$ 的符号是不确定的。说明税收激励对市场中产品质量的平均水平的影响可能为正也可能为负。结合图4-1可知，这主要是由于税收激励对不同边际成本的企业的产品质量的影响是不同的。在税收激励发生以后，具有较低边际成本的企业会做出提高产品质量的决策，而具有较高边际成本的企业会下调产品质量。因此，总体上来看，税收激励对市场中产品质量的平均水平的影响将取决于这两类企业在面临税收激励时对产品质量产生的影响的净变化。当市场中具有较低边际成本的企业对产品质量的总提升效应高于市场中那些具有较高边际成本的企业对产品质量的总降低效应时，税收激励将表现为提升市场的平均产品质量水平。反之，当市场中具有较低边际成本的企业对产品质量的总提升效应低于市场中那些具有较高边际成本的企业对产品质量的总降低效应时，税收激励对市场平均产品质量水平的影响则为负向影响。

## 4.1.4 出口产品的质量选择

以上为封闭经济条件下的基本模型设定，其中，我们对税收激励与产品质量的关系做了简要推导和分析，这为求解税收激励下出口产品的质量选择问题奠定了良好的分析基础。接下来，我们将以上模型的推导框架扩展至开放经济，并设定两国模型的分析情形，以进一步厘清税收激励与出口产品质量之间的内在理论逻辑。

**1. 企业的生产决策**

假设在开放经济条件下，有两个国家，其中，H代表本国，F代表外国，$L^H$、$L^F$分别代表本国、外国的工人（消费者）。同时，为简单起见，假设两个国家的消费者具有相同的偏好，且不存在劳动力流动。由此，国家$l(l=\{H,F\})$对产品i的需求为：

$$q_i^l = L^l q_i^c = \frac{\alpha L^l}{\eta N^l + \gamma} - \frac{L^l}{\gamma} p_i^l + \frac{L^l \beta^l}{\gamma} z_i + \frac{\eta N^l L^l}{\eta N^l + \gamma} \bar{p}^l - \frac{\eta N^l L^l \beta^l}{\eta N^l + \gamma} \bar{z}^l$$

(4-46)

其中，$p_i^l$、$q_i^l$分别代表国家l中产品i的价格和消费者对产品i的需求数量。$\bar{p}^l$、$\bar{z}^l$分别表示国家l中产品的平均价格和平均质量水平。$N^l$表示国家l中销售产品i的企业的数目（由于假定每个企业仅生产一种产品，$N^l$也表示所有产品的种类之和），同时，由于是开放经济，$N^l$中既包含本国国内的生产企业，也包含外国的出口企业。

相较于封闭经济，在开放经济条件中，企业除了在其所在的国家内销售其所生产的产品之外，还能够将生产的产品销往国外，即将产品进行出口。与国内销售不同的是，企业在出口产品的过程中会面临一定的贸易成本。所谓的贸易成本是指产品在跨国流动中所产生的成本，此处采用冰山成本的设定方式表示贸易成本$\tau^h$（h代表出口目的地），且$\tau^h > 1$。其代表的含义为，企业出口1单位产品时，实际上需要付出的成本为$\tau^h c$。

另外，假定在开放经济条件中，企业生产的产品有两个销售渠道，即本国国内市场（D）和外国市场（出口市场，X）。令企业进入本国国内市场的临界成本为$c_D^l$，企业进入出口市场的临界成本为$c_X^l$。因此，企业的进入、退出及生产决策行为如下：在企业的边际成本参数高于企业进入本国国内市场的临界成本（$c > c_D^l$）时，企业会退出市场。而在企业的边际成本参数低于企业进入本国国内市场的临界成本（$c < c_D^l$）时，企业会存活于市场当中。此时企业又会有两种决策：其一，在$c_X^l < c < c_D^l$的时候，企业仅选择将生产的产品在本国国内市场销售。其二，在$c < c_X^l$的时候，企业由于能够克服贸易成本，可以同时选择既在本国国内市场销售，也将生产的产品销往外国市场，即将产品进行出口。

令企业在本国国内销售产品所获得的利润为 $\pi_D^l$，出口产品至外国市场所获得的利润为 $\pi_X^l$。同时，令 $p_D^l$ 和 $q_D^l$ 分别表示利润最大化条件下企业在本国国内市场中销售的产品的价格和数量，$p_X^l$ 和 $q_X^l$ 分别表示利润最大化条件下企业在外国市场中销售的产品的价格和数量，即企业出口产品的价格和数量。那么，结合前文的式（4-16）~式（4-18），可以得到在考虑企业税负 t 时 $\pi_D^l$、$\pi_X^l$、$p_D^l$、$q_D^l$、$p_X^l$、$q_X^l$ 的表达式：

$$\pi_D^l(c, z) = (1-t)p_D^l q_D^l - cq_D^l - \delta^l q_D^l z_D^l - \theta(z_D^l)^2 \quad (4-47)$$

$$\pi_X^l(c, z) = (1-t)p_X^l q_X^l - \tau^h c q_X^l - \delta^l q_X^l z_X^l - \theta(z_X^l)^2 \quad (4-48)$$

根据企业利润最大化的基本原则，可以求解出企业生产决策过程中的相关变量。首先，对产品价格进行一阶求导，整理后可得：

$$p_D^l(c, z) = \frac{1}{2}\left(c_D^l + \frac{c}{1-t}\right) + \frac{1}{2}(\beta^l + \delta^l)z_D^l \quad (4-49)$$

$$p_X^l(c, z) = \frac{\tau^h}{2}\left(c_X^l + \frac{c}{1-t}\right) + \frac{1}{2}(\beta^h + \delta^l)z_X^l \quad (4-50)$$

其次，对产品的生产数量进行一阶求导，可得：

$$q_D^l(c, z) = \frac{L^l}{2\gamma}\left(c_D^l - \frac{c}{1-t}\right) + \frac{L^l}{2\gamma}(\beta^l - \delta^l)z_D^l \quad (4-51)$$

$$q_X^l(c, z) = \frac{L^h}{2\gamma}\tau^h\left(c_X^l - \frac{c}{1-t}\right) + \frac{L^h}{2\gamma}(\beta^l - \delta^l)z_X^l \quad (4-52)$$

联合以上推导，可以得到更为明确的利润函数：

$$\pi_D^l(c, z) = (1-t)\frac{L^l}{4\gamma}\left[\left(c_D^l - \frac{c}{1-t}\right) + (\beta^l - \delta^l)z_D^l\right]^2 - \theta(z_D^l)^2 \quad (4-53)$$

$$\pi_X^l(c, z) = (1-t)\frac{L^l}{4\gamma}\left[\tau^h\left(c_X^l - \frac{c}{1-t}\right) + (\beta^l - \delta^l)z_X^l\right]^2 - \theta(z_X^l)^2 \quad (4-54)$$

进一步地，根据利润最大化的基本原则，即产品质量对应的边际收益等于该质量水平下的边际成本，将式（4-53）、式（4-54）两边分别对产品质量 $z_D^l$、$z_X^l$ 求导，可得到企业在本国国内市场销售的产品的质量 $z_D^l$、企业出口产品的质量 $z_X^l$ 的表达式：

$$z_D^l = \lambda_D^l\left(c_D^l - \frac{c}{1-t}\right) \quad (4-55)$$

$$z_X^l = \tau^h \lambda_X^l\left(c_X^l - \frac{c}{1-t}\right) \quad (4-56)$$

从中可以发现，当存在企业税负 t 时，企业进入本国国内市场的临界成本为 $c_D^l(1-t)$，企业进入出口市场的临界成本为 $c_X^l(1-t)$，此时 $z_D^l=0$，$z_X^l=0$。这说明企业不进入市场时，是无法进行生产的，此时产品质量为 0。

$\lambda_D^l$、$\lambda_X^l$ 分别表示企业在本国国内市场销售的产品的质量差异程度、企业出口产品的质量差异程度，二者均大于 0。

$$\lambda_D^l = \frac{L^l(\beta^l - \delta^l)}{[4\gamma\theta^l/(1-t) - L^l(\beta^l - \delta^l)^2]} \quad (4-57)$$

$$\tau^h \lambda_X^l = \frac{\tau^h L^h(\beta^h - \delta^l)}{[4\gamma\theta^l/(1-t) - L^h(\beta^h - \delta^l)^2]} \quad (4-58)$$

将式（4-55）、式（4-56）分别代入式（4-49）~式（4-54）表示产品价格、生产数量、利润的表达式中，可得：

企业在本国国内销售的产品的价格 $p_D^l$、企业出口产品的价格 $p_X^l$：

$$p_D^l(c) = \frac{1}{2}\left(c_D^l + \frac{c}{1-t}\right) + \frac{1}{2}(\beta^l + \delta^l)\lambda_D^l\left(c_D^l - \frac{c}{1-t}\right) \quad (4-59)$$

$$p_X^l(c) = \frac{1}{2}\tau^h\left(c_X^l + \frac{c}{1-t}\right) + \frac{1}{2}(\beta^H + \delta^l)\tau^h\lambda_X^l\left(c_X^l - \frac{c}{1-t}\right)$$
$$(4-60)$$

企业在本国国内销售的产品的数量 $q_D^l$、企业出口产品的数量 $q_X^l$：

$$q_D^l(c) = \frac{L^l}{2\gamma}[1 + (\beta^l - \delta^l)\lambda_D^l]\left(c_D^l - \frac{c}{1-t}\right) \quad (4-61)$$

$$q_X^l(c) = \frac{L^h}{2\gamma}\tau^h[1 + (\beta^h - \delta^l)\lambda_X^l]\left(c_X^l - \frac{c}{1-t}\right) \quad (4-62)$$

企业在本国国内销售的产品的利润 $\pi_D^l$、企业出口产品的利润 $\pi_X^l$：

$$\pi_D^l(c) = (1-t)\frac{L^l}{4\gamma}[1 + (\beta^l - \delta^l)\lambda_D^l]\left(c_D^l - \frac{c}{1-t}\right)^2 \quad (4-63)$$

$$\pi_X^l(c) = (1-t)\frac{L^h}{4\gamma}(\tau^h)^2[1 + (\beta^h - \delta^l)\lambda_X^l]\left(c_X^l - \frac{c}{1-t}\right)^2$$
$$(4-64)$$

**2. 自由进入条件**

当市场处于均衡状态时，企业的期望利润与企业进入该市场所需付出的成本 $f_E$ 相等。与前文一致，假定企业自身所具有的边际成本参数 c 服从的累积分布函数形式为 G(c)。在开放经济下，企业的利润由两部分组成：一是企业在本国国内市场销售产品所获得的利润 $\pi_D^l$；二是企业出口产品至外国市场所获得的利润 $\pi_X^l$。

具体地，在市场均衡时，有如下等式成立：

$$\int_0^{(1-t)c_D^l}\pi_D^l(c)dG(c) + \int_0^{(1-t)c_X^l}\pi_X^l(c)dG(c) = f_E \quad (4-65)$$

将以上式（4-63）、式（4-64）所示的企业利润的表达式代入，可知：

$$(1-t)\frac{L^l}{4\gamma}[1+(\beta^l-\delta^l)\lambda_D^l]\int_0^{(1-t)c_D^l}\left(c_D^l-\frac{c}{1-t}\right)^2 dG(c)$$

$$+(1-t)\frac{L^h}{4\gamma}(\tau^h)2[1+(\beta^h-\delta^l)\lambda_X^l]\int_0^{(1-t)c_X^l}\left(c_X^l-\frac{c}{1-t}\right)^2 dG(c) = f_E$$

$$(4-66)$$

对于 c 所代表的边际成本参数的分布函数，假定其服从于帕累托分布：

$$G(c) = \left(\frac{c}{c_M}\right)^k, \ c \in [0, c_M] \quad (4-67)$$

则式（4-66）可以化简为如下等式：

$$(1-t)L^l[1+(\beta^l-\delta^l)\lambda_D^l](c_D^l)^{k+2}$$
$$+(1-t)L^h[1+(\beta^h-\delta^l)\lambda_X^l](c_X^l)^{k+2}(\tau^h)^{-k}$$
$$=2\gamma f_E c_M^k(k+1)(k+2) \quad (4-68)$$

利用 $c_X^l = c_D^l/\tau^h$，可得到企业进入出口市场的临界成本 $c_X^l$。与此同时，令 $c_X^l$ 对企业税负 t 求一阶导数，可知：

$$\frac{\partial c_X^l}{\partial t} > 0 \quad (4-69)$$

该式意味着，企业税负与企业进入出口市场的临界成本之间存在正向关联。说明随着企业税负的增加，企业进入出口市场的临界成本也会增加。反之，当企业面临税收激励时，企业税负降低，此时企业进入出口市场的临界成本也会降低。由于企业的边际成本小于出口市场的临界进入成本时，企业能够在出口市场上存活，边际成本与生产率之间存在反比关系，所以，企业税负降低带来的临界成本降低的现象表明，此时出口市场对企业的生产率准入要求提高了，说明原本边际成本较高即具有较低生产率的企业现在无法进入出口市场。这是因为，税收激励降低了企业的税收负担，提高了企业的利润水平，促进了潜在企业的进入，加剧了市场竞争，提高了企业存活于出口市场的生产率门槛，致使那些具有较高边际成本的低效率企业被淘汰。

式（4-56）表明，企业的出口产品质量 $z_X^1$ 会受到两方面影响：一是出口产品质量的差异程度 $\lambda_X^1$、贸易成本 $\tau^h$ 与企业税负 t 的关系式 $\tau^h \lambda_X^1 / 1-t$；二是企业进入出口市场的临界成本 $c_X^1$。由于 $\lambda_X^1$、$c_X^1$ 的表达式中均含有 t，类比于式（4-37）、式（4-38）的求解方式，可得知：

$$\frac{\partial [(\tau^h \lambda_X^1 / 1-t)]}{\partial t} < 0 \qquad (4-70)$$

$$\frac{\partial [c_X^1 (1-t)]}{\partial t} > 0 \qquad (4-71)$$

由此，可以得出企业税负 t 降低（即企业面临税收激励）时企业出口产品质量与其边际成本的关系图（见图4-2）。

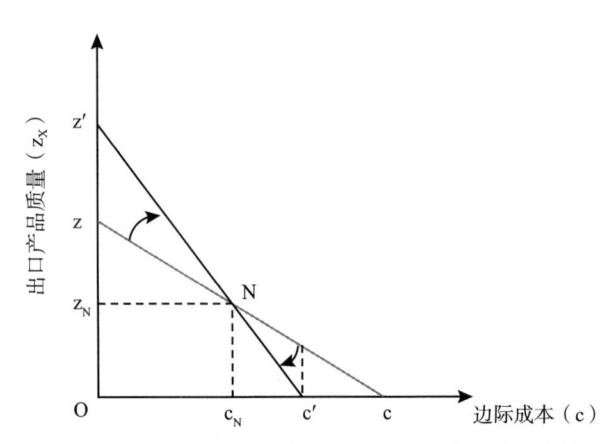

**图4-2 存在税收激励时边际成本与出口产品质量的关系**

资料来源：作者根据理论模型的推导结果绘制所得。

在图4-2中，直线 zc 表示企业税负为 $t_1$ 时，企业边际成本与企业出口产品质量的关系：

$$z_1 = \tau^h \lambda_{X1}^1 \left( c_{X1}^1 - \frac{c}{1-t_1} \right) \qquad (4-72)$$

由于 $\tau^h \lambda_X^1 / 1-t$ 与 t 存在负相关关系，$c_X^1 (1-t)$ 与 t 存在正相关关系。所以，在存在税收激励时 $[t_1 \rightarrow t_2, t_2 < t_1$ 且 $t \in (0, 1)]$，图4-2中直线 zc 的斜率会由 $-(\tau^h \lambda_{X1}^1 / 1-t_1)$ 变为 $-(\tau^h \lambda_{X2}^1 / 1-t_2)$，且 $|\tau^h \lambda_{X1}^1 / 1-t_1| < |\tau^h \lambda_{X2}^1 / 1-t_2|$，直线 zc 的横截距 $c = c_{X1}^1 (1-t_1)$ 会变为

$c' = c_{X2}^1(1-t_2)$,且 $c_{X1}^1(1-t_1) > c_{X2}^1(1-t_2)$。由此,直线 z'c' 表示 $t_1 \to t_2$ 时企业边际成本与企业出口产品质量的关系。

通过图 4-2 可以发现,边际成本 c 与出口产品质量 $z_X$ 成反比,较低的边际成本 c 对应于较高的出口产品质量 $z_X$。当税收激励发生时,企业税负下降,这对出口产品质量的影响表现在两个方面:一是直线的斜率绝对值增大;二是直线的横截距变小。这使得边际成本高于临界成本的企业(即边际成本高于 c' 的企业,边际成本介于 c' 到 c 之间)不得不退出市场,而存活的企业(边际成本低于 c')中,边际成本小于 $c_N$ 的企业的出口产品质量较税收激励之前有所提高,边际成本介于($c_N$,c')的企业的出口产品质量较税收激励之前有所下降。

这反映了企业由于边际成本不同而对出口产品质量水平做出的不同调整,说明在税收激励发生以后,具有较低边际成本的企业会做出提高出口产品质量的决策(在 N 点的左边,直线 z'c' 位于 zc 直线上方),而具有较高边际成本的企业会下调出口产品质量(在 N 点的右边,直线 z'c' 位于直线 zc 下方)。若以 $z_N$ 为分界点,则可以发现,在 $z_N$ 的上方,出口产品质量较高,在 $z_N$ 的下方,出口产品质量较低。由此,从出口产品质量的角度来看,税收激励对高质量出口产品的质量产生了促进作用,且原本的出口产品质量水平越高,税收激励的促进作用越大。相对应地,税收激励对低质量出口产品的质量产生了抑制作用,且原本的出口产品质量水平越低,税收激励的抑制作用越大。正如前文所述,产生这一现象的原因在于,出口产品的质量升级需要投入一定的生产及创新成本,相较于具有低边际成本的企业来说,那些具有高边际成本的企业的成本负担较重,往往难以克服质量升级所需的投入成本。

进一步地,与式(4-44)类似,可以求出此时市场中出口产品的平均质量水平:

$$\bar{z}_X^1 = \tau^h \lambda_X^1 \left( \frac{c_X^1}{k+1} \right) \quad (4-73)$$

令式(4-73)两边对企业税负 t 求导可得:

$$\frac{\partial \bar{z}_X^1}{\partial t} = \tau^h \frac{\partial \lambda_X^1}{\partial t} \left( \frac{c_X^1}{k+1} \right) + \frac{\lambda_X^1}{k+1} \frac{\partial c_X^1}{\partial t} \quad (4-74)$$

由式(4-58)、式(4-69)知,$\partial \lambda_X^1 / \partial t < 0$,$\partial c_X^1 / \partial t > 0$,因此,式(4-74)中 $\partial \bar{z}_X^1 / \partial t$ 的符号是不确定的。说明税收激励对市场中出口产品质量的平均水平的影响可能为正也可能为负。结合图 4-2 可知,

这主要是由于税收激励对不同边际成本的企业的出口产品质量的影响是不同的。在税收激励发生以后，具有较低边际成本的企业会做出提高出口产品质量的决策，而具有较高边际成本的企业会下调出口产品质量。因此，总体上来看，税收激励对市场中出口产品质量的平均水平的影响将取决于这两类企业在面临税收激励时对出口产品质量产生的影响的净变化。当市场中具有较低边际成本的企业对出口产品质量的总提升效应高于市场中那些具有较高边际成本的企业对出口产品质量的总降低效应时，税收激励将表现为提升市场的平均出口产品质量水平。反之，当市场中具有较低边际成本的企业对出口产品质量的总提升效应低于市场中那些具有较高边际成本的企业对出口产品质量的总降低效应时，税收激励对市场平均出口产品质量水平的影响则为负向影响。

## 4.2 理论关系探讨

以上理论模型构建部分参考梅利兹和奥塔维亚诺（2008）、安东尼亚德斯（2015）关于异质性企业贸易模型的设计思路，同时借鉴刘啟仁和黄建忠（2018）关于企业税负的引入方式，构建了企业税负与出口产品质量的理论架构，呈现了企业税负和出口产品质量二者在理论上的关联。接下来，我们在这一模型构建的基础上，结合上述分析中的关键推导公式，进一步探讨、归纳税收激励与出口产品质量之间的内在逻辑，提出能够明确表示税收激励与出口产品质量之间理论关系的命题。

在上述分析中，图4-2直观展示了存在税收激励时企业边际成本与出口产品质量的变化趋势。可以发现，税收激励对出口产品质量的影响集中体现在两个方面：一是企业边际成本与出口产品质量变化直线的斜率；二是企业边际成本与出口产品质量变化直线的横截距。其中，斜率的变化来自企业对出口产品质量的升级倾向的变化。而横截距的变化来自市场的临界进入成本的变化。

### 4.2.1 质量升级倾向

当企业面临税收激励时，企业边际成本与出口产品质量变化直线的斜率绝对值会变大。这表明，税收激励发生以后，企业出口产品质量对企业边际成本变化的反应程度变大，相较于税收激励发生之前，此时，一定的边际成本变动将带来出口产品质量更大幅度的变动。结合式（4-56）所示的企业税负、企业边际成本与出口产品质量的表达式的求解过程，可以发现，在出口产品质量对应的边际收益的表达式中含有企业税负 t，在出口产品质量对应的边际成本的表达式中不含有企业税负 t，且企业税负 t 与出口产品质量对应的边际收益成反比。由此，在税收激励发生时，随着企业税负 t 的降低，企业提升出口产品质量所获得的边际收益将得到增加，在其他条件不变的情况下，企业对出口产品质量的升级倾向提高，企业有动机提升出口产品质量，以维持出口产品质量对应的边际收益等于企业生产该质量产品所付出的边际成本，获取最大化的利润水平。简言之，税收激励提高了企业对出口产品质量的升级倾向。

由此，可以得出命题1：

**命题1**：税收激励增加了企业提升出口产品质量的边际收益，提高了企业对出口产品质量的升级倾向。

## 4.2.2 临界进入成本

当企业面临税收激励时，企业边际成本与出口产品质量变化直线的横截距会变小。由图4-2可以发现，税收激励发生以后，企业进入出口市场的临界成本降低了。相较于税收激励发生以前，此时边际成本处于 $c'$ 到 $c$ 之间的企业退出了市场，留在市场中的企业的边际成本均低于 $c'$。由于企业边际成本与生产率之间存在反向变动关系，边际成本较高代表企业的生产率较低。这一现象表明在税收激励发生以后，市场中那些具有较低生产率的企业退出了市场，而只有具备较高生产率的企业才得以继续留在市场当中。这是由于税收激励降低了企业的税收负担，提高了企业的利润水平，促进了潜在企业的进入，加剧了市场竞争，提高了企业存活于市场的生产率门槛，降低了企业进入市场的临界成本，致使低效率企业被淘汰。

基于此，可以得出命题2：

**命题2**：税收激励促进了企业进入，加剧了市场竞争，提高了企业存活于市场的生产率门槛,降低了企业进入市场的临界成本,致使低效率企业被淘汰。

### 4.2.3 差异化决策

根据命题1与命题2,同时结合图4-2可以发现,在质量升级倾向提高和临界进入成本降低的共同作用下,税收激励会放大在位企业中具有较低边际成本或生产较高质量出口产品的企业的优势,促使在位企业中具有较低边际成本或生产较高质量出口产品的企业做出提高出口产品质量的决策,而具有较高边际成本或生产较低质量出口产品的企业做出下调出口产品质量的决策。这说明尽管税收激励有助于提高企业对出口产品质量的升级倾向(图4-2中直线$z'c'$的斜率绝对值较直线$zc$更大),但受临界进入成本降低的影响,不同企业对出口产品质量的调整决策却存在差异。

结合图4-2,从边际成本的角度来看,在N点的左边,直线$z'c'$位于$zc$直线上方,说明具有较低边际成本的企业会做出提高出口产品质量的决策;在N点的右边,直线$z'c'$位于直线$zc$下方,说明具有较高边际成本的企业会下调出口产品质量。从产品质量水平的角度来看,在$z_N$的上方,出口产品质量较高,在$z_N$的下方,出口产品质量较低。说明原本生产较高质量出口产品的企业的产品质量水平有所提高,而原本生产较低质量出口产品的企业的产品质量水平有所下降。与此同时,以N点为中心向两端扩散来看,能够发现,在税收激励发生以后,随着企业边际成本或出口产品质量差距的增大,企业对出口产品质量的调整幅度的差距也在增大。这意味着,税收激励对具有较低边际成本或生产较高质量出口产品的企业的产品质量产生了促进作用,且原本的边际成本越低或出口产品质量水平越高,税收激励的促进作用越大。相对应地,税收激励对具有较高边际成本或生产较低质量出口产品的企业的产品质量产生了抑制作用,且原本的边际成本越高或出口产品质量水平越低,税收激励的抑制作用越大。

这一现象体现了企业的异质性,反映了不同企业在面对税收激励时所做出的差异化决策。结合企业边际成本与生产率之间的反向变动关系,以及边际成本与出口产品质量之间的反向变动关系,可以推知,具有较低边际成本的企业以及生产较高质量出口产品的企业均可以被称为具有较高生产率的企业。由此，以上关于税收激励引致的不同企业对出口产品质量调整的差异化决策现象可简化为命题3：

**命题3**：在质量升级倾向提高和临界进入成本降低的共同影响下，税收激励会使不同的企业做出不同的质量调整决策。相对而言，高生产率企业会提升出口产品质量，低生产率企业则会下调出口产品质量。

### 4.2.4　平均质量水平

命题3反映了不同生产率企业在面对税收激励时，对出口产品质量做出的差异化决策。可以发现，存在税收激励时，高生产率企业会提升出口产品质量，低生产率企业则会下调出口产品质量。换言之，此时，市场中既存在企业出口产品质量提升的现象，也存在企业出口产品质量下降的现象。这说明整体上而言，税收激励对出口产品质量的影响是不确定的。由此，对于税收激励对出口产品质量影响效果的把握，还需要结合市场的平均质量水平进行进一步分析。

式（4-73）、式（4-74）反映了企业税负与平均出口产品质量水平的关系。从中可以发现，税收激励对市场中出口产品质量的平均水平的影响可能为正也可能为负。这是因为，税收激励一方面会增加表征出口产品质量差异程度的 $\lambda_X^1$，另一方面会降低企业进入出口市场的临界成本 $c_X^1$。结合图4-2以及命题3可知，在税收激励发生以后，高生产率企业会做出提高出口产品质量的决策，低生产率企业会下调出口产品质量。所以，直观来看，税收激励对市场中出口产品质量平均水平的影响将由这两类企业在面临税收激励时对出口产品质量产生的净影响决定。当市场中的高生产率企业对出口产品质量的总提升效应高于市场中低生产率企业对出口产品质量的总降低效应时，税收激励将提升市场的平均出口产品质量水平。反之，当市场中的高生产率企业对出口产品质量的总提升效应低于市场中低生产率企业对出口产品质量的总降低效应时，税收激励将降低市场的平均出口产品质量水平。

因此，得到命题4：

**命题4**：平均而言，税收激励对出口产品质量的影响取决于高生产率企业对出口产品质量产生的正影响与低生产率企业对出口产品质量产生的负影响的净变化。

总而言之，以上通过构建企业税负与出口产品质量的理论模型，推导并论证了税收激励与出口产品质量二者之间的内在逻辑，得到了税收激励与出口产品质量之间较为明确的理论关系。当然，这仅属于定性分析。有关于税收激励对出口产品质量的影响程度，即定量分析，还需要运用相关的数据从实证上进行检验与量化。与此同时，式（4-58）显示，在表征出口产品质量差异程度的 $\lambda_x^1$ 中，还包含着决定出口产品质量的其他参数，例如，表示消费者对产品质量偏好程度的 $\beta$、表示产品差异程度的 $\gamma$、表示企业创新能力的 $\theta$ 等。显然，在相同的税收激励水平下，这些参数的差异也将影响企业对出口产品质量的调整幅度，从而造成税收激励对出口产品质量的影响效果在不同类别的企业之间存在着差别。对此，可以猜测，在现实经济中，必然还存在着一些干扰因素会影响税收激励对出口产品质量的作用，这就有可能使得某些企业在税收激励下做出不同于以上理论分析预期的生产决策，造成税收激励对出口产品质量的现实影响效果偏离理论分析结果。由此，对于税收激励与出口产品质量的影响效果研究，本书将在后续章节中从异质性上给予更细致的区分和检验。

## 4.3 本章小结

本章为税收激励与出口产品质量的理论分析部分。参考梅利兹和奥塔维亚诺（2008）、安东尼亚德斯（2015）关于异质性企业贸易模型的设计思路，同时借鉴刘啟仁和黄建忠（2018）关于企业税负的引入方式，本章通过构建企业税负与出口产品质量的理论模型，形成了税收激励与出口产品质量的理论架构，全面、系统地论证了税收激励与出口产品质量在理论上的逻辑关系，从定性分析的角度诠释了税收激励如何作用于出口产品质量。为探究税收激励与出口产品质量之间的影响程度，以及税收激励对出口产品质量的现实表现，本章搭建了理论分析框架。具体地，本章的核心内容包括两部分：

第一部分为理论模型构建。首先基于封闭经济条件下的基本模型假设，从需求、供给以及市场自由进入条件等方面对相关的参数设定方式予以说明，然后基于开放经济条件下的两国模型情形，对税收激励下出口产品的质量选择问题进行求解。得出了包含企业税负在内的企业边际成本与出口产品质量的表达式，并以图示的形式直观呈现了税收激励如何影响出口产品质量。

第二部分为理论关系探讨。该部分在理论模型构建的基础上，对关键的变量表达式进行了系统地归纳、分析。概括来看，税收激励对出口产品质量的影响集中体现在两个方面：一是企业边际成本与出口产品质量变化直线的斜率；二是企业边际成本与出口产品质量变化直线的横截距。其中，斜率的变化来自企业对出口产品质量的升级倾向的变化，横截距的变化来自市场的临界进入成本的变化。

具体地，理论分析结果表明：

（1）质量升级倾向。税收激励增加了企业提升出口产品质量的边际收益，提高了企业对出口产品质量的升级倾向。

（2）临界进入成本。税收激励促进了企业进入，加剧了市场竞争，提高了企业存活于市场的生产率门槛，降低了企业进入市场的临界成本，致使低效率企业被淘汰。

（3）差异化决策。在质量升级倾向提高和临界进入成本降低的共同影响下，税收激励会使不同的企业做出不同的质量调整决策。相对而言，高生产率企业会提升出口产品质量，低生产率企业则会下调出口产品质量。

（4）平均质量水平。平均而言，税收激励对出口产品质量的影响取决于高生产率企业对出口产品质量产生的正影响与低生产率企业对出口产品质量产生的负影响的净变化。

综合来看，本章通过理论模型的构建，探讨了税收激励与出口产品质量之间的内在逻辑。这不仅为税收激励与出口产品质量的研究建立了理论分析框架，做出了定性分析的贡献，也为后续章节的实证考察奠定了定量分析的理论基础。

# 第5章　实证分析：基于企业税负的一般性考察

本书在上一章中参考梅利兹和奥塔维亚诺（2008）、安东尼亚德斯（2015）关于异质性企业贸易模型的设计思路，同时借鉴刘啟仁和黄建忠（2018）关于企业税负的引入方式，构建了企业税负与出口产品质量的理论模型，全面、系统地探讨了税收激励如何影响出口产品质量，归纳了税收激励与出口产品质量之间的内在逻辑关系。

概括来看，税收激励对出口产品质量的影响由质量升级倾向与临界进入成本两方面所主导。一方面，税收激励增加了企业提升出口产品质量的边际收益，提高了企业对出口产品质量的升级倾向；另一方面，税收激励促进了企业进入，加剧了市场竞争，提高了企业存活于市场的生产率门槛，降低了企业进入市场的临界成本，致使低效率企业被淘汰。在质量升级倾向提高和临界进入成本降低的共同影响下，税收激励会使不同的企业做出不同的质量调整决策。相对而言，高生产率企业会提升出口产品质量，低生产率企业则会下调出口产品质量。平均而言，税收激励对出口产品质量的影响取决于高生产率企业对出口产品质量产生的正影响与低生产率企业对出口产品质量产生的负影响的净变化。

可见，整体上，税收激励对出口产品质量的影响是不确定的。为此，本章借助于中国微观企业数据，运用计量分析方法，就税收激励对出口产品质量的影响效果做出实证检验。以期利用现实数据对理论分析部分得出的结论做出验证，为税收激励影响出口产品质量的实际表现提供经验支撑。

与第4章的理论分析部分一致，本章同样从企业税负的视角出发，通过对企业税负与出口产品质量进行一般性的实证考察，得到税收激励对出口产品质量的影响效果。具体的内容设置如下：5.1为模型、指标与数据说明，该节对计量模型的设定、相关指标的构建、变量的特征及数据概况进行说明。5.2 为全样本估计结果及分析，该节从基准回归、内生性问题的处理以及稳健性检验方面对全样本下得到的实证回归结果进行展示和分析。5.3 为异质性检验结果及分析，该节以第 3 章中出口产品质量的特征事实分析为依据，同时结合第 4 章中企业税负与出口产品质量理论关系式中的部分参数，立足于行业技术水平及要素密集度、目的地收入水平、企业所有制形式、产品差异性、市场竞争程度，就现实经济中存在的一些干扰因素进行提取，以区分税收激励在不同子样本下对出口产品质量产生的异质性影响。5.4 为分位数回归：企业差异化决策的检验，该节在第 4 章理论分析部分的基础上，利用分位数回归对税收激励下不同企业的差异化质量调整决策进行检验。5.5 为本章小结，这一部分是对本章研究内容的简要总结。

## 5.1 模型、指标与数据说明

### 5.1.1 计量模型设定

为明确税收激励对出口产品质量的影响效果，本部分基于企业税负构建如下计量模型：

$$\text{qual}_{ijgt} = \alpha + \beta \text{tax}_{it} + \eta X + \gamma_i + \xi_t + \mu_{jt} + \lambda_g + \varepsilon_{ijgt} \quad (5-1)$$

在式（5 – 1）中，各符号的含义如下：i 表示企业，j 表示出口目的地，g 代表 HS6 位码表示的产品类别，t 表示年份，α 表示常数项。被解释变量 $\text{qual}_{ijgt}$ 表示出口产品质量，参考余淼杰和张睿（2017a）的做法，此处的出口产品质量为"企业—目的地—产品—年份"维度，表示企业 i 在 t 年出口到 j 国产品类别为 g 的产品质量。核心解释变量为 $\text{tax}_{it}$，代表的是企业税负，即 i 企业在 t 年所承担的税负情况；回归系数 β 反映了企业税负对出口产品质量的影响效果，该系数是本章的重点关注对象。若 β 显著为负，则表明企业税负与出口产品质量之间存在显著负相关关系，意味着企业税负降低即税收激励有助于提升出口产品质量。反之，若 β 显著为正，则说明税收激励不利于出口产品质量的提升。

X 是为了增强回归结果的准确性而纳入的一系列的控制变量，其主要由四个层面的变量组成：一是企业自身的特征，主要包括企业生产率 $tfp_{it}$、企业年龄 $age_{it}$、企业规模 $scale_{it}$、融资约束 $fin_{it}$、投入产出比 $mq_{it}$、资本密集度 $kl_{it}$、资本产出比 $kq_{it}$；二是企业所处的政策环境，囿于数据的可得性，本部分主要考虑企业所享受的政府补贴情况 $subsidy_{it}$；三是企业隶属行业的特征，这里主要考虑行业的竞争程度，由于本章聚焦于税收激励对出口产品质量的影响，因此，对于企业所处行业的竞争程度，此处重点考虑企业所在出口市场的行业竞争程度 $HHI_{kt}$（k 表示 CIC4 分位行业）；四是企业面临的外部环境情况，这里主要考虑进口关税自由化进程对出口产品质量产生的影响，即考虑中国在 HS6 产品层面上的进口关税 $tariff_{gt}$。

$\gamma_i$、$\xi_t$、$\mu_{jt}$、$\lambda_g$ 均表示固定效应。这主要是考虑到尽管控制变量的设定可以剔除企业之间存在的主要异质性对回归结果的干扰，但这些控制变量均是可观测且随时间、企业变化的因素。现实中，显然还存在着一些不可观测的因素同样会影响到出口产品质量。其中，$\gamma_i$ 表示企业固定效应，用以控制不随时间变化的企业层面的非观测效应；$\xi_t$ 表示时间固定效应，是随时间而变但不随企业而变的不可观测因素，用以控制特定年份宏观经济环境的变化，例如，经济的周期性波动、突发事件导致的供给需求冲击、宏观经济政策的出台等；$\mu_{jt}$ 表示目的地—时间固定效应，用以控制出口目的地价格指数和收入水平的变化；$\lambda_g$ 表示 HS6 位码产品固定效应，用来控制由产品本身特性而造成的产品价格和数量差异；$\varepsilon_{ijgt}$ 表示随机扰动项。

## 5.1.2 指标构建

**1. 被解释变量**

被解释变量为出口产品质量 $qual_{ijgt}$。结合第 2 章对出口产品质量测算方法的梳理和总结可知，相较于单位价值法、特定产品特征法、需求信息回归推断法（KSW 方法）、供给需求信息加总测算法等度量出口质量的方法而言，目前，余淼杰和张睿（2017a）提出的全面考虑供给和需求因素且基于微观数据的出口产品质量测算方法更为完善。该方法适用于微观数据，能够计算出企业—产品—目的地层面的出口产品所具有的质量水平。与前述的几种方法相比较，该方法不仅从理论上也从计算上对产品质量的测算做出了一定的贡献。理论方面，该方法借鉴芬斯特拉和罗迈尔（2014）对产品质量的理论分析逻辑，不仅考虑了需求层面影响产品质量的因素，也将供给层面影响产品质量的因素进行了考虑，从而构建了完善的理论分析架构。计算方面，该方法推导出了利用微观数据计算企业出口产品质量的具体公式。其中，不仅直观体现了不同企业在生产率方面具有的差异性，量化了企业生产率在出口产品质量中起到的重要作用，而且避免了 KSW 方法中存在的价格偏误，也使得计算的质量结果在国家层面和时间层面上具有可比性。因此，与第 3 章 3.2 中阐述的出口产品质量指标的处理方法相一致，本章主要借鉴余淼杰和张睿（2017a）提出的测算出口产品质量的方法测算企业的出口产品质量。

值得注意的是，在计算过程中，对所需的全要素生产率（TFP）指标，余淼杰和张睿（2017a）采用了 OP 法（Olley and Pakes, 1996），然而，这一计算方法假定投资和生产率之间存在严格单调关系，导致投资为 0 的观测值都被剔除，同时，在 OP 方法中也存在"函数相关性"（函数依赖性、共线性）问题。因此，为提高精确度，在计算全要素生产率时，本章依据布兰特等（Brandt et al., 2017），采用了扩展的 ACF 方法（Ackerberg et al., 2015）。当然，与余淼杰和张睿（2017a）一致，在计算过程中同样考虑了中国加入 WTO 和国有企业的问题。

具体计算公式如下：

$$\ln(z_{ijgt}) = \theta_g [\ln(\kappa_{1jg}) + \ln(p^*_{ijgt}) + \ln(\varphi_{it}) - \ln(w_t)] \quad (5-2)$$

$$\kappa_{1jg} = \alpha_{jg} \theta_g (\sigma_g - 1) / [1 + \alpha_{jg} \theta_g (\sigma_g - 1)] \quad (5-3)$$

式中，$z_{ijgt}$ 表示第 t 年企业 i 销往 j 国的产品类别为 g 的产品质量。$\theta_g$ 衡量了企业在提高产品质量时所面临的边际成本递增效应大小。$\alpha_{jg}$ 反映了 j 国消费者对产品 g 的质量偏好程度，$\sigma_g$ 为同一产品类别 g 中不同品种之间的替代弹性，$\theta_g$、$\alpha_{jg}$ 以及 $\sigma_g$ 来自芬斯特拉和罗迈尔（2014）的研究。$p^*_{ijgt}$ 表示第 t 年企业 i 销往 j 国的产品类别为 g 的离岸单价。$\varphi_{it}$ 表示第 t 年企业 i 的生产率，用全要素生产率表示。$w_t$ 表示企业 i 的投入品成本水平，包括劳动、资本和中间品投入。以此得到的出口产品质量指标在同一产品类别内跨时跨国可比。

标准化过程如下：

$$\text{qual}_{ijgt} = \ln(z_{ijgt}) - \ln(z_{10\%\_g}) \tag{5-4}$$

其中，$\ln(z_{10\%\_g})$ 表示的是产品类别 g 内总体产品质量的 10% 分位数。经过标准化之后的出口产品质量指标可以允许不同产品类别的出口产品质量进行比较和加总。

**2. 核心解释变量**

核心解释变量为企业税负 $\text{tax}_{it}$。对于核心解释变量——企业税负的衡量方式，本章借鉴刘啟仁和黄建忠（2018）的做法，即考虑企业所承担的综合实际税负情况，以企业的综合实际税负率表示企业税负。具体而言，定义企业的综合实际税负率等于企业所缴纳的实际税收与企业销售收入的比值，即在企业单位销售收入水平下企业应该缴纳的税收金额。这里借鉴冯延超（2012）、刘啟仁和黄建忠（2018）的做法，以应交增值税、产品销售税金及附加、应交所得税三项之和与产品销售收入的比值反映企业的综合实际税负率，用以衡量企业税负。

需要说明的是，考虑企业实际税负的原因在于：现实中，鉴于政企关系等因素的影响，企业通常存在着避税行为。这些企业中的绝大部分通过借助于政治关系，能够将一定的企业税负进行转嫁，将其原本需要承担的税负转移至一些非市场主体。而这一转移过程往往会影响产品市场的均衡状态。根据蔡和刘（2009）的研究，一般而言，企业在实际的生产销售过程中，为了不影响消费者对产品的需求，通常不会直接将其应该承担的税负转嫁到消费者身上。而率先会利用自身所拥有的一些政治、社会关系去尽可能多地减少其应该缴纳的税负。由此可见，在研究中，相对于考察企业的名义税负水平而言，利用企业本身实际缴纳的税负，通过企业自身的综合实际税负率去考虑与企业生产、决策相关的问题就显得重要而又富有现实意义。而本章正是基于对上述现实经济情况的考量，采用企业的综合实际税负率反映企业税负。

**3. 控制变量**

为增强回归结果的准确性，本章在已有文献研究的基础上考虑了一系列控制变量。这主要包含四个层面：一是企业自身的特征；二是企业所处的政策环境；三是行业特征；四是外部环境情况。

其中，（1）企业自身特征方面主要包括企业生产率、企业年龄、企业规模、融资约束、投入产出比、资本密集度、资本产出比。①企业

生产率 $\text{tfp}_{it}$ 用全要素生产率表示，与前文测度出口产品质量时采用的全要素生产率计算方法一致，即依据布兰特等（2017）的做法，采用了扩展的 ACF 方法（Ackerberg et al.，2015）；②企业年龄 $\text{age}_{it}$ 用企业数据观测年份减成立年份的对数值表示；③企业规模 $\text{scale}_{it}$ 用职工人数的对数表示；④融资约束 $\text{fin}_{it}$ 借鉴许和连和王海成（2016）的做法，用应收账款与总资产比值的对数来衡量，该值越大，表明企业面临的融资约束程度越大；⑤投入产出比 $\text{mq}_{it}$ 用中间投入与总产值比值的对数值表示；⑥资本密集度 $\text{kl}_{it}$ 以固定资产净值与就业人员比值的对数值表示；⑦资本产出比 $\text{kq}_{it}$ 用固定资产净值与总产值比值的对数值表示。（2）企业所处的国内政策环境，主要考虑政府补贴 $\text{subsidy}_{it}$，以企业获得的补贴收入的对数表示。（3）企业所属行业的特征，主要考虑行业的出口竞争程度 $\text{HHI}_{kt}$，具体的度量方法如式（5-5）所示，用企业 i 所在 CIC4 分位行业 k 的出口市场赫芬达尔指数表示，式中 $\text{value}_{ikt}$ 表示 CIC4 分位行业 k 内企业 i 在 t 年的产品出口额，N 表示行业 k 内的企业数目，$\text{HHI}_{kt}$ 值越小，表示出口竞争程度越高，反之越低。（4）企业所面临的外部环境情况，主要考虑进口关税自由化进程对出口产品质量产生的影响，衡量时以中国在 HS6 产品层面上的进口关税 $\text{tariff}_{gt}$ 表示。樊等（2015）在其研究中指出，进口关税能够影响企业的中间品进口情况，进而影响企业所出口的产品的质量水平。

$$\text{HHI}_{kt} = \sum_{i=1}^{N} \left( \text{value}_{ikt} \bigg/ \sum_{i=1}^{N} \text{value}_{ikt} \right)^2 \qquad (5-5)$$

### 5.1.3 变量描述

本书在第 3 章 3.3 出口产品质量的特征事实分析部分已经从总体、分行业、目的地特征、所有制差异、出口产品质量的高低分布、出口关系存续以及出口产品质量的动态分解角度，对出口产品质量的特征事实情况进行了详细的统计、描述和说明。因而，在本部分中，不再对出口产品质量的测算结果做赘述，而仅对模型（5-1）中所涉及的各变量的主要特征（即均值及标准差）情况做整体把握。具体情况见表 5-1。表 5-1 直观展示了各个变量的名称、符号、测算方法、均值、标准差。

表 5-1　　各变量的概况描述

| 变量名称 | 符号 | 测算方法 | 均值 | 标准差 |
|---|---|---|---|---|
| 出口产品质量 | qual | 借鉴余淼杰和张睿（2017a）的方法 | 0.754 | 0.785 |
| 企业税负（%） | tax | （应交增值税＋产品销售税金及附加＋应交所得税）/产品销售收入 | 3.955 | 8.249 |
| 企业生产率 | tfp | ACF 方法 | 1.101 | 0.292 |
| 企业年龄 | age | 数据观测年份减成立年份的对数 | 2.071 | 0.691 |
| 企业规模 | scale | 职工人数的对数 | 5.753 | 1.226 |
| 融资约束 | fin | 应收账款与总资产比值的对数 | -2.043 | 1.072 |
| 投入产出比 | mq | 中间投入与总产值比值的对数 | -0.285 | 0.229 |
| 资本密集度 | kl | 固定资产净值与就业人员比值的对数 | 3.572 | 1.300 |
| 资本产出比 | kq | 固定资产净值与总产值比值的对数 | -1.908 | 1.134 |
| 政府补贴 | subsidy | 补贴收入的对数 | 5.083 | 2.015 |
| 出口竞争程度 | HHI | 出口市场的赫芬达尔指数 | 0.011 | 0.028 |
| 进口关税 | tariff | HS6 产品层面上的进口关税 | 12.203 | 7.017 |

进一步地，参照陈岑（2016）的做法，本部分对各个变量之间的多重共线性问题进行了审视。具体地，本部分采用皮尔森（Pearson）方法统计出了各个变量之间的相关系数。表 5-2 为变量之间的相关系数矩阵。从表 5-2 中可以看出，变量之间的相关系数基本不大于 0.4。这表明，本章采用的各个变量之间不存在严重的多重共线性问题，即不需要担心变量之间潜在的多重共线性问题所带来的估计偏误问题。

表 5-2　　变量的 Pearson 相关系数矩阵

| 变量 | qual | tax | tfp | age | scale | fin | mq | kl | kq | subsidy | HHI | tariff |
|---|---|---|---|---|---|---|---|---|---|---|---|---|
| qual | 1 | | | | | | | | | | | |
| tax | -0.020 | 1 | | | | | | | | | | |
| tfp | 0.238 | -0.049 | 1 | | | | | | | | | |
| age | 0.039 | -0.035 | 0.042 | 1 | | | | | | | | |
| scale | -0.001 | -0.223 | 0.063 | 0.277 | 1 | | | | | | | |

续表

| 变量 | qual | tax | tfp | age | scale | fin | mq | kl | kq | subsidy | HHI | tariff |
|---|---|---|---|---|---|---|---|---|---|---|---|---|
| fin | 0.040 | -0.026 | 0.038 | -0.023 | -0.025 | 1 | | | | | | |
| mq | -0.181 | -0.017 | -0.059 | -0.051 | -0.024 | 0.042 | 1 | | | | | |
| kl | 0.079 | -0.107 | 0.020 | 0.168 | 0.075 | -0.173 | -0.021 | 1 | | | | |
| kq | -0.015 | 0.004 | -0.151 | 0.168 | 0.175 | -0.270 | -0.064 | 0.126 | 1 | | | |
| subsidy | 0.045 | -0.169 | 0.076 | 0.209 | 0.482 | -0.024 | 0.011 | 0.257 | 0.075 | 1 | | |
| HHI | 0.083 | -0.021 | -0.021 | 0.056 | 0.022 | -0.007 | -0.023 | 0.100 | 0.047 | 0.065 | 1 | |
| tariff | -0.174 | 0.011 | -0.068 | -0.031 | 0.031 | -0.062 | 0.036 | -0.125 | -0.026 | -0.018 | -0.071 | 1 |

与此同时，根据表5-2也可以看出，企业税负与出口产品质量之间的相关关系表现为负向关联。这一现象初步反映出企业税负与出口产品质量之间的反向变动关系，说明企业税负的增加会带来出口产品质量的降低，反之，企业税负的降低会促进出口产品质量的提升。这与本书第1章导论部分图1-7描述的企业税负与出口产品质量的变动趋势基本一致。那么，这是否意味着企业税负与出口产品质量之间的确存在着显著的负相关关系？下文中，我们将基于模型（5-1），运用计量方法，给出更为精确的检验。

## 5.1.4 数据说明

本章所用的数据主要为2000~2007年中国工业企业数据和海关进出口贸易数据的匹配数据。

其中，中国工业企业数据库的统计对象为全部国有企业，以及规模以上非国有企业（规模以上指"年主营业务收入在500万元及以上"，2011年该划分标准调整为"年主营业务收入在2000万元及以上"），是国家统计局基于企业所在地统计局的季报和年报汇总得到的统计资料，详细地记录了企业的基本情况、生产、经营及财务等方面的状况。海关进出口贸易数据来自海关总署，该数据库提供了中国全部进出口企业的贸易往来信息，包括进出口产品种类、贸易方式、贸易量、贸易额、进口来源国、出口目的地等，是探究中国企业相关贸易问题的主要数据。结合研究主题——税收激励与中国出口产品质量升级，本章的研究既需要企业层面的生产经营信息，也需要企业层面的出口贸易信息，即需要中国工业企业数据库与海关进出口贸易数据库的匹配数据。

目前，中国工业企业数据的可获得年份为 1996～2013 年，海关进出口贸易数据的可获取时间是 2000～2016 年。然而，就中国工业企业数据而言，不少学者已对其中的 2008～2013 年（尤其是 2008 年、2009 年、2010 年）的数据质量表示出了明确的质疑，指出 2008～2013 年的数据相较于 2008 年之前的数据，存在较大的样本遗漏、指标缺失等问题（Brandt et al., 2014；李坤望和蒋为，2015；陈林，2018；季书涵和朱英明，2019；万江滔和魏下海，2020）。例如，布兰特等（2014）表明，2008 年的中国工业企业数据遗漏了 30% 的规模以上企业样本，2009 年之后的数据则在准确度、健全度方面存在一定的问题。而且，自 2011 年开始，该数据的统计口径也发生了变动，对"规模以上"企业的界定标准由原来的"年主营业务收入在 500 万元及以上"，变为"年主营业务收入在 2000 万元及以上"，致使统计数据的覆盖范围发生了较大的变动。

具体到本研究，我们详细对比了 2008 年前后研究所需的来自中国工业企业数据库的各个变量的存在情况，发现部分关键变量在 2008～2013 年的确存在缺失。比如，用以构建识别每一个企业的唯一特征编码的法人代码、企业名称、法人姓名，用以测算出口产品质量的子指标——本年应付工资总额、本年应付福利费总额、本年折旧、固定资产原价、中间投入等数据缺失，这就导致 2008～2013 年的数据不能被有效使用。有关于数据可得性的具体说明，详见附录中的附表 1。由此，为保证实证研究结果的准确性，本章将数据的使用时间跨度限定为 2000～2007 年。

综合来看，该时段数据的使用除了能够在较为可靠的数据范围下，以目前较为完善的出口产品质量测算方法（余淼杰和张睿，2017a），反映中国企业层面的出口产品质量变化情况、增强实证研究结果的准确性以外，还能够避免 2008 年金融危机带来的结构性冲击对研究结果产生干扰。

在数据处理方面，本章对 2000～2007 年中国工业企业数据和海关进出口贸易数据的处理如下：首先，依据布兰特等（2012）的做法，通过法人代码对不同年份的企业进行匹配，然后按照企业名称、法人姓名、地区代码、电话号码等信息每两年匹配，对工业企业的唯一性进行识别、对行业代码进行调整，构建可以识别每一个样本企业的唯一特征编码，避免由同一企业具有多个代码、改变企业名称、发生企业重组等问题产生的样本选择偏误，并对2002年前后国民经济行业代码的统计口径进行统一。其次，借鉴蔡和刘（Cai and Liu，2009）、芬斯特拉（2014）、余（2015）的做法对数据进行了如下筛选：（1）删除产品销售收入在500万元以下的非国有企业；（2）删除主要变量（如总资产、固定资产净值、产品销售收入和工业总产值）存在缺失、零值或负值的企业；（3）删除不符合一般会计准则的企业：流动资产大于总资产、固定资产大于总资产、固定资产净值大于总资产、存在无效建立时间（年份大于2007，月份小于1或大于12）；（4）删除法人代码缺失或不唯一的企业；（5）删除雇员人数小于8的企业；（6）删除利息支出为负的企业；（7）删除贸易额存在缺失、零值或者负值的企业；（8）删除不存在实际生产活动的贸易中间商，即企业名称中含有"进出口""经贸""贸易""科贸""外经"的企业（Ahn et al.，2011）。最后，借鉴余（2015）的方法将中国工业企业数据与海关进出口贸易数据进行匹配，一方面采用两套数据中的企业名称、年份进行匹配，另一方面，为了提高匹配度，也利用企业的邮政编码、电话号码的后七位数字进行匹配，而后对这两类结果进行合并。

此外，需要说明的是：（1）对涉及价格因素的变量，均采用布兰特等（2012）提供的CIC4分位产出或投入价格指数调整为以2000年为基期的实际值；（2）考虑到加工贸易出口中使用的全部中间品及部分资本品均来自进口，其成本水平与国内投入品相差很大，难以获得（余淼杰和张睿，2017a），本部分仅研究一般贸易出口企业；（3）出口额汇率转换方面，2000~2006年数据中，美元转化为人民币用的是来自"新浪财经——中国宏观经济数据"的当月平均美元对人民币汇率，2007年数据中，美元转化为人民币用的是来自国家统计局的人民币对美元的年平均汇率；（4）进口关税来自世界综合贸易解决方案（WITS）网站，其中，2000年的HS产品层面的关税数据不可得，我们采用中国2000年所有产品的加权平均进口关税予以代替；（5）对于海关进出口贸易数据及关税数据中存在的HS编码版本差异问题，本部分根据UNSD提供的不同HS编码版本对应表，统一将2002版HS编码、2007

版 HS 编码对应到 1996 版 HS 编码,以使各年份数据对应的 HS 编码得到协调统一。

## 5.2 全样本估计结果及分析

### 5.2.1 基准回归

本章首先基于模型(5-1)进行普通最小二乘(OLS)回归,即基准回归,以初步观察企业税负对出口产品质量的影响效果。考虑到模型中潜在的序列相关问题会造成估计偏误,我们在企业层面对回归标准误进行了聚类调整。与此同时,鉴于极端值的存在也有可能导致回归结果不准确,为严谨起见,在回归时,我们分别对企业税负和出口产品质量的分布两端进行了1%的缩尾处理。回归结果报告于表5-3。

表5-3　　　　　　　　　基准回归结果

| 变量 | (1) | (2) | (3) | (4) | (5) |
| --- | --- | --- | --- | --- | --- |
| tax | -0.275*** (-39.684) | -0.170*** (-5.182) | -0.163*** (-5.184) | -0.023* (-1.769) | -0.037*** (-2.717) |
| tfp |  |  |  | 0.547*** (132.387) | 0.439*** (88.711) |
| age |  |  |  | 0.036*** (25.268) | 0.025*** (15.801) |
| scale |  |  |  | -0.017*** (-19.015) | -0.013*** (-12.700) |
| fin |  |  |  | 0.030*** (35.116) | 0.021*** (21.798) |
| mq |  |  |  | -0.184*** (-33.626) | -0.218*** (-34.789) |
| kl |  |  |  | 0.068*** (62.225) | 0.042*** (33.223) |

续表

| 变量 | (1) | (2) | (3) | (4) | (5) |
|---|---|---|---|---|---|
| kq |  |  |  | -0.043*** <br> (-33.130) | -0.031*** <br> (-20.660) |
| subsidy |  |  |  | 0.004*** <br> (7.290) | -0.002*** <br> (-2.803) |
| HHI |  |  |  |  | -2.452*** <br> (-46.276) |
| tariff |  |  |  |  | -0.176*** <br> (-95.513) |
| 企业固定效应 | 不控制 | 控制 | 控制 | 控制 | 控制 |
| 时间固定效应 | 不控制 | 控制 | 控制 | 控制 | 控制 |
| 目的地—时间固定效应 | 不控制 | 不控制 | 控制 | 控制 | 控制 |
| 产品固定效应 | 不控制 | 不控制 | 控制 | 控制 | 控制 |
| N | 2265977 | 2256288 | 2256132 | 722226 | 507414 |
| $R^2$ | 0.011 | 0.484 | 0.592 | 0.676 | 0.685 |

注：括号中是企业层面聚类调整的 t 值，\*\*\*、\*\* 和 \* 分别表示 1%、5% 和 10% 的显著性水平。

表 5-3 中的第（1）列，仅加入了核心解释变量——企业税负 tax，未添加任何控制变量及固定效应，可以发现，企业税负对出口产品质量的回归系数显著为负。这初步显示出企业税负与出口产品质量之间存在显著负相关关系。考虑到不随时间变化的企业层面的非观测效应、随时间而变但不随企业而变的不可观测因素对回归结果产生的可能干扰，第（2）列在第（1）列的基础上加入了企业固定效应和时间固定效应，结果发现，企业税负 tax 的回归系数依然显著为负。第（3）列在第（2）列的基础上加入了目的地—时间固定效应，用以控制出口目的地价格指数和收入水平的变化，同时也加入了 HS6 位码产品固定效应，用以控制由产品本身特性而造成的产品价格和数量差异，结果表明企业税负与出口产品质量之间的关系仍然表现为显著负相关。

进一步地，第（4）列及第（5）列依次控制了反映企业自身特征、企业所处的政策环境、企业所属行业的特征以及企业所面临的外部环境情况的相应变量,结果发现,企业税负对出口产品质量的确表现出负向影响效应。第(5)列企业税负的估计系数为-0.037,通过了1%的显著性检验。这表明,平均而言,企业税负每增加1%,企业的出口产品质量会降低0.037%。相应地,企业税负每降低1%,企业的出口产品质量会提高0.037%。

概括来看,企业税负对出口产品质量表现出的显著负向影响,意味着企业税负与出口产品质量二者之间存在反向变动关系。说明随着企业税负的增加,企业的出口产品质量会降低。相应地,当企业税负降低时,企业的出口产品质量则会上升。这就说明,税收激励促进了出口产品质量的提升。结合第4章理论分析部分的命题4可以得知,这一实证检验结果实际上表明,存在税收激励时,市场中高生产率企业对出口产品质量产生的正影响高于低生产率企业对出口产品质量产生的负影响。

### 5.2.2 内生性问题的处理

上述基准回归结果表明,企业税负与出口产品质量之间存在显著的负相关关系,税收激励有助于提升出口产品质量。然而,上述分析仅采用了OLS回归,若模型中存在潜在的内生性问题,上述估计结果可能是不准确的。综合内生性问题的三个来源(测量误差、遗漏变量、双向因果关系)来看,由于本章对各个变量的测度均结合了现有文献研究,采用了最为优化的变量测度方法,因此测量误差这一潜在的内生性来源可以暂不考虑。

相比之下,在本研究中,内生性问题的可能来源主要有两个:一是遗漏变量。尽管本章在回归中综合考虑了影响出口产品质量的各项因素,以及随时间可变和不可变的非观测因素,但仍有可能存在一些难以刻画和度量的因素,比如,地区之间的制度差异、企业规模与管理成本的动态改变。二是双向因果关系。即不仅企业税负会对企业的出口产品质量产生影响,企业出口产品质量的高低也会影响企业的税负水平。这是因为企业出口产品质量的高低会通过影响企业的出口表现影响企业的经营状况,当企业的出口产品质量较高时,企业的经营状况也比较好,此时企业的税收负担能力也比较强,相对而言,企业的税负会减轻。并且，当企业出口产品质量较高时，往往也更容易得到国家税收政策的支持，享受到税收优惠。例如，为激发企业的研发创新，增强创新能力，2007年通过的《中华人民共和国企业所得税法》规定，对在国家重点扶持名单之内的高新技术企业的所得税税率给予优惠，减按15%征收。

针对这一问题，本部分构建工具变量，采用两阶段最小二乘法（2SLS）予以克服。合理有效的工具变量既要与内生解释变量相关，又要保持足够的外生性，即满足相关性和外生性原则。对此，本部分选取3个工具变量。

首先，选取CIC4分位行业—城市层面的税负平均值、CIC4分位行业层面的税负平均值，分别作为工具变量1和工具变量2。原因在于，卡德和克鲁格（Card and Krueger，1994）指出，内生性问题一般存在于个体层面，而不是地区或者行业层面，因而，地区或者行业层面的数据与企业层面的数据相比能够被视为外生性变量。除此之外，菲斯曼和斯文森（Fisman and Svensson，2007）在处理内生性问题时指出，单个企业的特征并不会直接影响某一行业或者地区层面的特征，但会影响行业或者地区层面的平均水平。换句话说，单个企业的税负对其所在行业或城市的税负平均值的影响有限，但它们之间具有良好的相关性。其次，借鉴乔杜里等（Chowdhury et al.，2014）、亢宇君和刘晓辉（2019）使用滞后解释变量作为工具变量的方法，采用企业税负的滞后一期作为工具变量3。这是由于滞后项是已经发生的变量，属于前定变量。一方面，满足了工具变量选取的相关性原则；另一方面，滞后项取值已经固定的特性保证了它与当期的扰动项不相关，很好地满足了外生性原则。

表5-4为内生性问题处理的2SLS回归结果，可以发现，在3种类型的工具变量下，企业税负对出口产品质量均表现出显著负向影响。与表5-3所示的基准回归结果相比，可以发现，2SLS与OLS的回归系数绝对值略有差异，但在回归系数的方向和显著性上并没有出现明显差别，说明在克服内生性问题之后，企业税负对出口产品质量的影响依然显著为负，这与基准回归结果是一致的。此外，由工具变量检验统计量（Kleibergen - Paap rk LM；Kleibergen - Paap rk Wald F）可以发现，工具变量拒绝识别不足与弱识别检验，这进一步说明本部分选取的工具变量是可靠的。

表5-4　　内生性问题的处理：两阶段最小二乘回归结果

| 变量 | (1) 工具变量1 | (2) 工具变量2 | (3) 工具变量3 |
| --- | --- | --- | --- |
| tax | -0.052** (-2.254) | -0.023* (-1.670) | -0.086*** (-3.746) |
| tfp | 0.439*** (88.700) | 0.439*** (88.740) | 0.424*** (69.524) |
| age | 0.025*** (15.821) | 0.024*** (15.595) | 0.024*** (11.337) |
| scale | -0.013*** (-12.207) | -0.012*** (-11.522) | -0.009*** (-6.670) |
| fin | 0.021*** (21.774) | 0.021*** (21.871) | 0.024*** (20.250) |
| mq | -0.218*** (-34.798) | -0.217*** (-34.727) | -0.242*** (-29.729) |
| kl | 0.042*** (31.800) | 0.043*** (34.098) | 0.046*** (28.849) |
| kq | -0.031*** (-19.884) | -0.032*** (-21.432) | -0.036*** (-19.217) |
| subsidy | -0.002*** (-2.811) | -0.002*** (-2.771) | -0.001 (-1.328) |
| HHI | -2.451*** (-46.270) | -2.453*** (-46.298) | -2.695*** (-36.878) |
| tariff | -0.176*** (-95.516) | -0.176*** (-95.505) | -0.165*** (-70.981) |
| Kleibergen-Paap rk LM | 1.8e+05 [0.0000] | 5.0e+05 [0.0000] | 1.8e+05 [0.0000] |
| Kleibergen-Paap rk Wald F | 2.7e+05 {16.38} | 2.9e+07 {16.38} | 4.3e+05 {16.38} |
| 企业固定效应 | 控制 | 控制 | 控制 |

续表

| 变量 | (1)<br>工具变量1 | (2)<br>工具变量2 | (3)<br>工具变量3 |
|---|---|---|---|
| 时间固定效应 | 控制 | 控制 | 控制 |
| 目的地—时间固定效应 | 控制 | 控制 | 控制 |
| 产品固定效应 | 控制 | 控制 | 控制 |
| N | 507414 | 507414 | 322429 |
| $R^2$ | 0.385 | 0.385 | 0.479 |

注：①括号中是企业层面聚类调整的 t 值，\*\*\*、\*\* 和 \* 分别表示1%、5%和10%的显著性水平。②Kleibergen – Paap rk LM 检验的零假设是工具变量识别不足，若拒绝零假设说明工具变量是合理的，Kleibergen – Paap rk Wald F 检验的零假设是工具变量为弱识别，若拒绝零假设说明工具变量是合理的。中括号内的数值为相应检验统计量的 P 值，大括号内的数值为 Stock – Yogo 检验的临界值。

### 5.2.3 稳健性检验

**1. 样本选择偏差的处理**

本书的研究重点在于税收激励与出口产品质量，显然，在研究样本中仅包含了出口企业。由此需要注意的是，非出口企业样本的删除可能会带来样本选择偏差，造成估计偏误。为此，本部分采用赫克曼（Heckman，1979）提出的赫克曼两步法进行进一步检验。第一步，估计企业参与出口决策概率（Probit）的模型，计算出逆米而斯比率（Mills ratio）统计量；第二步，将 Mills ratio 统计量纳入模型（5 – 1）中进行估计，结果见表 5 – 5 第（1）列。

表 5 – 5　　稳健性检验结果：样本选择偏差、出口退税、加入 WTO

| 变量 | (1)<br>样本选择偏差 | (2)<br>出口退税 | (3)<br>加入 WTO |
|---|---|---|---|
| tax | -0.012\*\*\*<br>(9.060) | -0.042\*\*<br>( -2.479) | -0.080\*\*\*<br>( -2.920) |
| tfp | 0.476\*\*\*<br>(82.327) | 0.473\*\*\*<br>(79.098) | 0.517\*\*\*<br>(61.000) |

续表

| 变量 | (1) 样本选择偏差 | (2) 出口退税 | (3) 加入WTO |
| --- | --- | --- | --- |
| age | -0.150*** (-15.680) | 0.018*** (9.381) | 0.022*** (6.556) |
| scale | -0.018*** (-15.178) | -0.011*** (-8.501) | -0.012*** (-6.158) |
| fin | 0.011*** (8.599) | 0.021*** (17.340) | 0.026*** (14.488) |
| mq | -0.268*** (-35.980) | -0.232*** (-27.581) | -0.183*** (-13.506) |
| kl | -0.046*** (-32.432) | 0.039*** (24.158) | 0.018*** (6.983) |
| kq | -0.025*** (-14.464) | -0.033*** (-17.289) | -0.017*** (-5.770) |
| subsidy | -0.010*** (-13.117) | 0.001 (0.270) | 0.002 (1.632) |
| HHI | -4.105*** (-38.687) | -2.405*** (-37.881) | 3.264*** (20.646) |
| tariff | -0.187*** (-84.770) | -0.213*** (-88.384) | -0.217*** (-55.811) |
| Mills ratio 统计量 | -1.110*** (-19.012) | | |
| rebate | | 0.522*** (36.329) | |
| 企业固定效应 | 控制 | 控制 | 控制 |
| 时间固定效应 | 控制 | 控制 | 控制 |
| 目的地—时间固定效应 | 控制 | 控制 | 控制 |
| 产品固定效应 | 控制 | 控制 | 控制 |
| N | 407654 | 371124 | 457336 |
| $R^2$ | 0.484 | 0.280 | 0.458 |

注：括号中是企业层面聚类调整的t值，***、**和*分别表示1%、5%和10%的显著性水平。

从中可以看出，企业税负对出口产品质量的影响系数为-0.012，在1%的显著性水平上显著。这与基准回归结果相比并无显著差异，从而证实了基准回归结果的稳健性。同时，该部分的回归结果显示，Mills ratio 统计量也通过了1%的显著性检验。这说明模型（5-1）拒绝不存在样本选择偏差的原假设，本部分进行赫克曼两步法对回归模型（5-1）进行修正是必要的。

**2. 出口退税的考虑**

众所周知，在国际贸易中，作为国际通行惯例的出口退税政策一直以来都对企业的出口活动和税负水平有直接的影响。具体地，出口退税是指，对于企业报关出口的货物，退还其在国内各生产环节和流转环节按税法规定缴纳的增值税和消费税。本章的研究以应交增值税、产品销售税金及附加、应交所得税三项之和与产品销售收入的比值反映企业的综合实际税负率，用以衡量企业税负。很明显，企业缴纳增值税的高低会影响本研究中所界定的企业税负水平，而企业所享受的出口退税额又与增值税应纳额息息相关，由此，可以猜想，企业的出口退税情况亦有可能影响企业税负与出口产品质量之间的关系。因而，为保证结果的稳健性，还需要对企业的出口退税情况加以考虑（见表5-5）。

1994年税制改革以来，中国的出口退税政策历经了多次调整。在本章考察的2000~2007年样本期内，国家对出口退税率进行过两次调整[①]。一次是2004年1月1日起，将出口退税率调整为5%、8%、11%、13%和17%五档。另一次是2005年，分期分批调低和取消了部分"高耗能、高污染、资源性"产品的出口退税率，同时适当降低了纺织品等容易引起贸易摩擦的出口退税率，提高重大技术装备、IT产品、生物医药产品的出口退税率。为避免这两次出口退税政策的调整对研究结果产生影响，本部分采取的处理方法如下：第一，删除2004年样本，这主要是囿于数据可得性，2004年出口退税率的调整难以得到量化。第二，针对2005年的出口退税调整构建政策变量 $rebate_{it}$，当企业所处行业为"高耗能、高污染、资源性"的化工、金属行业，纺织行业，或生产重大技术装备、IT产品、生物医药产品的专用设备制造、交通运输设备制造、电气机械及器材制造、通信设备计算机及其他电子设备制造、医

---

[①] 由于样本期末为2007年，考虑到政策效应的时滞性，本部分暂不考虑2007年7月1日起执行的出口退税政策调整。

药制造行业，且时间上处于 2005 年及以后时，$rebate_{it}$ 取 1，否则 $rebate_{it}$ 取 0。估计结果见表 5-5 第（2）列。可以发现，在考虑了出口退税政策的调整之后，企业税负对出口产品质量的影响仍然十分稳健。

**3. 剔除加入 WTO 的影响**

李坤望等（2014）研究指出，2001 年中国加入 WTO 以后，大批量生产低质量产品的企业进入了国际市场，拉低了中国出口产品质量的总体水平。由此，中国加入 WTO 引致的企业的市场进入行为，可能会对税收激励与出口产品质量之间的关系产生影响，进而影响到回归结果的准确性。为剔除这一潜在的影响，本部分将 2000~2002 年的样本予以删除，仅采用 2003~2007 年的样本重新进行回归。结果见表 5-5 中的第（3）列。这主要是考虑到，随着市场竞争的加剧，生产低质量产品的企业会逐渐被淘汰。

从回归结果中可以发现，在剔除加入 WTO 的影响之后，企业税负的回归系数为 -0.080，通过了 1% 的显著性检验，依然支持前文得到的税收激励促进出口产品质量的结论。但相对于表 5-3 所示的基准回归结果而言，这一回归的系数绝对值明显增大。这就说明，在剔除中国加入 WTO 引致的企业的市场进入行为的影响之后，税收激励对出口产品质量的促进作用有所增加。根据李坤望等（2014）的分析可以得知，产生这一现象的根本原因在于中国加入 WTO 以后，大批量生产低质量产品的企业进入了国际市场。同时结合第 4 章的理论分析部分可以进一步得知，相较于生产高质量产品的企业，生产低质量产品的企业会受到边际成本较高的约束，即使面临着税收激励，也往往难以克服质量升级所需的投入成本，会做出下调出口产品质量的决策。因此，在剔除掉这部分样本之后，税收激励对出口产品质量的影响得以放大。

**4. 出口产品质量的再度量**

由第 2 章中对出口产品质量测算方法的梳理和总结可知，目前，关于出口产品质量的测算方法已经有多种，如单位价值法、特定产品特征法、需求信息回归推断法（KSW 方法）、供给需求信息加总测算法，以及余淼杰和张睿（2017a）提出的全面考虑供给和需求因素且适用于微观数据的方法。相比之下，单位价值法、KSW 方法由于提出较早，在文献研究中应用得比较广泛。而本章基于测算方法完善度的考虑，在以上研究中采用了余淼杰和张睿（2017a）的做法计算企业的出口产品质量。由此，必然会引起疑问：采用不同测算方法得到的出口产品质量是否有所不同，其又是否会对前文回归得到的结论有所干扰？基于研究结果稳健性的考虑，本部分进一步对出口产品质量的度量方法进行再考量。

首先，在基准回归中，我们在测算出口产品质量时，整体的逻辑借鉴了余淼杰和张睿（2017a）的做法，但是，在计算其中所需的全要素生产率（TFP）时，区别于余淼杰和张睿（2017a）采用的 OP 法（Olley and Pakes，1996），我们依据布兰特等（Brandt et al.，2017）的做法，采用了扩展的 ACF 方法（Ackerberg et al.，2015）。为稳健起见，本部分进一步计算了以 OP 法 TFP 为基础的出口产品质量。

图 5-1 与图 5-2 分别反映了不同测度方法下 TFP 的核密度、出口产品质量的变化趋势。从中可以发现，以 ACF 法测算的全要素生产率数值高于 OP 法，同时，以 ACF 法计算全要素生产率的出口产品质量均值明显高于 OP 法，这说明 OP 法对全要素生产率的估计，以及以该方法为基础测度的出口产品质量在一定程度上存在低估的可能，但二者的整体变化趋势未出现明显偏差。表 5-6 第（1）列为以 OP 法全要素生产率为基础的出口产品质量与企业税负的回归结果。将这一结果与表 5-3 所示的基准回归相比较，可以发现，企业税负 tax 的估计系数没有出现较大波动，依然显著为负。

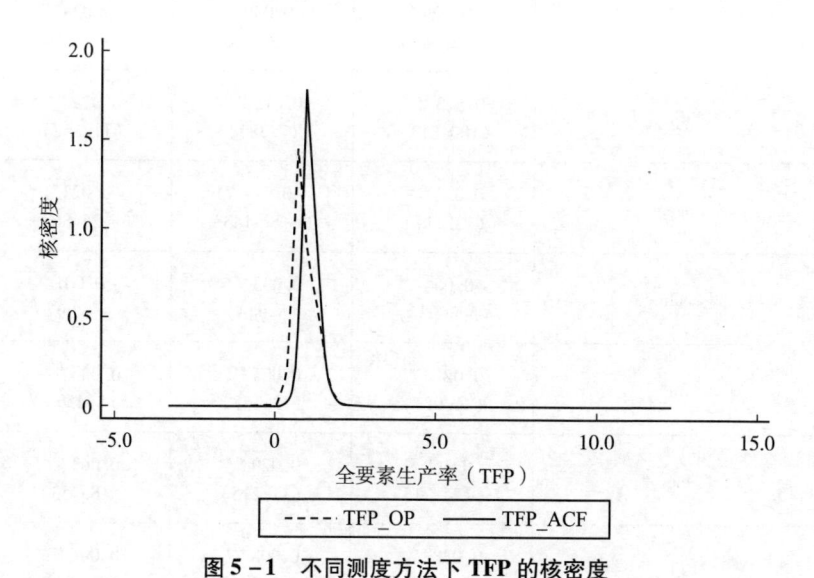

**图 5-1　不同测度方法下 TFP 的核密度**

资料来源：作者根据中国工业企业数据和海关进出口贸易数据整理计算所得。

# 税收激励与中国出口产品质量升级

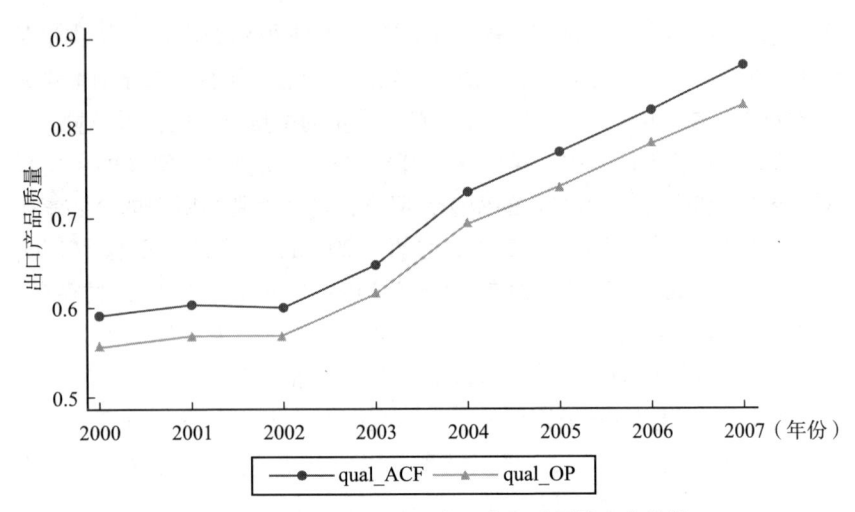

图 5-2　不同测度方法下出口产品质量的变化趋势

资料来源：作者根据中国工业企业数据和海关进出口贸易数据整理计算所得。

表 5-6　稳健性检验结果：出口产品质量的再度量

| 变量 | (1) OP 法生产率 | (2) 单位价值法 | (3) KSW 法 |
| --- | --- | --- | --- |
| tax | -0.029** <br> (-2.061) | -0.080*** <br> (-16.618) | -0.023*** <br> (-3.694) |
| tfp | 0.523*** <br> (100.813) | 0.015*** <br> (7.383) | 0.029*** <br> (11.258) |
| age | 0.022*** <br> (13.111) | -0.011*** <br> (-17.143) | -0.023*** <br> (-25.863) |
| scale | -0.004*** <br> (-3.933) | 0.003*** <br> (6.943) | -0.001* <br> (-1.897) |
| fin | 0.021*** <br> (21.081) | 0.005*** <br> (13.158) | 0.004*** <br> (8.450) |
| mq | -0.162*** <br> (-24.715) | 0.029*** <br> (11.215) | 0.063*** <br> (18.453) |
| kl | 0.038*** <br> (28.747) | 0.008*** <br> (15.006) | 0.005*** <br> (6.674) |

续表

| 变量 | (1)<br>OP法生产率 | (2)<br>单位价值法 | (3)<br>KSW法 |
|---|---|---|---|
| kq | -0.024***<br>(-15.468) | 0.007***<br>(10.794) | 0.003***<br>(4.095) |
| subsidy | -0.002***<br>(-2.953) | 0.001***<br>(3.389) | 0.002***<br>(6.736) |
| HHI | -2.392***<br>(-43.098) | -0.438***<br>(-18.716) | -0.058*<br>(-1.868) |
| tariff | -0.183***<br>(-94.468) | -0.006***<br>(-7.844) | -0.003***<br>(-3.389) |
| 企业固定效应 | 控制 | 控制 | 控制 |
| 时间固定效应 | 控制 | 控制 | 控制 |
| 目的地—时间固定效应 | 控制 | 控制 | 控制 |
| 产品固定效应 | 控制 | 控制 | 控制 |
| N | 507414 | 507414 | 507414 |
| $R^2$ | 0.386 | 0.213 | 0.191 |

注：括号中是企业层面聚类调整的 t 值，***、**和*分别表示1%、5%和10%的显著性水平。

其次，与本书第1章导论部分在描述中国出口产品质量总体情况时采用的单位价值法相呼应，本部分同样基于单位价值法，计算了"企业—目的地—产品—年份"维度的出口产品质量。回归结果见表5-6第（2）列。可以发现，企业税负 tax 的回归系数为-0.080，通过了1%的显著性检验。这表明在变更出口产品质量测算方法以后，企业税负对出口产品质量的负向影响仍然存在，税收激励对出口产品质量依然表现出显著促进作用。

最后，基于 KSW 方法（Khandelwal et al., 2013）应用的广泛性，本部分进一步采用 KSW 方法测算了"企业—目的地—产品—年份"维度的出口产品质量。回归结果见表5-6第（3）列。

该方法测算出口产品质量的基本逻辑在于，价格相等时，销量越高的产品，质量也越高。基于固定替代弹性（CES）效用函数，企业 i 在

t 年出口到目的地 j 产品 g 的数量为：

$$x_{ijgt} = q_{ijgt}^{\sigma-1} \frac{p_{ijgt}^{-\sigma}}{P_{jt}^{1-\sigma}} E_{jt} \quad (5-6)$$

其中，i 表示企业，j 表示出口目的地，g 反映了 HS6 产品类别，t 表示年份。$x_{ijgt}$ 表示企业 i 在 t 年出口到目的地 j 产品 g 的数量；$q_{ijgt}$ 表示相应出口产品的质量；$p_{ijgt}$ 为相应出口产品的单位价格；$\sigma$ 表示产品间的替代弹性；$P_{jt}$ 表示出口目的地 j 在 t 年的总价格指数；$E_{jt}$ 表示出口目的地 j 在 t 年的总支出。对式（5-6）两端同时取对数，可以得到式（5-7）所示的出口产品质量的具体估计方程：

$$\ln x_{ijgt} + \sigma \ln p_{ijgt} = \delta_g + \delta_{jt} + v_{ijgt} \quad (5-7)$$

其中，$\delta_g$ 表示产品固定效应；$\delta_{jt}$ 表示目的地—年份固定效应；$v_{ijgt}$ 代表的是残差，可表示为 $v_{ijgt} = (\sigma-1)\ln q_{ijgt}$，其内含了出口产品质量 $q_{ijgt}$。对式（5-7）进行 OLS 估计，可得到残差的估计值 $\hat{v}_{ijgt}$，继而得到"企业—目的地—产品—年份"层面的出口产品质量：

$$qual_{ijgt} = \ln \hat{q}_{ijgt} = \frac{\hat{v}_{ijgt}}{\sigma - 1} \quad (5-8)$$

值得注意的是，为避免产品价格与质量之间的内生性导致估计偏误，本部分采用布罗达等（Broda et al.，2006）提供的 HS3 层面的 $\sigma$ 值进行估计。进一步地，借鉴施炳展和邵文波（2014）的做法，本部分将式（5-8）所得的出口产品质量进行标准化，以使不同企业、不同产品之间的出口产品质量可比。标准化的质量指标为：

$$squal_{ijgt} = (qual_{ijgt} - minqual_{ijgt})/(maxqual_{ijgt} - minqual_{ijgt}) \quad (5-9)$$

其中，$minqual_{ijgt}$ 和 $maxqual_{ijgt}$ 分别为某 HS6 产品在所有年度、所有企业、所有目的地层面上的质量最小值和最大值。

表 5-6 中的第（3）列是基于 KSW 法得到的出口产品质量与企业税负的检验结果，可以发现，企业税负 tax 的回归系数为 -0.023，通过了 1% 的显著性检验。这与基准回归结果相比，除了系数的绝对值大小有所降低以外，在系数符号和显著性上并未出现明显变化。

综合比较来看，以上基于不同方法测算的出口产品质量与企业税负的实证检验结果在本质上并无显著差异，均表现为显著负相关，从而进一步证实了基准回归结果的稳健性，说明税收激励有助于提升出口产品质量。但是，就估计系数的绝对值大小来看，倘若以余淼杰和张睿（2017a）的测算方法为基准，那么，企业税负对以 KSW 方法测算的出口产品质量的影响略有低估，而对以单位价值法测算的出口产品质量的影响则有高估的可能。由此，这一检验结果进一步表明，相较于其他测算出口产品质量的方法而言，余淼杰和张睿（2017a）提出的全面考虑供给因素和需求因素且适用微观数据的出口产品质量测算方法更为完善。与此同时，这也说明，本章以该方法为基准得到的税收激励对出口产品质量的实证影响更为准确。

## 5.3 异质性检验结果及分析

第3章3.3出口产品质量的特征事实分析部分表明，中国的出口产品质量不仅在总体上有时间趋势上的变化，还因行业、目的地特征、所有制形式而异，同时，也因产品质量水平的高低、出口关系存续情况以及市场的动态变迁而呈现出不同的分布情况。这就意味着，出口产品质量在不同的样本中存在着异质性表现。并且，从第4章企业税负与出口产品质量的理论关系式中可以看出，影响出口产品质量高低的参数还包括消费者对产品质量的偏好程度、产品差异程度以及企业创新能力等。显然，在相同的税收激励水平下，这些参数的差异也将影响企业对出口产品质量的调整幅度，从而造成税收激励对出口产品质量的影响效果在不同类别的企业之间存在差别。

由此，有必要在前文全样本估计的基础上，进一步对现实经济中存在的一些干扰因素进行提取，以区分税收激励对出口产品质量产生的异质性影响，为更有针对性地把握未来税收政策的结构化制定方向提供参考。接下来，本部分就结合行业技术水平及要素密集度、目的地收入水平、企业所有制形式、产品差异性、市场竞争程度，对不同的子样本下税收激励影响出口产品质量的异质性表现予以探究。

### 5.3.1 行业技术水平及要素密集度

鉴于第3章表3-2所示的出口产品质量在不同行业中的不同表现，本部分在已有文献研究的基础上，从行业技术水平、行业要素密集度两个层面分析税收激励对出口产品质量的影响是否存在行业异质性。

**1. 行业技术水平**

詹科夫等（Djankov et al., 2010）指出，税收减免的激励效应会因企业生产技术构成的不同而产生明显差异。基于此，本部分借鉴罗伟和葛顺奇（2015）的方法，根据国家统计局2002年《高技术产业统计分类目录》中界定的高技术行业，以行业技术水平为依据，将样本划分为高技术行业和一般技术行业。回归结果见表5-7。

表5-7　　　　异质性检验结果：行业技术水平及要素密集度

| 变量 | (1) 技术水平 一般技术 | (2) 技术水平 高技术 | (3) 要素密集度 劳动密集 | (4) 要素密集度 资本及技术密集 |
|---|---|---|---|---|
| tax | -0.049*** (-3.794) | 0.020 (0.321) | -0.066*** (-3.974) | -0.036 (-1.603) |
| tfp | 0.159*** (31.784) | 0.556*** (26.043) | 0.146*** (24.213) | 0.606*** (82.211) |
| age | 0.020*** (13.202) | 0.030*** (5.112) | 0.026*** (14.315) | 0.018*** (7.059) |
| scale | -0.007*** (-7.491) | -0.069*** (-18.290) | -0.005*** (-3.534) | -0.021*** (-13.434) |
| fin | 0.012*** (13.480) | 0.051*** (12.611) | -0.007*** (-6.356) | 0.033*** (19.840) |
| mq | -0.425*** (-68.264) | -0.293*** (-12.007) | -0.400*** (-51.265) | -0.114*** (-12.016) |
| kl | 0.044*** (35.934) | 0.172*** (32.670) | 0.054*** (34.012) | 0.029*** (14.677) |
| kq | -0.047*** (-32.437) | -0.108*** (-17.810) | -0.059*** (-31.258) | -0.001 (-0.202) |
| subsidy | -0.007*** (-12.295) | 0.002 (0.986) | -0.009*** (-12.818) | 0.004*** (4.692) |
| HHI | -1.024*** (-18.113) | -1.279*** (-8.831) | -0.121 (-1.433) | -1.938*** (-25.749) |

续表

| 变量 | (1) 技术水平 一般技术 | (2) 技术水平 高技术 | (3) 要素密集度 劳动密集 | (4) 要素密集度 资本及技术密集 |
|---|---|---|---|---|
| tariff | -0.097*** (-53.045) | -0.272*** (-40.318) | 0.010*** (3.638) | -0.153*** (-53.884) |
| 企业固定效应 | 控制 | 控制 | 控制 | 控制 |
| 时间固定效应 | 控制 | 控制 | 控制 | 控制 |
| 目的地—时间固定效应 | 控制 | 控制 | 控制 | 控制 |
| 产品固定效应 | 控制 | 控制 | 控制 | 控制 |
| N | 444574 | 62840 | 166192 | 257475 |
| $R^2$ | 0.560 | 0.118 | 0.268 | 0.282 |

注：括号中是企业层面聚类调整的 t 值，***、** 和 * 分别表示1％、5％和10％的显著性水平。

从表5-7中的第（1）、第（2）列可以发现，企业税负对出口产品质量的影响在一般技术行业中的系数为 -0.049，且通过了显著性检验。相比之下，在高技术行业中，企业税负对出口产品质量并没有表现出明显影响。这说明，在一般技术行业中，企业税负的增加，不利于出口产品质量的提高，而当企业税负降低时，则能够起到提升出口产品质量的作用，说明税收激励有助于提升一般技术行业的出口产品质量。结合中国的出口结构、行业目标以及相应的产业政策来看，出现这一结果的主要原因在于，与一般技术行业相比，高技术行业往往具有特定的行业出口目标，其所出口的产品往往技术含量比较高，质量水平也比较高，同时这类行业也往往享有更多的产业扶持和政策优待。例如，为激发企业的研发创新，增强创新能力，2007年通过的《中华人民共和国企业所得税法》规定，对在国家重点扶持名单之内的高新技术企业的所得税税率给予优惠，减按15％征收。这就导致，相比于一般技术行业，高技术行业出口产品质量对税负的反应并不强烈。

**2. 行业要素密集度**

对于行业要素密集度的界定标准，本部分借鉴谢建国（2003）的方法，将全样本划分为劳动密集型行业、资本及技术密集型行业。其中，劳动密集型行业为：食品制造及烟草加工业，纺织业，服装皮革羽绒及其制品业，木材加工及家具制造业。资本及技术密集型行业为：造纸印刷及文教用品制造业，石油加工、炼焦及核燃料加工业，非金属矿物制品业，金属冶炼及压延加工，金属制品业，化学工业，通用、专用设备制造业，交通运输设备制造业，电气、机械及器材制造业，通信、计算机及其他电子设备制造业，仪器仪表及文化办公用机械制造业，其他制造业。结果报告在表5-7中的第（3）列和第（4）列。

从表5-7第（3）、第（4）列中可以看出，企业税负对出口产品质量的影响在不同要素密集度行业分类下表现出了明显的不同。具体而言，在劳动密集型行业中，企业税负对出口产品质量的影响系数为-0.066，通过了1%的显著性检验。然而，在资本及技术密集型行业中，企业税负对出口产品质量的回归系数虽然同样为负，却没有通过显著性检验。这表明，前文基准回归结果中得到的税收激励有助于提升出口产品质量的结论仅在劳动密集型行业中存在，在资本及技术密集型行业中不存在，意味着税收激励对出口产品质量的影响因行业要素密集度不同而有所差异。

出现这一结果的主要原因是，长期以来，中国劳动密集型行业的出口竞争力主要来源于劳动力的低成本优势，其所具有的资本与技术优势并不明显，这就导致该行业出口产品质量一直处于较低水平。当企业面临的税负得以减轻即存在税收激励时，劳动密集型行业的企业技术更新改造活动得以激励，从而使该类行业的出口产品质量得到提升。相比之下，资本及技术密集型行业较高的研发能力及技术水平限定了出口产品质量的调整空间，导致其对企业税负的反应并不敏感。刘铠豪和王雪芳（2020）基于世界银行中国企业调查数据的研究得到了类似的结论，他们发现，劳动密集型行业与轻工业产品组的重合比例较高，而资本密集型行业与重工业产品组的重合比例较高，在税收负担影响企业出口行为方面，相比于资本密集型行业，税收负担对劳动密集型行业的影响更大。

### 5.3.2　目的地收入水平

就出口产品质量的影响因素来看，在需求层面上，出口产品质量的高低会受出口目的地收入水平、消费者对产品质量偏好程度等因素的影响。现有研究也证实了这一点，例如，哈拉克（2006）、芬斯特拉和罗迈尔（2014）、余淼杰和张睿（2017a）均在研究中指出，一国的出口产品质量水平与其出口目的地收入之间存在一定的正向关联。

基于此，为明晰企业税负对出口产品质量的影响是否因出口目的地的收入水平而异，本部分以来自"新浪财经——全球宏观经济数据"的各国人均国民总收入（人均 GNI）表示各出口目的地的收入水平，并依据人均 GNI 的中位数，将本研究涉及样本进行划分：一类是高收入水平目的地；另一类是低收入水平目的地。具体地，若出口目的地的人均 GNI 大于相应年份的中位数，则将其定义为高收入水平目的地，否则，将其定义为低收入水平目的地。不同收入水平的目的地中，企业税负对出口产品质量的影响效应报告于表 5-8。

表 5-8　　　　　　异质性检验结果：目的地收入水平

| 变量 | （1）低收入水平目的地 | （2）高收入水平目的地 |
| --- | --- | --- |
| tax | -0.014<br>(-0.642) | -0.087***<br>(-5.006) |
| tfp | 0.472***<br>(55.326) | 0.345***<br>(30.625) |
| age | 0.020***<br>(7.923) | 0.031***<br>(15.335) |
| scale | -0.002<br>(-1.247) | -0.024***<br>(-17.330) |
| fin | 0.021***<br>(14.915) | 0.020***<br>(15.730) |
| mq | -0.189***<br>(-23.820) | -0.277***<br>(-23.234) |
| kl | 0.060***<br>(31.762) | 0.018***<br>(10.207) |

续表

| 变量 | (1) 低收入水平目的地 | (2) 高收入水平目的地 |
| --- | --- | --- |
| kq | -0.056*** (-25.084) | -0.003 (-1.255) |
| subsidy | -0.002*** (-2.632) | -0.002** (-2.356) |
| HHI | -3.719*** (-42.477) | -1.370*** (-20.765) |
| tariff | -0.243*** (-85.922) | -0.114*** (-47.257) |
| 企业固定效应 | 控制 | 控制 |
| 时间固定效应 | 控制 | 控制 |
| 目的地—时间固定效应 | 控制 | 控制 |
| 产品固定效应 | 控制 | 控制 |
| N | 241812 | 265602 |
| $R^2$ | 0.164 | 0.229 |

注：括号中是企业层面聚类调整的 t 值，***、**和*分别表示1%、5%和10%的显著性水平。

由表5-8可以得知，相较于低收入水平目的地，企业税负对出口到高收入水平目的地的出口产品质量有显著负向影响。这意味着在高收入水平目的地中，企业税负的增加不利于出口产品质量的提高，而企业税负的降低则有助于提升出口产品质量。说明当出口企业面对税收激励时，此时如果企业的出口目的地为高收入水平的目的地，那么，与低收入水平的目的地相比，面对高收入水平的目的地时，企业更有可能提升出口产品质量。这是因为面对高收入水平目的地对高质量产品的需求偏好压力，企业税负的减轻使得企业更有动力也更有机会进行创新投入，以提升出口产品质量。相比之下，出口至低收入水平目的地的企业的质量提升动机则有所减弱。

## 5.3.3 企业所有制形式

为了明确企业所有制形式是否会影响企业税负对出口产品质量的作用效果，本部分按照布兰特等（2017）的做法，以企业登记注册类型和实收资本为依据，将全样本划分为国有企业、非国有企业进行检验，同时也对外资企业与民营企业样本中企业税负对出口产品质量的影响效应加以区分。具体的回归结果见表5-9。

表5-9　　　　异质性检验结果：企业所有制形式

| 变量 | (1) 国有企业 | (2) 非国有企业 | (3) 外资企业 | (4) 民营企业 | (5) 外资、民营 |
|---|---|---|---|---|---|
| tax | -0.007<br>(-0.530) | -0.445***<br>(-5.344) | -0.062**<br>(-2.431) | -0.173***<br>(-7.540) | -0.092***<br>(-3.958) |
| tax×type | | | | | -0.099***<br>(-3.086) |
| type | | | | | 0.012***<br>(4.630) |
| tfp | 0.411***<br>(80.693) | 0.567***<br>(28.109) | 0.375***<br>(44.140) | 0.351***<br>(38.793) | 0.368***<br>(59.286) |
| age | 0.023***<br>(13.100) | 0.056***<br>(13.705) | 0.003<br>(0.958) | 0.016***<br>(5.256) | 0.008***<br>(3.665) |
| scale | 0.001<br>(0.578) | -0.083***<br>(-24.446) | 0.019***<br>(10.562) | -0.016***<br>(-8.026) | 0.001<br>(1.032) |
| fin | 0.015***<br>(15.282) | 0.081***<br>(18.104) | -0.003*<br>(-1.881) | 0.004**<br>(2.160) | 0.001<br>(0.268) |
| mq | -0.259***<br>(-39.251) | -0.055**<br>(-2.486) | -0.266***<br>(-23.667) | -0.335***<br>(-26.668) | -0.299***<br>(-35.431) |
| kl | 0.058***<br>(43.562) | -0.058***<br>(-12.847) | 0.058***<br>(25.393) | 0.002<br>(0.802) | 0.031***<br>(17.845) |

续表

| 变量 | (1)<br>国有企业 | (2)<br>非国有企业 | (3)<br>外资企业 | (4)<br>民营企业 | (5)<br>外资、民营 |
|---|---|---|---|---|---|
| kq | -0.044***<br>(-28.092) | 0.046***<br>(9.286) | -0.039***<br>(-14.337) | 0.007**<br>(2.524) | -0.014***<br>(-7.050) |
| subsidy | -0.005***<br>(-8.304) | 0.027***<br>(13.685) | -0.010***<br>(-9.910) | 0.013***<br>(11.407) | 0.001<br>(1.143) |
| HHI | -2.701***<br>(-44.890) | -1.727***<br>(-14.225) | -2.590***<br>(-22.774) | -1.950***<br>(-16.503) | 2.281***<br>(27.775) |
| tariff | -0.167***<br>(-85.904) | -0.253***<br>(-43.102) | -0.115***<br>(-34.339) | -0.175***<br>(-52.754) | -0.150***<br>(-63.751) |
| 企业固定效应 | 控制 | 控制 | 控制 | 控制 | 控制 |
| 时间固定效应 | 控制 | 控制 | 控制 | 控制 | 控制 |
| 目的地—时间固定效应 | 控制 | 控制 | 控制 | 控制 | 控制 |
| 产品固定效应 | 控制 | 控制 | 控制 | 控制 | 控制 |
| N | 49588 | 457826 | 137584 | 145607 | 283191 |
| $R^2$ | 0.108 | 0.186 | 0.173 | 0.266 | 0.367 |

注：括号中是企业层面聚类调整的 t 值，\*\*\*、\*\* 和 \* 分别表示 1%、5% 和 10% 的显著性水平。

**1. 国有企业与非国有企业**

从表 5-9 第（1）、第（2）列所示的回归结果中可以看出，在国有企业中，企业税负对出口产品质量的影响没有通过显著性检验，而在非国有企业中，企业税负对出口产品质量的影响通过了 1% 的显著性检验，估计系数为 -0.445。这一估计结果表明，与国有企业相比，企业税负对非国有企业的影响更为明显。在非国有企业中，企业税负与出口产品质量表现出了显著的负相关关系，说明企业税负的降低主要是促进了非国有企业出口产品质量的提高，即在非国有企业中，税收激励能够起到提升出口产品质量的作用。

其根本原因是公有产权属性导致国有企业中存在生产效率与创新效率的双重损失（吴延兵，2012），这使国有企业在面对税负降低时，创新效率很难得到有效提升，从而导致出口产品质量无法得到提升。与此同时，国有企业雄厚的资金和技术力量，也在一定程度上削弱了其对企业税负的敏感程度。相比之下，非国有企业由于资金和技术保障较为缺乏，出口产品质量的提升空间往往更大一些，这就导致非国有企业在面对税负变化时会做出更大的反应。比如，在非国有企业面临税收激励时，税负的减轻会提高其创新意愿，使其更容易进行研发创新等活动、增加创新投入，这无疑有助于提升出口产品的质量水平。

**2. 外资企业与民营企业**

表5-9中的第（3）、第（4）列分别反映了企业税负对外资企业和民营企业出口产品质量的影响。从回归结果中可以看出，企业税负对出口产品质量的影响程度在外资企业和民营企业之间存在着一定的差异。在外资企业和民营企业中，企业税负对出口产品质量的影响均通过了显著性检验，但显著性水平和回归系数的大小略有差异。

具体而言，在外资企业中，企业税负对出口产品质量的影响为-0.062，通过了5%的显著性检验，而在民营企业中，企业税负对出口产品质量的影响为-0.173，通过了1%的显著性检验。那么，这是否说明企业税负对外资企业和民营企业出口产品质量的影响存在显著差异？

借助于交互项回归的方法，我们在表5-9的第（5）列中加入了表示企业类型的虚拟变量 type 与企业税负 tax 的交互项进行进一步检验，以比较企业税负对出口产品质量的影响在外资企业与民营企业中是否存在显著差异。其中，关于 type 的界定如下：若企业为民营企业，type 取1；若企业为外资企业，则 type 取0。结果显示，交互项系数显著为负，这说明面对企业税负的变化，民营企业的出口产品质量反应更强烈，即相对而言，企业税负对民营企业出口产品质量的影响程度更大一些。这主要是由于不同类型企业的税负水平和出口情况不同，且不同类型的企业面临着不同的政策环境和发展形势。因此，企业税负对出口产品质量的影响在不同类型的企业之间必然会存在着差异。与此同时，结合前文第3章中出口产品质量的特征事实描述，可以得知，相较于外资企业，民营企业较低的出口产品质量水平也会使其具有更大的质量调整空间和质量上升幅度。

### 5.3.4 产品差异性

樊等（2015）指出，与同质产品相比，差异化产品的质量调整幅度往往更大。这主要是由于，产品质量的调整范围会受产品性质的影响。同质产品由于质量调整空间有限，其在面对外在环境改变时，一般会存在质量调整的刚性。相比之下，差异化产品的质量变化则更大。

有鉴于此，本部分参考唐和张（Tang and Zhang, 2012）、侯欣裕等（2020）的做法，从产品差异性的角度对企业税负影响出口产品质量的异质性加以考虑。其中，产品差异性以产品质量的方差衡量。具体地，我们以 HS6—年份层面上产品的方差中位数为基准，区分出差异化产品和同质产品：将高于方差中位数的产品定义为差异化产品，低于或等于中位数的产品界定为同质产品。估计结果报告于表 5–10 中的第（1）、第（2）列。从中可以发现，企业税负对差异化产品的质量影响显著为负，但其对同质产品的质量影响不显著。这表明，当企业税负增加时，差异化产品的质量水平会下降，而当企业税负减轻时，差异化产品的质量水平会增加。原因正如以上分析所言，相较于同质产品，差异化产品具有更大的质量调整空间。因此，与同质产品相比，差异化产品对企业税负的反应更为敏感。

表 5–10　异质性检验结果：产品差异性、市场竞争程度

| 变量 | (1) 差异化产品 | (2) 同质产品 | (3) 低竞争程度 | (4) 高竞争程度 |
| --- | --- | --- | --- | --- |
| tax | -0.017*** (2.707) | -0.023 (-1.247) | -0.017 (-0.770) | -0.019*** (-12.254) |
| tfp | 0.157*** (63.769) | 0.108*** (16.650) | 0.643*** (91.404) | 0.261*** (35.665) |
| age | -0.004*** (-5.026) | 0.027*** (12.955) | 0.032*** (13.190) | 0.014*** (7.268) |
| scale | 0.007*** (13.600) | -0.002 (-1.559) | 0.224*** (14.604) | -0.001 (-1.040) |
| fin | -0.002*** (-3.888) | 0.016*** (12.836) | 0.025*** (16.825) | 0.008*** (6.900) |
| mq | -0.059*** (-16.994) | -0.177*** (-23.345) | -0.072*** (-7.860) | -0.357*** (-41.909) |

续表

| 变量 | (1)<br>差异化产品 | (2)<br>同质产品 | (3)<br>低竞争程度 | (4)<br>高竞争程度 |
| --- | --- | --- | --- | --- |
| kl | 0.014 ***<br>(22.676) | 0.075 ***<br>(43.411) | 0.010 ***<br>(5.192) | 0.065 ***<br>(38.033) |
| kq | -0.014 ***<br>(-19.244) | -0.052 ***<br>(-25.846) | -0.471 ***<br>(28.249) | -0.052 ***<br>(-25.175) |
| subsidy | -0.004 ***<br>(-12.617) | 0.002 ***<br>(3.194) | -0.002 **<br>(-2.127) | -0.003 ***<br>(-3.648) |
| HHI | -0.753 ***<br>(-28.544) | -3.202 ***<br>(-47.155) | -1.676 ***<br>(-26.826) | -61.240 ***<br>(-53.784) |
| tariff | 0.019 ***<br>(20.819) | -0.268 ***<br>(-109.513) | -0.151 ***<br>(-55.052) | -0.139 ***<br>(-55.953) |
| 企业固定效应 | 控制 | 控制 | 控制 | 控制 |
| 时间固定效应 | 控制 | 控制 | 控制 | 控制 |
| 目的地—时间固定效应 | 控制 | 控制 | 控制 | 控制 |
| 产品固定效应 | 控制 | 控制 | 控制 | 控制 |
| N | 255274 | 252140 | 250878 | 256536 |
| $R^2$ | 0.347 | 0.495 | 0.384 | 0.389 |

注：括号中是企业层面聚类调整的 t 值，\*\*\*、\*\* 和 \* 分别表示 1%、5% 和 10% 的显著性水平。

### 5.3.5 市场竞争程度

特征事实分析部分表明，在样本期内，企业的出口关系存续时间存在显著不同，涵盖了新进入、退出、仅存在一年、持续存在四种不同形式的出口关系。这说明在样本期内存在着企业的进入退出情况，也反映了市场竞争下的优胜劣汰准则。从出口产品质量的动态分解上来看，出口产品质量的变化取决于两个方面：一是持续出口品种效应；二是进入/退出品种效应。其中，持续出口品种产生的贡献不仅包含品种自身的质量提升效应，也包含品种之间的市场份额再分配效应。而品种自身的质量提升效应（即品种内效应），是在位企业自身出口产品质量水平变化引致的总体出口产品质量变动，主要取决于企业的技术水平及企业自身所进行的质量升级活动。根据格里利什和雷格夫（1995）的研究，品种之间的市场份额再分配效应（即品种间效应、进入/退出品种效应）又可以合称为资源配置效应，它是市场动态变迁、优胜劣汰的结果，受市场竞争程度的影响。

可见，市场竞争在出口产品质量的变化中扮演重要角色。为此，本部分进一步区分了市场竞争程度高低在企业税负与出口产品质量关系中的作用。市场竞争程度以 CIC4 分位行业的赫芬达尔指数①表示（该指数值越低，表示行业的市场竞争程度越高，反之越低），并以各年赫芬达尔指数的中位数为划分依据，将高于中位数的行业定义为低竞争程度市场，将低于或等于中位数的行业定义为高竞争程度市场。

从表 5-10 中的第（3）、第（4）列回归结果中可以看出，企业税负对出口产品质量的影响仅在高竞争程度市场中显著。这说明相较于低竞争程度的市场，在具有高竞争程度的市场中，企业税负对出口产品质量的影响程度更大。这主要是因为，当企业税负提高时，企业利润水平的降低极大地抑制了企业的创新投入活动，导致企业难以通过产品质量的升级应对竞争。而当企业的税负减轻时，在税收激励的作用下，企业能够进行更多的研发创新活动，相比于处在低竞争程度市场的企业，处在高竞争程度市场的企业更加依赖于通过提高产品质量来应对市场份额被挤占甚至退出市场的竞争压力。与此同时，在竞争程度更高的市场中，优胜劣汰市场竞争机制得以充分发挥，此时低效率企业不得不退出市场，这将有利于改善市场的资源配置效率，进一步促进出口产品质量的提高。

## 5.4　分位数回归：企业差异化决策的检验

以上实证检验结果表明，企业税负与出口产品质量之间呈显著负相关关系，这意味着税收激励显著促进了出口产品质量的提升。然而，不

---

① 计算公式为 $\sum_{i=1}^{N}(\text{output}_{ikt} / \sum_{i=1}^{N}\text{output}_{ikt})^2$，其中，$\text{output}_{ikt}$ 表示 CIC4 分位行业 k 内企业 i 在 t 年的总产值，N 表示行业 k 内的企业数目。

得不承认,这关注的主要是税收激励对出口产品质量条件均值的影响,即税收激励提升了市场的平均出口产品质量水平。结合上一章理论分析部分的命题3可以知道,在质量升级倾向提高和临界进入成本降低的共同影响下,税收激励会使不同的企业做出不同的质量调整决策。相对而言,高生产率企业会提升出口产品质量,低生产率企业则会下调出口产品质量。由此可以得知,以上实证检验结果反映的实质上是市场中不同企业面对税收激励时所做出的差异化质量调整决策的最终净效应。显然,在这一分析过程中,企业的差异化决策现象并未直观体现出来,即命题3并未得到实证上的验证。

由于企业边际成本与生产率之间呈反向变动关系,生产较高质量出口产品的企业对应较低的边际成本即较高的生产率。因此,对于命题3,实际上可以通过分位数回归予以检验,即检验税收激励是否对生产较高质量出口产品的企业的出口产品质量产生了显著促进作用。

具体地,结合理论分析部分对企业差异化决策的阐述可以发现,在质量升级倾向和临界进入成本的共同作用下,从产品质量水平的角度来看,在税收激励发生以后,原本生产较高质量出口产品的企业的出口产品质量水平有所提高,而原本生产较低质量出口产品的企业的出口产品质量水平有所下降。而且,通过对比能够得知,在税收激励发生以后,随着企业出口产品质量差距的增大,企业对出口产品质量的调整幅度的差距也在增大。这就说明,税收激励对生产不同出口产品质量的企业的出口产品质量有不同的影响。换言之,税收激励对出口产品质量的影响效果会受企业出口产品质量分布的影响。而以上实证检验均是均值回归,无疑掩盖了不同出口产品质量水平下税收激励的差异化影响效果。因此,借助于分位数回归可以进一步刻画税收激励在不同企业中引致的差异化质量调整过程,从而在前文理论分析的基础上,对税收激励与出口产品质量之间的内在逻辑关系做出经验补充与数据支撑。

具体地,本部分借鉴科恩克(Koenker,2004)的研究,设立如下所示的固定效应分位数回归模型:

$$Q_p(\text{qual}_{ijgt} \mid \text{tax}_{it}, \alpha) = \alpha + \beta_p \text{tax}_{it} + \eta_p X + \gamma_i + \xi_t + \mu_{jt} + \lambda_g + \varepsilon_{ijgt}$$

(5-10)

其中,下标p表示出口产品质量$\text{qual}_{ijgt}$分布中的分位数,本部分重点关注如下五个分位数:10、25、50、75、90。$\beta_p$是回归过程中的重点关注对象，反映了不同出口产品质量分位数水平上企业税负对出口产品质量的回归系数。以式（5-10）中没有提及的变量与前文基准模型（5-1）中的相应变量含义一致。

表5-11中的第（1）~第（5）列分别报告了企业税负对出口产品质量的10分位、25分位、50分位、75分位以及90分位的影响。第（6）列为均值回归即OLS回归的结果。由回归结果可以发现，在10分位、25分位水平上，企业税负对出口产品质量的回归系数显著为正，且随着分位数的增加，回归系数在减小。而在50分位、75分位以及90分位水平上，企业税负对出口产品质量的回归系数显著为负，且随着分位数的增加，回归系数的绝对值在增加。第（6）列的回归结果表明，平均而言，企业税负与出口产品质量之间存在着显著的负相关关系，意味着企业税负的降低即税收激励，促进了出口产品质量的提升。

表5-11 分位数回归结果

| 变量 | （1）10分位 | （2）25分位 | （3）50分位 | （4）75分位 | （5）90分位 | （6）OLS |
|---|---|---|---|---|---|---|
| tax | 0.069***<br>(4.419) | 0.039**<br>(2.488) | -0.030**<br>(-2.160) | -0.041**<br>(-2.569) | -0.091***<br>(-4.695) | -0.037***<br>(-2.717) |
| tfp | 0.435***<br>(75.699) | 0.365***<br>(59.051) | 0.447***<br>(88.199) | 0.459***<br>(81.695) | 0.464***<br>(67.434) | 0.439***<br>(88.711) |
| age | 0.025***<br>(14.089) | 0.022***<br>(12.477) | 0.025***<br>(15.300) | 0.019***<br>(10.160) | 0.016***<br>(7.436) | 0.025***<br>(15.801) |
| scale | -0.013***<br>(-10.829) | -0.015***<br>(-12.189) | -0.011***<br>(-10.449) | -0.011***<br>(-8.949) | -0.009***<br>(-6.373) | -0.013***<br>(-12.700) |
| fin | 0.021***<br>(18.959) | 0.020***<br>(17.451) | 0.020***<br>(20.287) | 0.020***<br>(17.239) | 0.019***<br>(13.534) | 0.021***<br>(21.798) |
| mq | -0.234***<br>(-33.040) | -0.275***<br>(-37.939) | -0.203***<br>(-31.555) | -0.223***<br>(-28.213) | -0.254***<br>(-26.404) | -0.218***<br>(-34.789) |
| kl | 0.048***<br>(32.604) | 0.047***<br>(31.721) | 0.040***<br>(30.023) | 0.037***<br>(24.607) | 0.043***<br>(23.504) | 0.042***<br>(33.223) |

续表

| 变量 | (1) 10分位 | (2) 25分位 | (3) 50分位 | (4) 75分位 | (5) 90分位 | (6) OLS |
|---|---|---|---|---|---|---|
| kq | -0.032*** (-18.525) | -0.034*** (-19.195) | -0.029*** (-18.847) | -0.031*** (-17.729) | -0.033*** (-15.251) | -0.031*** (-20.660) |
| subsidy | -0.004*** (-6.236) | -0.002*** (-2.766) | -0.002*** (-3.357) | -0.001 (-0.747) | -0.004*** (-4.793) | -0.002*** (-2.803) |
| HHI | 2.320*** (39.919) | 2.415*** (43.516) | 2.702*** (46.556) | 2.176*** (36.753) | 1.935*** (28.934) | -2.452*** (-46.276) |
| tariff | -0.172*** (-82.887) | -0.158*** (-75.754) | -0.175*** (-90.947) | -0.200*** (-88.369) | -0.203*** (-74.080) | -0.176*** (-95.513) |
| 企业固定效应 | 控制 | 控制 | 控制 | 控制 | 控制 | 控制 |
| 时间固定效应 | 控制 | 控制 | 控制 | 控制 | 控制 | 控制 |
| 目的地—时间固定效应 | 控制 | 控制 | 控制 | 控制 | 控制 | 控制 |
| 产品固定效应 | 控制 | 控制 | 控制 | 控制 | 控制 | 控制 |
| N | 507414 | 507414 | 507414 | 507414 | 507414 | 507414 |
| $R^2$ | 0.483 | 0.488 | 0.485 | 0.483 | 0.486 | 0.685 |

注：括号中是企业层面聚类调整的t值，***、**和*分别表示1%、5%和10%的显著性水平。

不同分位数下回归系数的不同表明税收激励（以下均从企业税负降低即税收激励的角度分析回归结果）对出口产品质量的影响效果因企业出口产品质量水平的高低而异。对生产较低质量出口产品的企业而言（大致上对应于10分位数、25分位数的回归结果），税收激励反而会降低出口产品质量，且企业的出口产品质量水平越低，税收激励表现出的抑制作用越大。与之相对应，对生产较高质量出口产品的企业来说（大致上对应于50及以上分位数的回归结果），税收激励显著促进了出口产品质量水平的提高，且企业的出口产品质量水平越高，税收激励的促进效果越大。这意味着，税收激励对出口产品质量条件分布两端的影响大于对其中间部分的影响。但在出口产品质量条件分布的两端，税收激励的影响效果截然相反。在出口产品质量的高分位数上，税收激励显著促进了出口产品质量的提升，在低分位数上，税收激励显著抑制了出口产品质量的提升。也就是说，税收激励对出口产品质量提升产生的促进作用主要来源于生产较高质量出口产品的企业。

直观上来看，这体现了不同企业在面对税收激励时所做出的差异化的质量调整决策。结合第 4 章的理论分析部分可知，产生这一现象的原因在于，企业的出口产品质量与企业的边际成本负相关。相较于生产较高质量出口产品的企业来说，生产较低质量出口产品的那些企业具有更高的边际成本。而出口产品的质量升级需要投入一定的生产及创新成本，相较于生产较高质量出口产品的低边际成本的企业来说，生产较低质量出口产品的高边际成本的企业的成本负担较重，往往难以克服质量升级所需的投入成本。

由此，验证了理论分析部分的命题 3。说明在质量升级倾向提高和临界进入成本降低的共同影响下，税收激励的确会使不同的企业做出不同的质量调整决策。相对而言，生产较高质量出口产品的高生产率企业会提升出口产品质量，生产较低质量出口产品的低生产率企业则会下调出口产品质量。

## 5.5 本章小结

本章为税收激励与出口产品质量的实证分析部分。在理论分析部分的基础上，借助于 2000~2007 年中国工业企业数据和海关进出口贸易数据，运用计量分析方法，基于企业税负，就税收激励对出口产品质量的影响效果做出了进一步的实证检验，以期利用现实数据对理论分析部分的结论做出验证，为税收激励影响出口产品质量的实际表现提供经验支撑。

首先，基于固定效应模型，运用普通最小二乘法，就企业税负对出口产品质量的影响进行基准回归，初步观察了税收激励对出口产品质量的影响效果。其次，结合已有的文献研究，构建了企业税负的工具变量，通过运用两阶段最小二乘法处理了计量模型中潜在的内生性问题。然后，采用赫克曼两步法对样本选择偏差问题进行了修正，并从出口退税调整、中国加入 WTO、出口产品质量度量的角度，就企业税负对出口产品质量的作用进行了稳健性检验。进一步地,在全样本估计的基础上,对现实经济中存在的一些干扰因素进行提取,围绕行业技术水平及要素密集度、目的地收入水平、企业所有制形式、产品差异性、市场竞争程度,对不同的子样本下税收激励影响出口产品质量的异质性表现进行了探究。除此之外,本章还结合理论分析部分,借助于分位数回归,对税收激励下不同企业的差异化质量调整决策进行了检验,刻画了税收激励引致的差异化质量调整过程。

本章得到的研究结论如下:

(1) 企业税负与出口产品质量之间存在显著的负相关关系,说明税收激励有助于提升出口产品质量。在克服内生性问题、修正样本选择偏差、剔除出口退税调整和中国加入WTO的影响、更换出口产品质量测度方法之后,这一结论仍然成立。

(2) 税收激励对出口产品质量的影响效果存在明显的异质性。区分行业技术水平及要素密集度、目的地收入水平、企业所有制形式、产品差异性、市场竞争程度的实证检验结果表明:①相比于高技术行业,税收激励有助于提升一般技术行业的出口产品质量。②从行业要素密集度来看,税收激励有助于提升出口产品质量的结论仅在劳动密集型行业中存在。③相较于低收入水平的目的地,税收激励有助于提升企业出口到高收入水平目的地的产品质量。④就企业所有制形式而言,税收激励主要促进了非国有企业出口产品质量的提高;同时,与外资企业相比,税收激励对民营企业出口产品质量的影响程度更大。⑤与同质出口产品相比,税收激励更能够提升差异化出口产品的质量水平。⑥市场竞争在出口产品质量的变化中扮演重要角色,相较于低竞争程度的市场,在具有高竞争程度的市场中,税收激励对出口产品质量的影响程度更大。

(3) 对企业差异化决策的分位数检验结果表明,税收激励对出口产品质量条件分布两端的影响大于对其中间部分的影响。但在出口产品质量条件分布的两端,税收激励的影响效果截然相反。在出口产品质量的高分位数上,税收激励显著促进了出口产品质量的提升,在低分位数上,税收激励显著抑制了出口产品质量的提升。简言之,税收激励对出口产品质量提升产生的促进作用主要来源于生产较高质量出口产品的高生产率企业。

整体上看,税收激励有助于提升出口产品质量,且这一提升作用的主要来源是高生产率企业。但囿于行业技术水平及要素密集度、目的地收入水平、企业所有制形式、产品差异性、市场竞争程度的干扰，税收激励对出口产品质量的这一影响效果在现实中具有明显的异质性表现。

本章的研究为税收激励影响出口产品质量的实际表现提供了数据支撑，围绕现实经济中存在的干扰因素，区分了税收激励在不同子样本下对出口产品质量产生的异质性影响，为更有针对性地把握未来税收政策的结构化制定方向提供了现实依据。并且，本章的研究也为税收激励引致的不同企业的差异化质量调整决策提供了证据，对税收激励与出口产品质量之间的内在逻辑关系做出了经验补充。

# 第6章 政策评估（Ⅰ）：来自增值税转型改革的证据

第5章在第4章关于税收激励与出口产品质量理论分析的基础上，运用2000~2007年中国工业企业数据和海关进出口贸易数据，基于企业税负，从实证上检验并分析了企业税负与出口产品质量之间的关系，就税收激励对出口产品质量的影响效果做出了一般性的考察。

然而，不得不承认，采用包含增值税、所得税、产品销售税金及附加在内的企业的综合实际税负率，虽然可以在总体上对企业所承担的综合实际税收负担加以衡量，综合反映企业的税负情况，却不易于展现特定税收激励政策下出口产品质量的具体反应情况。从第3章中的图3-1、图3-2所示的税种组成及比例分布中可以看出，增值税占据中国税收收入的绝大部分，是中国税收体系中最主要的税种，相比之下，其他税种在中国税收收入中所占的比例较少。而且，从第2章涉及的未来税收政策的调整及改革方向来看，伴随着中国经济发展阶段由高速增长向高质量发展的转变，中国的税制结构也在逐步转向高质量发展阶段。其中，未来税制改革的实施重点主要在于解决以增值税为核心的减税问题（范子英和高跃光，2019）。

鉴于此，本章聚焦于增值税减税问题，以增值税转型改革政策为例，探究特定的税收激励政策对出口产品质量的影响，以期评估增值税减税在出口产品质量变动中产生的实际效果，也为未来中国税制改革及税收激励政策的设计提供来自增值税方面的经验证据。

本章其余部分的具体安排如下：6.1为政策背景概述，该节以时间为主线，对中国渐次推进的增值税转型改革政策进行细致梳理，对增值税转型改革政策的初衷及具体举措予以概括；6.2 为模型、指标与数据说明，该节以 2004 年中国东北地区增值税转型改革试点为"准自然实验"，运用双重差分法（DID），设定增值税转型改革与出口产品质量的计量模型，并对涉及的相关指标和数据进行说明；6.3 为实证检验及结果分析，该节从实证上对增值税转型改革与出口产品质量之间的因果关系予以识别和分析，并采用分组回归及三重差分法（DDD）探究影响效果的异质性表现；6.4 是进一步分析：增值税有效税率与出口产品质量的关系，该节立足于 2019 年 3 月增值税税率下调的现实背景，探究了增值税有效税率对出口产品质量的影响；6.5 为本章小结，该节是对本章内容的简要总结。

## 6.1 政策背景概述

增值税转型改革的本质在于，将原本实行的生产型增值税转变为消费型增值税。表 6-1 直观展示了生产型增值税与消费型增值税的比较情况。增值税转型改革主要的表现在于增值税税基的缩减，相比于改革之前，改革之后，企业在购入固定资产过程中支付的增值税可以给予抵扣，这实质上是给企业减税。值得注意的是，增值税征税范围中的固定资产主要是机器、机械、运输工具以及其他与生产、经营

表 6-1　　　　　生产型增值税与消费型增值税的比较

| 类型 | 特征 | 采用的国家 |
| --- | --- | --- |
| 生产型增值税 | 是指在计算增值税时，不允许将外购固定资产的价款（包括年度折旧）从商品和劳务的销售额中抵扣 | 少数几个发展中国家 |
| 消费型增值税 | 是指允许纳税人在计算增值税额时，从商品和劳务销售额中扣除当期购进的固定资产总额的一种增值税。也就是说，厂商的资本投入品不算入产品增加值，这样，从全社会的角度来看，增值税相当于只对消费品征税，其税基总值与全部消费品总值一致 | 绝大多数国家，包括欧盟、北美等发达国家 |

资料来源：作者根据中国税制改革的资料整理所得。

有关的设备、工具、器具。从政策的适用对象上来看，该政策适用于一般纳税人。简而言之，增值税转型改革政策的实行，有助于去除生产型增值税制产生的重复征税因素，减轻企业设备投资的税收负担，是一项重大的减税政策。

就政策实施的经济背景来说，增值税转型改革存在一定的现实必要性。生产型增值税是在一定的历史背景下提出的，现已不适应中国的经济形势和财政状况。具体而言，1994年推行生产型增值税时，当时正值宏观经济"软着陆"时期，生产型增值税的实行主要是基于两方面的考虑：一是保持财政收入的稳定，防止财政收入下滑；二是当时中国正处在投资膨胀、经济过热的宏观经济背景下，生产型增值税有利于财政增收，对投资膨胀、经济过热有紧缩效应。因此，出于对财政收入和投资膨胀的考虑，自1994年中国分税制改革以后，生产型增值税一直是中国税收体系的主体。然而，由于生产型增值税规定企业购置机器设备等固定资产中所含的增值税不能在进项税额中抵扣，无疑导致了重复征税，增加了企业税负，降低了企业的投资动机，阻碍了企业进行高新技术开发活动的积极性，抑制了企业的技术进步。并且，由于当时多数国家采用消费型增值税，中国实行的生产型增值税还会导致中国的出口产品不能以不含税的价格在国际市场上参与竞争，进而增加了出口产品的成本，削弱了出口产品的竞争力。而消费型增值税的税基中不包含企业购进固定资产的进项税额，特别符合增值税的税理，充分体现了税收中性原则，从而避免了重复征税，减轻了企业税负。同时，随着税收收入的快速增长，税收占财政收入的比重趋于稳定，中国财政状况的逐年好转，也为增值税转型改革提供了前提。

为此，2004年9月14日，财政部、国家税务总局正式启动改革试点，印发了《东北地区扩大增值税抵扣范围若干问题的规定》，规定自2004年7月1日起，东北地区（辽宁、吉林、黑龙江）从事装备制造业、石油化工业、冶金业、船舶制造业、汽车制造业以及农产品加工业产品生产为主的增值税一般纳税人，可以在进项税额中抵扣购买固定资产所缴纳的税额。这意味着生产型增值税转变成了消费型增值税，这一政策也被称为"增值税转型改革试点"。改革后，企业避免了重复缴税，设备投资的税收负担得以减轻。同年12月，东北地区的部分军品、高新技术产品生产企业纳入试点。值得注意的是，这一时期选择东北地区的部分行业作为试点，试行扩大增值税的抵扣范围，既是中央为振兴东北老工业基地采取的重大措施，也是为今后全国实施增值税转型改革积累经验。随后，增值税转型试点范围又在2007年和2008年进行了进一步的扩大。其中，为促进中部地区的崛起，自2007年7月1日起，增值税转型试点范围增加了中部六省26个老工业基地城市的电力业、采掘业等八大行业。自2008年7月1日起，增值税转型改革的试点范围增加了内蒙古自治区东部五个盟市的装备制造业、石油化工业等八大行业，以及四川汶川地震受灾严重地区除国家限制发展的特定行业之外的所有增值税征税范围内的行业。

此后，增值税转型改革开始步入全面推行的等待阶段。其中，2008年的金融危机对增值税转型改革产生了催化作用。当时作为中国主要出口对象的欧美，经济遭到重创，消费需求疲弱，其国内需求急剧下降直接影响了中国的出口产业，中国经济结构上的缺陷开始显现，中国宏观经济进入调整周期、经济转型压力凸显，传统产业的改造和技术升级势在必行。而且随着金融危机的深度蔓延，微观经济体的经营状况堪忧。本着统筹规划、全面协调的精神，《中华人民共和国增值税暂行条例（修订草案）》明确自2009年1月1日起在全国范围内实施增值税转型改革，这标志着增值税转型改革进入全面推行阶段。在某种意义上，这是基于国际国内经济形势变化及中国经济周期性回落的压力，为提振经济而及时做出的决定。相比于2004年、2007年、2008年的增值税转型改革试点，这一轮全面推进的增值税转型改革具有以下三点特征：一是转型改革在全国所有地区推开，取消了地区和行业的限制；二是企业新购进设备所含进项税额不再采用退税办法，而是采取规范的抵扣办法，企业购进的设备和原材料一样，按正常办法直接抵扣其进项税额；三是为了保证增值税转型改革对扩大内需的积极效用，转型改革后企业抵扣设备进项税额时不再受其是否有应交增值税增量的限制。

图6-1为增值税转型改革的进程分布，该图以时间轴的形式直观展示了中国增值税转型改革政策的渐次推进情况。表6-2为增值税转型改革政策在不同实施阶段下的地区、行业分布情况。

第6章 政策评估（Ⅰ）：来自增值税转型改革的证据

```
                    消费型
                    增值税
                                            试点阶段                    全面推行阶段
    改革前  ---→   2004年    2004年    2007年        2008年         2009年
      ↑             ↑         ↑         ↑             ↑              ↑
```

| 生产型增值税 | 7月1日起，东北地区（辽宁、吉林、黑龙江）装备制造业、石油化工业、冶金业、船舶制造业、汽车制造业以及农产品加工业纳入试点范围 | 12月，给出东北地区纳入试点范围内的军品、高新技术产品生产企业的名单 | 7月1日起，中部六省26个老工业基地城市的装备制造业、石油化工业、冶金业、汽车制造业、农产品加工业、电力业、采掘业、高新技术产业纳入试点范围 | 7月1日起，试点范围扩大到内蒙古自治区东部五个盟市的装备制造业、石油化工业、冶金业、船舶制造业、汽车制造业、高新技术产业、军品工业、农产品加工业，以及四川汶川地震受灾严重地区除国家限制发展的特定行业之外的所有增值税征税范围内的行业 | 1月1日起，在全国范围内全面推行增值税转型改革 |

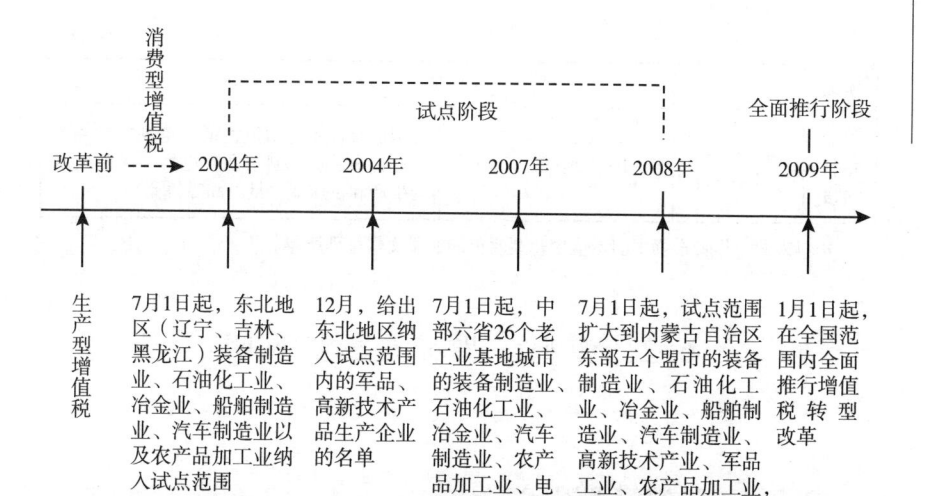

**图 6-1 增值税转型改革的进程**

资料来源：作者根据中国增值税转型改革的财税文件整理所得。

**表 6-2　　　　增值税转型改革不同实施阶段的具体情况**

| 阶段 | 时间 | 试点范围 | 行业 |
|---|---|---|---|
| 试点阶段 | 2004年7月1日起 | 东北地区：辽宁、吉林、黑龙江 | 装备制造业、石油化工业、冶金业、船舶制造业、汽车制造业、农产品加工业、军品工业、高新技术产业（8大行业） |
| | 2007年7月1日起 | 新增中部六省：山西、安徽、江西、河南、湖北、湖南 | 装备制造业、石油化工业、冶金业、汽车制造业、农产品加工业、电力业、采掘业、高新技术产业（8大行业） |
| | 2008年7月1日起 | 新增内蒙古自治区东部五个盟市：呼伦贝尔市、兴安盟、通辽市、赤峰市、锡林郭勒盟 | 装备制造业、石油化工业、冶金业、船舶制造业、汽车制造业、高新技术产业、军品工业、农产品加工业（8大行业） |
| | | 新增汶川地震受灾严重地区 | 受灾严重地区的所有行业（增值税征税范围内的采矿业，制造业，电力、燃气及水的生产和供应业，批发和零售业4大行业，但国家限制发展的特定行业除外：焦炭加工、电解铝生产、小规模钢铁生产、小火电发电） |

续表

| 阶段 | 时间 | 试点范围 | 行业 |
|---|---|---|---|
| 全面推行阶段 | 2009年1月1日起 | 全国所有地区 | 全国所有行业（增值税征税范围内的4大行业：采矿业，制造业，电力、燃气及水的生产和供应业，批发和零售业） |

资料来源：作者根据中国增值税转型改革的财税文件整理所得。

## 6.2 模型、指标与数据说明

### 6.2.1 计量模型设定

为有效识别增值税转型改革对出口产品质量的影响，本章以2004年7月1日起在中国东北地区实行的增值税转型改革试点为"准自然实验"，采用双重差分法（DID）检验增值税转型改革的政策效果。

计量模型的具体形式设定如下：

$$qual_{ijgt} = \alpha + \beta treat_i \times post_t + \eta X + \gamma_i + \xi_t + \mu_{jt} + \lambda_g + \varepsilon_{ijgt} \quad (6-1)$$

其中，i 表示企业；j 表示出口目的地；g 代表产品类别，用 HS6 位码表示；t 表示年份；α 表示常数项。被解释变量 $qual_{ijgt}$ 表示企业 i 在 t 年出口到 j 国产品类别为 g 的产品质量。交互项 $treat_i \times post_t$ 代表增值税转型改革的核心解释变量，由组别虚拟变量 $treat_i$ 与改革时期虚拟变量 $post_t$ 的乘积表示，回归系数 β 衡量了增值税转型改革前后，较之对照组，处理组出口产品质量的变化反映了增值税转型改革对出口产品质量的影响。

X 表示一组控制变量，包含企业生产率 $tfp_{it}$、企业年龄 $age_{it}$、企业规模 $scale_{it}$、融资约束 $fin_{it}$、投入产出比 $mq_{it}$、资本密集度 $kl_{it}$、资本产出比 $kq_{it}$、政府补贴 $subsidy_{it}$、国有资本份额 $stateshare_{it}$、外商资本份额 $foreshare_{it}$、出口竞争程度 $HHI_{kt}$（k 表示 CIC4 分位行业）以及中国在 HS6 产品层面上的进口关税 $tariff_{gt}$。

$\gamma_i$ 表示企业固定效应，用以控制不随时间变化的企业层面的非观测效应；$\xi_t$ 表示时间固定效应，是随时间而变但不随企业而变的不可观测因素，用以控制特定年份宏观经济环境的变化，例如，经济的周期性波动、突发事件导致的供给需求冲击、宏观经济政策的出台等；$\mu_{jt}$ 表示目的地—时间固定效应，用以控制出口目的地价格指数和收入水平的变化；$\lambda_g$ 表示 HS6 位码产品固定效应，用来控制由产品本身特性而造成的产品价格和数量差异；$\varepsilon_{ijgt}$ 表示随机扰动项。

### 6.2.2 指标度量

**1. 被解释变量**

被解释变量为出口产品质量 $qual_{ijgt}$。结合第 2 章对出口产品质量测算方法的梳理和总结可知，相较于单位价值法、特定产品特征法、需求信息回归推断法（KSW 方法）、供给需求信息加总测算法等度量出口产品质量的方法而言，目前余淼杰和张睿（2017a）提出的全面考虑供给和需求因素且基于微观数据的出口产品质量测算方法更为完善。该方法适用于微观数据，能够计算出企业—产品—目的地层面的出口产品所具有的质量水平。与前述的几种方法相比较，该方法不仅从理论上也从计算上对产品质量的测算做出了一定的贡献。理论方面，该方法借鉴芬斯特拉和罗迈尔（2014）对产品质量的理论分析逻辑，不仅考虑了需求层面影响产品质量的因素，也将供给层面影响产品质量的因素进行了考虑，从而构建了完善的理论分析架构。计算方面，该方法推导出了利用微观数据计算企业出口产品质量的具体公式。其中，不仅直观体现了不同企业在生产率方面具有的差异性，量化了企业生产率在出口产品质量中起到的重要作用，而且避免了 KSW 方法中存在的价格偏误，也使得计算的质量结果在国家层面和时间层面上具有可比性。因此，与第 3 章 3.2 中阐述的出口产品质量指标的处理方法，以及第 5 章实证分析中的出口产品质量测算方法相一致，本章主要借鉴余淼杰和张睿（2017a）提出的测算出口产品质量的方法测算企业的出口产品质量。

值得注意的是，在计算过程中，对于所需的全要素生产率（TFP）指标，余淼杰和张睿（2017a）采用了 OP 法（Olley and Pakes，1996），然而，这一计算方法假定投资和生产率之间存在严格单调关系，导致投资为 0 的观测值都被剔除，同时，在 OP 方法中也存在"函数相关性"（函数依赖性、共线性）问题。因此，为提高精确度，在计算全要素生产率时，本章依据布兰特等（2017）的研究，采用了扩展的 ACF 方法（Ackerberg et al.，2015）。当然，与余森杰和张睿（2017a）一致，在计算过程中同样考虑了中国加入 WTO 和国有企业的问题。

具体计算公式如下：

$$\ln(z_{ijgt}) = \theta_g [\ln(\kappa_{1jg}) + \ln(p^*_{ijgt}) + \ln(\varphi_{it}) - \ln(w_t)] \quad (6-2)$$

$$\kappa_{1jg} = \alpha_{jg} \theta_g (\sigma_g - 1) / [1 + \alpha_{jg} \theta_g (\sigma_g - 1)] \quad (6-3)$$

式中，$z_{ijgt}$ 表示第 t 年企业 i 销往 j 国的产品类别为 g 的产品质量。$\theta_g$ 衡量了企业在提高产品质量时所面临的边际成本递增效应大小。$\alpha_{jg}$ 反映了 j 国消费者对于产品 g 的质量偏好程度，$\sigma_g$ 为同一产品类别 g 中不同品种之间的替代弹性，$\theta_g$、$\alpha_{jg}$ 以及 $\sigma_g$ 来自芬斯特拉和罗迈尔（2014）的研究。$p^*_{ijgt}$ 表示第 t 年企业 i 销往 j 国的产品类别为 g 的离岸单价。$\varphi_{it}$ 表示第 t 年企业 i 的生产率，用全要素生产率表示。$w_t$ 表示企业 i 的投入品成本水平，包括劳动、资本和中间品投入。以此得到的出口产品质量指标在同一产品类别内跨时跨国可比。

标准化过程如下：

$$qual_{ijgt} = \ln(z_{ijgt}) - \ln(z_{10\%\_g}) \quad (6-4)$$

其中，$\ln(z_{10\%\_g})$ 表示的是产品类别 g 内总体出口产品质量的 10% 分位数。标准化后的出口产品质量指标，可以允许不同产品类别的出口产品质量进行比较和加总。

**2. 核心解释变量**

核心解释变量为增值税转型改革 $treat_i \times post_t$。根据聂辉华等（2009）的做法，$treat_i$ 为组别虚拟变量，若企业属于东北地区的改革行业，则视为处理组，$treat_i$ 取 1，否则，视为对照组，$treat_i$ 取 0；$post_t$ 为增值税转型改革的时期虚拟变量，2004 年以前 $post_t$ 等于 0，2004 年及以后 $post_t$ 等于 1。

**3. 控制变量**

为剔除出口企业自身在生产率、投入水平、资本水平及补贴收入等方面所具优势带来的样本自选择问题，本章在回归中加入了一系列控制变量。

具体地，企业生产率 $tfp_{it}$ 用全要素生产率表示，与前文测度出口产品质量时采用的全要素生产率计算方法一致。企业年龄 $age_{it}$ 用企业数据观测年份减成立年份的对数值表示。企业规模 $scale_{it}$ 用职工人数的对数表示。融资约束 $fin_{it}$ 借鉴许和连和王海成（2016）的做法，用应收账款与总资产比值的对数来衡量，该值越大，表明企业面临的融资约束程度越大。投入产出比 $mq_{it}$ 用中间投入与总产值比值的对数值表示。资本密集度 $kl_{it}$ 以固定资产净值与就业人员比值的对数值表示。资本产出比 $kq_{it}$ 用固定资产净值与总产值比值的对数值表示。政府补贴 $subsidy_{it}$ 用企业补贴收入的对数表示。

考虑到增值税转型改革试点范围内重工业居多，且多为国有企业，在此还加入了国有资本份额变量 $stateshare_{it}$，并且，考虑到 2004 年增值税转型改革规定，纳入试点范围内的外商投资企业不再适用在投资总额内购买国产设备的增值税退税政策的事实，在此也加入了外商资本份额变量 $foreshare_{it}$。其中，国有资本份额 $stateshare_{it}$ 和外商资本份额 $foreshare_{it}$ 分别用国家资本金、外商资本金占企业实收资本金比重的对数值表示。

出口竞争程度 $HHI_{kt}$ 如式（6-5）所示，用企业 i 所在 CIC4 分位行业 k 的出口市场赫芬达尔指数表示，其中，$value_{ikt}$ 表示 CIC4 分位行业 k 内企业 i 在 t 年的产品出口额，N 表示行业 k 内的企业数目，$HHI_{kt}$ 值越小，表示出口竞争程度越高，反之越低。进口关税 $tariff_{gt}$ 用中国在 HS6 产品层面上的进口关税表示。

$$HHI_{kt} = \sum_{i=1}^{N} \left( value_{ikt} \Big/ \sum_{i=1}^{N} value_{ikt} \right)^2 \quad (6-5)$$

表 6-3 为各个变量的描述性统计情况。

表 6-3　　　　　　　各变量的描述性统计情况

| 变量名称 | 变量符号 | 样本数 | 均值 | 标准差 | 最小值 | 最大值 |
| --- | --- | --- | --- | --- | --- | --- |
| 出口产品质量 | qual | 3152081 | 0.754 | 0.785 | -9.151 | 14.373 |
| 增值税转型改革 | treat × post | 3152081 | 0.019 | 0.135 | 0 | 1 |
| 企业生产率 | tfp | 3152081 | 1.101 | 0.292 | -2.947 | 12.300 |
| 企业年龄 | age | 3152081 | 2.071 | 0.691 | 0 | 5.136 |
| 企业规模 | scale | 3152081 | 5.753 | 1.226 | 2.079 | 12.145 |
| 融资约束 | fin | 3008175 | -2.043 | 1.072 | -13.165 | -0.018 |
| 投入产出比 | mq | 3152081 | -0.285 | 0.229 | -12.982 | 3.724 |

续表

| 变量名称 | 变量符号 | 样本数 | 均值 | 标准差 | 最小值 | 最大值 |
|---|---|---|---|---|---|---|
| 资本密集度 | kl | 3152081 | 3.572 | 1.300 | -6.080 | 10.078 |
| 资本产出比 | kq | 3152081 | -1.908 | 1.134 | -10.466 | 7.755 |
| 政府补贴 | subsidy | 1058354 | 5.083 | 2.015 | 0 | 13.710 |
| 国有资本份额 | stateshare | 1060586 | -0.576 | 0.772 | -8.811 | 0.042 |
| 外商资本份额 | foreshare | 1006420 | -0.480 | 0.730 | -10.967 | 1.106 |
| 出口竞争程度 | HHI | 3152081 | 0.011 | 0.028 | 0 | 1 |
| 进口关税 | tariff | 3091182 | 12.203 | 7.017 | 0 | 114 |

注：表中变量除 treat×post、HHI 与 tariff 之外，均为对数形式。

### 6.2.3 数据说明

本章所用的数据主要为 2000~2007 年中国工业企业数据和海关进出口贸易数据的匹配数据。

其中，中国工业企业数据库的统计对象为全部国有企业，以及规模以上非国有企业（规模以上指"年主营业务收入在 500 万元及以上"，2011 年该划分标准调整为"年主营业务收入在 2000 万元及以上"），是国家统计局基于企业所在地统计局的季报和年报汇总得到的统计资料，详细地记录了企业的基本情况、生产、经营及财务等方面的状况。海关进出口贸易数据来自于海关总署，该数据库提供了中国全部进出口企业的贸易往来信息，包括进出口产品种类、贸易方式、贸易量、贸易额、进口来源国、出口目的地等，是探究中国企业相关贸易问题的主要数据。结合研究主题——税收激励与中国出口产品质量升级，本章的研究既需要企业层面的生产经营信息，也需要企业层面的出口贸易信息，即需要中国工业企业数据库与海关进出口贸易数据库的匹配数据。

目前，中国工业企业数据的可获得年份为 1996~2013 年，海关进出口贸易数据的可获取时间是 2000~2016 年。然而，就中国工业企业数据而言，不少学者已对其中的 2008~2013 年（尤其是 2008 年、2009 年、2010 年）的数据质量表示出了明确的质疑，指出 2008~2013 年的数据相较于 2008 年之前的数据，存在较大的样本遗漏、指标缺失等问题（Brandt et al.，2014；李坤望和蒋为，2015；陈林，2018；季书涵和朱英明，2019；万江滔和魏下海，2020）。例如，布兰特等（2014）指出，2008年的中国工业企业数据遗漏了30%的规模以上企业样本，2009年之后的数据则在准确度、健全度方面存在一定的问题。而且，自2011年开始，该数据的统计口径也发生了变动，对"规模以上"企业的界定标准由原来的"年主营业务收入在500万元及以上"，变为"年主营业务收入在2000万元及以上"，致使统计数据的覆盖范围发生了较大的变动。

具体到本研究，我们详细对比了2008年前后，研究所需的来自中国工业企业数据库的各个变量的存在情况，发现部分关键变量在2008～2013年的确存在缺失。比如，用以构建识别每一个企业的唯一特征编码的法人代码、企业名称、法人姓名，用以测算出口产品质量的子指标——本年应付工资总额、本年应付福利费总额、本年折旧、固定资产原价、中间投入等数据缺失，这就导致2008～2013年的数据不能被有效使用。关于数据可得性的具体说明，详见附录中的附表1。由此，为保证实证研究结果的准确性，本章将数据的使用时间跨度限定为2000～2007年。

综合来看，该时段数据的使用除了能够在较为可靠的数据范围下，以目前较为完善的出口产品质量测算方法（余淼杰和张睿，2017a），反映中国企业层面的出口产品质量变化情况、增强实证研究结果的准确性以外，还能够避免2008年金融危机带来的结构性冲击对研究结果产生干扰。更为重要的是，这一时间段覆盖了2004年的增值税转型改革试点，使用这一时间段的数据，可以无须担心该政策与2004年之后的增值税转型改革试点相冲突。

在数据处理方面，本章对2000～2007年中国工业企业数据和海关进出口贸易数据的处理如下：首先，依据布兰特等（2012）的做法，通过法人代码对不同年份的企业进行匹配，然后按照企业名称、法人姓名、地区代码、电话号码等信息每两年匹配，对工业企业的唯一性进行识别、对行业代码进行调整，构建可以识别每一个样本企业的唯一特征编码，避免由同一企业具有多个代码、改变企业名称、发生企业重组等问题产生的样本选择偏误，并对2002年前后国民经济行业代码的统计口径进行统一。其次，借鉴蔡和刘（2009）、芬斯特拉（2014）、余

(2015) 的做法对数据进行了如下筛选：(1) 由于增值税转型改革仅适用于一般纳税人，本部分参照聂辉华等 (2009) 的做法，剔除了产品销售收入在 100 万元以下的企业，同时删除产品销售收入在 500 万元以下的非国有企业；(2) 删除主要变量 (如总资产、固定资产净值、产品销售收入和工业总产值) 存在缺失、零值或负值的企业；(3) 删除不符合一般会计准则的企业：流动资产大于总资产、固定资产大于总资产、固定资产净值大于总资产、存在无效建立时间 (年份大于 2007，月份小于 1 或大于 12)；(4) 删除法人代码缺失或不唯一的企业；(5) 删除雇员人数小于 8 的企业；(6) 删除利息支出为负的企业；(7) 删除贸易额存在缺失、零值或者负值的企业；(8) 删除不存在实际生产活动的贸易中间商，即企业名称中含有"进出口""经贸""贸易""科贸""外经"的企业 (Ahn et al., 2011)。最后，借鉴余 (2015) 的方法将中国工业企业数据与海关进出口贸易数据进行匹配，一方面采用两套数据中的企业名称、年份进行匹配，另一方面，为了提高匹配度，也利用企业的邮政编码、电话号码的后七位数字进行匹配，而后对这两类结果进行合并。

此外，需要说明的是：(1) 对涉及价格因素的变量，均采用布兰特等 (2012) 提供的 CIC4 分位产出或投入价格指数调整为以 2000 年为基期的实际值；(2) 考虑到加工贸易出口中使用的全部中间品及部分资本品均来自进口，其成本水平与国内投入品相差很大，难以获得 (余淼杰和张睿，2017a)，本部分仅研究一般贸易出口企业；(3) 出口额汇率转换方面，2000 ~ 2006 年数据中，美元转化为人民币用的是来自"新浪财经——中国宏观经济数据"的当月平均美元对人民币汇率，2007 年数据中，美元转化为人民币用的是来自国家统计局的人民币对美元的年平均汇率；(4) 进口关税来自 WITS 网站，其中，2000 年的 HS 产品层面的关税数据由于 WITS 网站没有提供，我们采用中国 2000 年所有产品的加权平均进口关税予以代替；(5) 对于海关进出口贸易数据及关税数据中存在的 HS 编码版本差异问题，本部分根据 UNSD 提供的不同 HS 编码版本对应表，统一将 2002 版 HS 编码、2007 版 HS 编码对应到 1996 版 HS 编码，以使各年份数据对应的 HS 编码得到协调统一。

## 6.3 实证检验及结果分析

### 6.3.1 基准回归

基于上述分析,本章首先在模型(6-1)的基础上进行基准回归,以初步考察增值税转型改革对出口产品质量的影响。考虑到模型中的随机扰动项在同一企业内可能存在序列相关问题,本部分在企业层面对回归标准误进行了聚类调整。同时,为避免极端值的影响,我们对出口产品质量数据的分布两端进行了1%的缩尾处理,回归结果见表6-4。

表6-4 基准回归结果

| 变量 | (1) | (2) | (3) | (4) | (5) | (6) |
|---|---|---|---|---|---|---|
| treat × post | 0.052 *** (2.904) | 0.051 *** (2.867) | 0.071 *** (4.204) | 0.081 * (1.656) | 0.080 * (1.671) | 0.103 ** (2.386) |
| tfp | | | | 0.664 *** (10.313) | 0.664 *** (10.335) | 0.663 *** (10.041) |
| age | | | | -0.002 (-0.103) | -0.002 (-0.100) | -0.001 (-0.043) |
| scale | | | | -0.012 (-0.536) | -0.011 (-0.525) | -0.010 (-0.467) |
| fin | | | | 0.001 (0.160) | 0.001 (0.149) | 0.004 (0.556) |
| mq | | | | 0.086 (1.321) | 0.086 (1.312) | 0.083 (1.226) |
| kl | | | | 0.005 (0.193) | 0.005 (0.201) | -0.001 (-0.032) |
| kq | | | | 0.001 (0.002) | 0.001 (0.010) | 0.005 (0.247) |

续表

| 变量 | (1) | (2) | (3) | (4) | (5) | (6) |
| --- | --- | --- | --- | --- | --- | --- |
| subsidy | | | | -0.005*<br>(-1.790) | -0.005*<br>(-1.778) | -0.006**<br>(-1.991) |
| stateshare | | | | -0.017*<br>(-1.911) | -0.017*<br>(-1.902) | -0.019**<br>(-2.023) |
| foreshare | | | | 0.002<br>(0.273) | 0.002<br>(0.268) | 0.004<br>(0.421) |
| HHI | | | | | -0.087<br>(-0.291) | -0.136<br>(-0.410) |
| tariff | | | | | | -0.001<br>(-0.551) |
| 企业固定效应 | 控制 | 控制 | 控制 | 控制 | 控制 | 控制 |
| 时间固定效应 | 控制 | 控制 | 控制 | 控制 | 控制 | 控制 |
| 目的地—时间固定效应 | 不控制 | 控制 | 控制 | 控制 | 控制 | 控制 |
| 产品固定效应 | 不控制 | 不控制 | 控制 | 控制 | 控制 | 控制 |
| N | 3141305 | 3141273 | 3141187 | 117023 | 117023 | 114256 |
| $R^2$ | 0.477 | 0.478 | 0.581 | 0.664 | 0.664 | 0.664 |

注：括号中是企业层面聚类调整的 t 值，***、**和*分别表示1%、5%和10%的显著性水平。

表6-4中的第（1）列仅控制了企业及时间固定效应，可以发现，回归系数为0.052，在1%的显著性水平上显著，说明增值税转型改革显著促进了出口产品质量的提升。其次，考虑到出口目的地价格指数和收入水平可能对回归结果产生影响，第（2）列在第（1）列的基础上加入了目的地—时间固定效应，结果显示 treat × post 的估计系数依然显著为正。同时，为避免由产品本身特性而造成的估计结果不准确，我们在第（3）列中加入了HS6位码产品固定效应，结果显示，增值税转型改革对出口产品质量仍表现为显著正向作用。

进一步地，为控制其他因素对出口产品质量产生的影响，本部分在表6-4中的第（4）列中加入了企业生产率、企业年龄、企业规模、融资约束、投入产出比、资本密集度、资本产出比以及政府补贴控制变量，以控制由企业本身特征和行为差异所带来的估计偏误。特别地，考虑到处理组内重工业居多，且多为国有企业，回归中同时加入了国有资本份额变量，并且，考虑到2004年增值税转型改革规定，纳入试点范围内的外商投资企业不再适用在投资总额内购买国产设备的增值税退税政策的事实，在此也加入了外商资本份额变量。由回归结果可以发现，在加入控制变量之后，增值税转型改革对出口产品质量的促进作用有所提升。

除此之外，考虑到出口竞争程度与进口关税自由化进程也会对出口产品质量产生影响，我们在表6-4中的第（5）列和第（6）列中依次加入了CIC4分位行业的出口竞争程度与中国在HS6产品层面上的进口关税，对企业所面临的出口市场和进口市场特征加以控制。由估计结果可以发现，所得到的treat×post的系数依然显著为正，说明增值税转型改革对出口产品质量的提升作用较为稳健。

### 6.3.2 平行趋势及安慰剂检验

**1. 平行趋势假设检验**

结合双重差分法在使用过程中的识别条件可知，采用双重差分法需要满足平行趋势（parallel trend）假设，即需要检验政策效应是否由处理组与对照组样本在政策实施之前存在的差异变动导致。

具体而言，本部分借鉴王永进和冯笑（2018）的做法，考察增值税转型改革之前和之后两组企业在出口产品质量分布上是否存在差异。考虑到2004年及其以后年份中，增值税转型改革政策的实施效果叠加到了企业出口产品质量的变化上，本部分设立增值税转型改革实施之前各年份虚拟变量与treat的交互项，将其纳入模型（6-1）进行回归，如果估计系数不显著，则表明平行趋势假设成立。检验结果报告于表6-5中。由表6-5中的第（1）、第（2）、第（3）列可以得知，treat×year2001~treat×year2003的估计系数均不显著，说明在增值税转型改革实施之前，处理组与对照组的出口产品质量分布趋势不存在差异，验证了样本满足平行趋势假设。

表 6-5　　　　　　　　　平行趋势假设检验结果

| 变量 | (1) | (2) | (3) |
| --- | --- | --- | --- |
| treat × post | 0.229*<br>(1.778) | 0.212*<br>(1.670) | 0.163*<br>(1.731) |
| treat × year2001 | 0.003<br>(0.024) | -0.011<br>(-0.107) | -0.096<br>(-1.029) |
| treat × year2002 | 0.071<br>(0.591) | 0.063<br>(0.551) | -0.001<br>(-0.007) |
| treat × year2003 | 0.149<br>(1.266) | 0.137<br>(1.149) | 0.140<br>(1.485) |
| 控制变量 | 控制 | 控制 | 控制 |
| 企业固定效应 | 控制 | 控制 | 控制 |
| 时间固定效应 | 控制 | 控制 | 控制 |
| 目的地—时间固定效应 | 不控制 | 控制 | 控制 |
| 产品固定效应 | 不控制 | 不控制 | 控制 |
| N | 114704 | 114594 | 114256 |
| $R^2$ | 0.474 | 0.480 | 0.664 |

注：括号中是企业层面聚类调整的 t 值，***、** 和 * 分别表示 1%、5% 和 10% 的显著性水平。

**2. 安慰剂检验**

首先，构建虚假的政策发生时间。分别将增值税转型改革的发生时间置换为 2001 年、2002 年、2003 年，构建新的 treat × post 进行回归，如果得到的结论与基准回归结论相类似，说明出口产品质量的提升并不是由增值税转型改革带来的，因为即使没有发生该政策的年份，仍然可以得到与基准回归一致的结论。其次，构建虚假的处理组。具体而言，本部分将与增值税转型改革地区邻近的非改革地区作为处理组，其他非改革地区作为对照组，重新对增值税转型改革与出口产品质量的关系进行估计。

从表 6-6 第 (1)~第 (3) 列所示的估计结果中可以看出，在更换政策发生时间之后，所得到的 treat × post 的估计系数均不显著，这与基准回归得到的结果不一致，说明本章基于表 6-4 得到的研究结论是有效的，增值税转型改革的确能带来出口产品质量的提升。同时，表 6-6 中的第 (4) 列显示，构建虚假的处理组再次进行回归时，交互项 treat×post 对出口产品质量的估计结果不显著，这与表6-4所示的基准回归结果也不相符，说明前文得到的估计结果是可靠的。

表6-6　　　　　　　　　安慰剂检验结果

| 变量 | （1） | （2） | （3） | （4） |
|---|---|---|---|---|
|  | 构建虚假的政策发生时间 ||| 构建虚假处理组 |
|  | 2001年 | 2002年 | 2003年 |  |
| treat×post | -0.022<br>(-0.215) | 0.065<br>(1.169) | 0.059<br>(1.002) | 0.025<br>(0.509) |
| 控制变量 | 控制 | 控制 | 控制 | 控制 |
| 企业固定效应 | 控制 | 控制 | 控制 | 控制 |
| 时间固定效应 | 控制 | 控制 | 控制 | 控制 |
| 目的地—时间固定效应 | 控制 | 控制 | 控制 | 控制 |
| 产品固定效应 | 控制 | 控制 | 控制 | 控制 |
| N | 114256 | 114256 | 114256 | 114256 |
| $R^2$ | 0.664 | 0.664 | 0.664 | 0.664 |

注：括号中是企业层面聚类调整的 t 值，***、**和*分别表示1%、5%和10%的显著性水平。

### 6.3.3　稳健性检验

为严谨起见，本部分还将结合政策设立、政策冲击、样本选择、行业特征及指标测算等方面可能存在的干扰因素，对增值税转型改革与出口产品质量的关系做进一步检验。

**1. 控制决定政策设立的因素**

虽然上述检验表明增值税转型改革政策的实施相对于处理组与对照组而言是随机的，较好地外生于经济系统，但仍无法排除一个地区在进行增值税转型改革时受到其自身经济环境的影响。在这一情况下，处理组和对照组很可能在政策实施之前就已经存在差别，从而使两组的出口产品质量出现差异。

为有效控制这一情况对回归结果的影响，本部分首先将可能影响增值税转型改革政策设立的省区因素对增值税转型改革虚拟变量 treat 进行估计,结果发现对外开放程度 open、固定资产投资 invest、实际地区生产总值 rgdp 以及专利数量 patent 对增值税转型改革政策的设立具有显著影响。其次,本部分将上述决定因素分别与增值税转型改革时期虚拟变量 post 的交互项纳入模型 (6-1) 进行回归,结果见表 6-7 中的第 (1) 列。可以发现,treat×post 的回归系数仍显著为正,这说明基准回归结果是稳健的。

表 6-7　稳健性检验结果:政策设立、政策冲击、样本选择及行业特征

| 变量 | (1) 控制决定政策设立的因素 | (2) 排除其他政策冲击 | (3) 剔除2004年样本 | (4) 剔除2005年新进入的样本 | (5) 剔除行业特征 |
|---|---|---|---|---|---|
| treat × post | 0.125*** (2.680) | 0.102** (2.369) | 0.157* (1.906) | 0.110*** (2.616) | 0.112* (1.896) |
| open × post | 0.060** (2.497) | | | | |
| invest × post | 0.012 (0.195) | | | | |
| rgdp × post | 0.039 (0.543) | | | | |
| patent × post | -0.070** (-2.125) | | | | |
| ATC × time | | -0.011 (-0.568) | | | |
| 控制变量 | 控制 | 控制 | 控制 | 控制 | 控制 |
| 企业固定效应 | 控制 | 控制 | 控制 | 控制 | 控制 |
| 时间固定效应 | 控制 | 控制 | 控制 | 控制 | 控制 |
| 目的地—时间固定效应 | 控制 | 控制 | 控制 | 控制 | 控制 |
| 产品固定效应 | 控制 | 控制 | 控制 | 控制 | 控制 |
| N | 114256 | 114256 | 94377 | 114217 | 86149 |
| $R^2$ | 0.669 | 0.664 | 0.666 | 0.664 | 0.684 |

注:括号中是企业层面聚类调整的 t 值,***、** 和 * 分别表示1%、5%和10%的显著性水平。

## 2. 排除其他政策冲击

如果在样本期内同时发生了其他与出口产品质量相关的政策冲击，回归结果的准确性也会受影响。与余森杰和张睿（2017b）类似，本部分主要剔除《纺织品与服装协定》（Agreement on Textile and Clothing, ATC）废止对出口产品质量产生的影响。该协定前身为《多种纤维协定》（Multi-Fiber Arrangement, MFA）。该协定的废止意味着，自2005年1月1日起，发展中国家向美国、加拿大、欧盟和土耳其的纺织品出口配额将取消。如果出口配额原先存在生产率错配，高生产率出口企业没有得到配额，那么，当配额移除之后，高生产率出口企业进入出口市场，可能会引起总体出口产品质量的提升（余森杰和张睿，2017b）。为排除这一政策对回归结果的影响，本部分借鉴刘和陆（2015）的做法，构建相应变量 ATC×time 进行回归。若企业所处行业为纺织与服装业，则 ATC 取1，否则取0，若企业处在 2000~2004 年，time 取0，否则取1。由表6-7中的第（2）列可知，在考虑了 ATC 废止这一冲击之后，增值税转型改革对出口产品质量的显著促进作用依然稳健。

## 3. 剔除2004年样本

由于东北地区增值税转型改革试点于2004年7月1日起开始实施，这意味着很多符合政策规定的企业来不及在当年完全调整生产和投资计划，因此，为了防止2004年样本对估计结果产生偏误，本部分剔除2004年样本之后再次回归，结果如表6-7第（3）列所示。可以看到，在剔除了2004年样本以后，交互项 treat×post 的系数为0.157，在10%的显著性水平上显著，这与基准回归结果相比并未发生本质变化。

## 4. 剔除2005年新进入的样本

2004年增值税转型改革试点仅针对东北地区的八个行业，这一情况下，就可能存在部分企业为了获得政策优惠，而在2005年迁入东北地区，从而造成样本选择问题。为消除这一担忧，本部分借鉴李坤望等（2014）采用的"三年判断标准"，在"企业—目的地—产品—时间"维度上界定样本的进入退出情况，剔除2005年新进入且属于东北地区改革行业的样本之后，再次进行回归，结果见表6-7第（4）列。可以发现，在剔除由企业自主迁移而产生的样本选择偏误之后，增值税转型改革对出口产品质量的估计系数依然显著为正，说明前文得到的增值税转型改革对出口产品质量的影响是稳健的。

### 5. 剔除行业特征

申广军等（2018）指出，2004年增值税转型试点选择装备制造业、石油化工业等八个行业，可能不是随机的，而是与行业本身的特点有关。基于此，为剔除由行业特征产生的估计偏误，我们仅保留增值税转型改革的试点行业，利用地区间的差异区分处理组与对照组。由表6-7第（5）列所示的回归结果可以发现，treat × post 的回归系数仍然显著为正，说明前文得出的增值税转型改革对出口产品质量的影响结论是有效的。

### 6. 更换出口产品质量指标

如前文所述，本章对出口产品质量中所涉及的全要素生产率（TFP）测度采用了ACF方法。为稳健起见，本部分进一步计算了以OP法全要素生产率为基础的出口产品质量。

结果发现，以ACF法测算的全要素生产率数值高于OP法，同时，基于ACF法全要素生产率得到的出口产品质量均值明显高于OP法，这说明OP法对全要素生产率的估计，以及以该方法为基础测度的出口产品质量在一定程度上存在低估的可能，但二者的整体变化趋势未出现明显偏差。表6-8是以OP法全要素生产率为基础的出口产品质量与增值税转型改革的回归结果。将这一结果与表6-4所示的基准回归相比较，

表6-8　　　　　稳健性检验结果：更换出口产品质量指标

| 变量 | （1） | （2） | （3） | （4） |
|---|---|---|---|---|
| treat × post | 0.055 *** <br> (3.038) | 0.054 *** <br> (2.990) | 0.077 *** <br> (4.416) | 0.095 ** <br> (2.201) |
| 控制变量 | 不控制 | 不控制 | 不控制 | 控制 |
| 企业固定效应 | 控制 | 控制 | 控制 | 控制 |
| 时间固定效应 | 控制 | 控制 | 控制 | 控制 |
| 目的地—时间固定效应 | 不控制 | 控制 | 控制 | 控制 |
| 产品固定效应 | 不控制 | 不控制 | 控制 | 控制 |
| N | 3141305 | 3141273 | 3141187 | 114256 |
| $R^2$ | 0.465 | 0.466 | 0.569 | 0.653 |

注：括号中是企业层面聚类调整的t值，***、**和*分别表示1%、5%和10%的显著性水平。

可以发现，交互项 treat×post 的估计系数没有出现较大波动，依然显著为正，这说明增值税转型改革对出口产品质量的影响并未因出口产品质量测度方法的不同而产生变动。

### 6.3.4 异质性分析

增值税转型改革是一项重大的减税政策。相较于改革前，改革后，企业购进的固定资产税额可以在进项税额中抵扣，企业固定资产的投资成本得以减轻。聂辉华等（2009）、王（Wang，2013）研究发现，增值税转型改革降低了企业设备投资的税收负担，激发了企业的投资意愿，能够起到增加企业固定资产投资的作用。这将有助于企业进行设备更新和技术改造，增强创新能力，推动产品的更新换代，提升出口产品的质量水平。从这一层面上来讲，在不同研发强度的企业中，必然存在着不同程度的创新投入。由此，增值税转型改革引致的税收激励可能会对不同研发强度企业的出口产品质量产生差异化影响。同时，不容忽视的是，在 2004 年增值税转型改革政策的试点对象中，重工业及国有企业居多。因此，对于增值税转型改革政策效果的探讨，也有必要从行业类型和所有制方面做出进一步检验。基于此，本部分借助于分组回归及三重差分法（DDD），着重从企业研发强度、行业要素密集度以及企业所有制形式三个维度，就增值税转型改革对出口产品质量的异质性影响进行分析。

**1. 企业研发强度**

为检验增值税转型改革对出口产品质量的影响在不同研发强度企业中是否存在差异，本部分采用企业研发投入占工业总产值的比重衡量研发强度。其中，高、低研发强度企业的划分依据为：若企业研发强度大于相应年份的中位数，则为高研发强度企业，rd 赋值为 0，否则，为低研发强度企业，rd 赋值为 1。具体而言，本部分先进行分组回归，以观察增值税转型改革对高、低研发强度企业出口产品质量的影响，然后在模型（6-1）的基础上构建交互项 treat×post×rd，采用三重差分法进一步量化增值税转型改革政策在不同研发强度企业中对出口产品质量的差异化影响，回归结果见表 6-9。

表6-9 异质性检验结果：企业研发强度

| 变量 | （1）高研发强度 | （2）低研发强度 | （3）三重差分法 |
| --- | --- | --- | --- |
| treat × post | 0.047<br>(0.323) | 0.116*<br>(1.700) | 0.326**<br>(2.391) |
| treat × post × rd |  |  | 0.092***<br>(4.223) |
| treat × rd |  |  | 0.196<br>(1.125) |
| post × rd |  |  | 0.031*<br>(1.650) |
| 控制变量 | 控制 | 控制 | 控制 |
| 企业固定效应 | 控制 | 控制 | 控制 |
| 时间固定效应 | 控制 | 控制 | 控制 |
| 目的地—时间固定效应 | 控制 | 控制 | 控制 |
| 产品固定效应 | 控制 | 控制 | 控制 |
| N | 44957 | 58320 | 103892 |
| $R^2$ | 0.713 | 0.673 | 0.672 |

注：括号中是企业层面聚类调整的 t 值，***、**和*分别表示1%、5%和10%的显著性水平。

由表6-9可以看出，在第（1）列中，treat × post 的估计系数不显著，说明增值税转型改革对高研发强度企业出口产品质量没有产生影响。相反，在第（2）列低研发强度企业的回归中，treat × post 的系数显著为正，这表明在低研发强度企业中，增值税转型改革对出口产品质量起到了显著提升作用。进一步地，在第（3）列所示的三重差分法的回归结果中，交互项 treat × post × rd 的系数显著为正，这表明相对于高研发强度企业而言，增值税转型改革在低研发强度企业中对出口产品质量的确产生了显著的正向影响。可能的原因在于，高研发强度企业具有较高的技术创新能力，创新投入也较多，这就导致其对增值税转型改革的敏感程度不强。相比之下，低研发强度企业面对增值税转型改革所带来的较低固定资产投资成本，更有动机增加投资，进行设备更新和技术改造，提高企业的资本化水平。显然，这将提高这类企业的生产率，使其能够支付生产高质量产品所需的高成本，进而提升出口产品的质量水平。

**2. 行业要素密集度**

为考察增值税转型改革对出口产品质量的作用是否受企业所处行业要素密集度的影响，本部分借鉴谢建国（2003）的方法，将全样本划分为劳动密集型行业、资本及技术密集型行业。同时，设定表示行业要素密集度的虚拟变量 inten，定义 inten 为 1 时表示劳动密集型行业，inten 为 0 时表示资本及技术密集型行业，而后进行分组回归及三重差分法回归。回归结果列于表 6-10。

表 6-10　　　　　　异质性检验结果：行业要素密集度

| 变量 | （1）劳动密集 | （2）资本及技术密集 | （3）三重差分法 |
|---|---|---|---|
| treat × post | 0.077 **<br>(2.417) | 0.126<br>(1.469) | 0.371 ***<br>(3.629) |
| treat × post × inten | | | 0.324 ***<br>(2.827) |
| treat × inten | | | 0.204 *<br>(1.777) |
| post × inten | | | -0.023<br>(-1.044) |
| 控制变量 | 控制 | 控制 | 控制 |
| 企业固定效应 | 控制 | 控制 | 控制 |
| 时间固定效应 | 控制 | 控制 | 控制 |
| 目的地—时间固定效应 | 控制 | 控制 | 控制 |
| 产品固定效应 | 控制 | 控制 | 控制 |
| N | 36189 | 58214 | 114256 |
| $R^2$ | 0.642 | 0.681 | 0.663 |

注：括号中是企业层面聚类调整的 t 值，***、**和*分别表示1%、5%和10%的显著性水平。

从表6-10中的第（1）列可以看出，在劳动密集型行业中，增值税转型改革对出口产品质量的估计系数为0.077，通过了5%的显著性检验，这表明增值税转型改革对劳动密集型行业的出口产品质量具有显著提升作用。而第（2）列的回归结果显示，在资本及技术密集型行业中，treat × post的估计系数不显著，说明增值税转型改革对这类行业的出口产品质量并没有产生明显影响。进一步地，第（3）列三重差分法的回归结果表明，交互项 treat × post × inten 的系数显著为正。这意味着，相较于资本及技术密集型行业而言，增值税转型改革在劳动密集型行业中对出口产品质量产生了显著正向影响。

出现这一结果的主要原因是，长期以来，中国劳动密集型行业的出口竞争力主要来源于劳动力的低成本优势，其所具有的资本与技术优势并不明显，这就导致该行业出口产品质量一直处于较低水平。当增值税转型改革发生时，企业面临的税负减轻、固定资产投资成本下降，这一情况下，劳动密集型行业的企业技术更新改造活动得以激励，从而出口产品质量得到提升。相比之下，资本及技术密集型行业较高的研发能力及技术水平限定了出口产品质量的调整空间，导致其对增值税转型改革的反应并不敏感。

### 3. 企业所有制形式

为分析增值税转型改革对出口产品质量的影响效果是否因企业所有制形式而有所差异，同时考虑到国有企业易于享受政策优惠及政府支持的特殊性，本部分将样本划分为国有企业和非国有企业[①]，运用分组回归法考察增值税转型改革对不同所有制企业出口产品质量的影响。与此同时，考虑到三重差分法可以精确而直接地得出增值税转型改革政策在国有企业与非国有企业中对出口产品质量产生的影响的相对差异，本部分进一步设立可以表示企业国有及非国有性质的虚拟变量 state，并令 state = 0 表示国有企业，state = 1 表示非国有企业。由此，可以得到分组回归及三重差分法的回归结果。具体的估计结果报告在表6-11中。

---

① 国有企业的界定与第3章中所有制差异与出口产品质量的特征事实分析部分采用的分类标准一致。

表 6–11　　　　　　　异质性检验结果：企业所有制形式

| 变量 | (1) 国有企业 | (2) 非国有企业 | (3) 三重差分法 |
| --- | --- | --- | --- |
| treat × post | 0.107<br>(0.395) | 0.078*<br>(1.752) | 0.374***<br>(3.987) |
| treat × post × state |  |  | 0.263**<br>(2.249) |
| treat × state |  |  | 0.018<br>(0.114) |
| post × state |  |  | 0.097<br>(1.339) |
| 控制变量 | 控制 | 控制 | 控制 |
| 企业固定效应 | 控制 | 控制 | 控制 |
| 时间固定效应 | 控制 | 控制 | 控制 |
| 目的地—时间固定效应 | 控制 | 控制 | 控制 |
| 产品固定效应 | 控制 | 控制 | 控制 |
| N | 6663 | 106977 | 114256 |
| $R^2$ | 0.760 | 0.671 | 0.663 |

注：括号中是企业层面聚类调整的 t 值，***、**和 * 分别表示 1%、5% 和 10% 的显著性水平。

由表 6–11 中的第（1）列回归结果可以看出，在国有企业的回归中，treat × post 的系数不显著，这说明增值税转型改革对国有企业出口产品质量并没有产生明显影响。而在第（2）列非国有企业的回归中，treat × post 的系数为正，且通过了显著性检验，这表明增值税转型改革能够显著提升非国有企业的出口产品质量。在第（3）列所示的三重差分法的回归中，交互项 treat × post × state 的估计系数显著为正。这表明，相对于国有企业，增值税转型改革政策对非国有企业的出口产品质量产生了显著正向影响，即促进了非国有企业出口产品的质量升级。这是因为，公有产权属性导致国有企业中存在生产效率与创新效率双重损失（吴延兵，2012），这使国有企业在面对增值税转型改革时，创新绩效不能得到有效提升，从而导致出口产品质量无法得以提升。同时，国有企业雄厚的资金和技术力量在一定程度上削弱了其对增值税转型改革的敏感程度,而非国有企业由于资金和技术保障较为缺乏,产品质量的提升空间更大,在增值税转型改革实施时,企业税负的减轻使其更容易通过研发创新等活动实现出口产品质量的提升。

## 6.4 进一步分析:增值税有效税率与出口产品质量

从增值税的征收税率角度来看,增值税税率档次过多会扭曲增值税税收中性,干扰商品价格的生成机制,造成不同行业之间的税负出现不公平现象,进而影响到资源的配置效率。陈晓光(2013)基于2000~2007年中国工业企业数据,对由增值税有效税率差别导致的全要素生产率损失进行了测算,发现全要素生产率的损失年均高达7.9%。蒋为(2016)的分析表明,增值税有效税率差异会导致中国制造业企业的生产率离散及资源误置。类似地,刘柏惠等(2019)在扩展(Hsieh and Klenow,2009)模型的基础上,对不同增值税税率的简并方案效果进行了模拟,研究结果发现增值税多档税率会导致资源误置,并且带来全要素生产率损失,相比之下,单一标准税率方案具有明显优势。

2019年3月,政府工作报告提出深化增值税改革,将制造业等行业现行16%的税率降至13%,交通运输业、建筑业等行业现行10%的税率降至9%,确保主要行业税负明显降低;保持6%一档的税率不变,但通过采取对生产、生活性服务业增加税收抵扣等配套措施,确保所有行业税负只减不增,继续向推进税率三档并两档、税制简化方向迈进。其中,16%的增值税税率档次所涉及的行业最广,覆盖了制造业、实体经济的经济领域。可以说,本次增值税税率下调的举动集中体现了中国对实体经济制造业的扶植与重视。胡海生等(2021)基于动态可计算一般均衡模型的研究表明,作为税率式优惠政策,增值税税率降低能够产生良好的整体减税效应,降低多数行业的增值税税负。刘行和叶康涛(2018)基于上市公司股价的事件研究法发现,增值税税率降低有助于提升企业的价值。那么,进一步地,结合本书的研究主题,我们不禁要问,增值税税率下调对出口产品质量的影响如何?纵观现有文献,似乎鲜有研究。基于此，区别于以上增值税转型改革的视角，本部分从增值税税率的视角出发，试图对增值税有效税率与出口产品质量之间的关系加以分析，以期为增值税税率下降的政策效果识别提供经验支撑。

具体的计量模型设定如下：

$$qual_{ijgt} = \alpha + \beta vatrate_{it} + \eta X + \gamma_i + \xi_t + \mu_{jt} + \lambda_g + \varepsilon_{ijgt} \quad (6-6)$$

其中，$vatrate_{it}$ 表示企业 i 在 t 年的增值税有效税率。对于该变量的测算，本部分采用两种算法。一方面，参照陈晓光（2013）、刘啟仁和黄建忠（2018）的方法，以企业应交增值税与工业增加值之比表示增值税有效税率，这主要是考虑到法定增值税税率是根据企业增加值核算的；另一方面，为避免增值税有效税率潜在的测量误差对回归结果产生影响，本部分还采用了第二种度量增值税有效税率的方式，即参照申广军等（2016）的做法，用应交增值税与主营业务收入的比值表示增值税有效税率。模型（6-6）中其他变量的含义与基准模型（6-1）一致。回归结果见表6-12。

表6-12　　　　增值税有效税率与出口产品质量的检验结果

| 变量 | (1) | (2) | (3) | (4) |
|---|---|---|---|---|
|  | 第一种税率方法 | | 第二种税率方法 | |
| vatrate | -0.006** <br> (-2.105) | -0.018** <br> (-1.996) | -0.051* <br> (-1.902) | -0.055** <br> (-2.064) |
| 控制变量 | 控制 | 控制 | 控制 | 控制 |
| 企业固定效应 | 控制 | 控制 | 控制 | 控制 |
| 时间固定效应 | 控制 | 控制 | 控制 | 控制 |
| 目的国—时间固定效应 | 不控制 | 控制 | 不控制 | 控制 |
| 产品固定效应 | 不控制 | 控制 | 不控制 | 控制 |
| N | 70064 | 69913 | 70087 | 69936 |
| $R^2$ | 0.124 | 0.483 | 0.124 | 0.482 |

注：括号中是企业层面聚类调整的 t 值，***、**和*分别表示1%、5%和10%的显著性水平。

具体而言，表6-12中的第（1）、第（2）列是采用第一种增值税有效税率的测算方法（应交增值税与工业增加值之比）得到的回归结果；第（3）、第（4）列，是采用第二种增值税有效税率的测算方法（应交增值税与主营业务收入的比值）得到的回归结果。可以发现，在两种税率测算方法下，增值税有效税率与出口产品质量的关系均表现为显著负相关。这说明，增值税有效税率的增加将不利于出口产品质量的提高。相比之下，这意味着增值税有效税率的降低则有助于提升出口产品质量。其中，以应交增值税与工业增加值之比得到的增值税有效税率与出口产品质量的关系表现为：增值税有效税率每降低1%，出口产品质量可以增加0.018%；以应交增值税与主营业务收入比值衡量的增值税有效税率对出口产品质量的影响为：增值税有效税率每降低1%，出口产品质量可以增加0.055%。

## 6.5 本章小结

本章基于增值税为中国税收体系主体税种的现实背景，同时，结合未来税收政策的调整及改革方向，将研究内容聚焦于增值税减税效应，以增值税转型改革政策为例，评估了特定的税收激励政策对出口产品质量的影响效果。其中，首先，以时间为主线，对中国渐次推进的增值税转型改革政策进行了细致梳理，概括了增值税转型改革政策的初衷及具体举措。其次，运用双重差分法（DID）、三重差分法（DDD），对增值税转型改革与出口产品质量之间的因果关系进行了识别和分析，明晰了增值税转型改革对出口产品质量的影响效果。并且，在此基础上，还结合增值税税率简并、税制简化的方向，立足于2019年3月增值税税率下调的政策背景，探究了增值税有效税率对出口产品质量的影响。

具体地，本章的研究结果表明：

（1）增值税转型改革显著促进了出口产品质量的提升。在剔除政策设立、政策冲击、样本选择、行业特征及指标测算等因素干扰之后，结论依然成立。

（2）增值税转型改革的政策效果具有明显的异质性特征。具体表现为低研发强度企业、处于劳动密集型行业的企业及非国有企业出口产品质量的提升更明显。

（3）增值税有效税率与出口产品质量之间存在显著负相关关系，

## 第 6 章　政策评估（Ⅰ）：来自增值税转型改革的证据

这意味着增值税有效税率的降低有助于提升出口产品质量。平均而言，以应交增值税与工业增加值之比得到的增值税有效税率与出口产品质量的关系表现为：增值税有效税率每降低 1%，出口产品质量可以增加 0.018%；以应交增值税与主营业务收入比值衡量的增值税有效税率对出口产品质量的影响为：增值税有效税率每降低 1%，出口产品质量可以增加 0.055%。

总体上，本章的研究以增值税转型改革政策为例，评估了以增值税减税为核心的税收激励政策对出口产品质量的影响效果，这不仅有助于评估税收激励政策的有效性，还可以为未来中国税制改革及税收激励政策的设计提供来自增值税方面的经验证据。

# 第7章 政策评估（Ⅱ）：来自固定资产加速折旧的证据

在第6章中，我们以增值税转型改革政策为例，基于2000~2007年中国工业企业和海关进出口贸易数据，运用双重差分法（DID）及三重差分法（DDD），就税收激励政策对出口产品质量的影响效果进行了较为全面的评估。结合第3章图3-1、图3-2所示的中国税收结构分布图可以发现，在中国的税收结构分布中，除增值税以外，企业所得税也不容忽视。从各税种对中国税收收入的贡献上来看，增值税对中国税收收入的贡献最大，企业所得税次之。可以说，增值税与企业所得税二者共同构成了中国税收收入的主体，增值税及企业所得税是中国税收体系中的主体税种。

第6章我们立足于增值税的视角探究了以增值税转型改革政策为例的税收激励对出口产品质量的影响，得到了增值税转型改革有利于出口产品质量升级的结论。然而，正如以上分析所言，除增值税以外，企业所得税也是中国税收体系中的主体税种。由此，不得不思考，是否存在以所得税为核心的税收激励政策？如果存在，其对出口产品质量是否产生了与增值税转型改革政策相类似的影响效果？回答这一问题，将有助于从所得税的视角为减轻企业税负、激发市场活力、推进经济的高质量发展提供政策思路。与此同时，从增值税、企业所得税的本质特征（类别）上来看，增值税属于间接税，而企业所得税属于直接税。直接税与间接税的主要区别在于税负能否转嫁。其中，直接税是指税负不能转嫁，而由纳税人直接负担的税收。间接税是指纳税人能将税负转嫁给他人负担的税收。本章基于所得税视角的税收激励政策研究还将为后续考察各类税收激励政策调控效果的差异奠定基础。

为此，在本章中，出于企业所得税也是中国税收体系主体税种的考量，我们进一步从所得税减税的视角出发，以固定资产加速折旧政策为例，探究以所得税为核心的税收激励与出口产品质量的关系。

具体而言，本章的内容共包含五节。其中，7.1为政策背景概述，该节对固定资产加速折旧政策的内涵、目标导向、相关规定以及实施进程等方面进行了较为全面的归纳；7.2为研究设计，该节首先对研究样本的筛选情况、所用数据的处理及来源情况予以说明，然后基于双重差分法（DID），构建了固定资产加速折旧政策与出口产品质量的计量模型，并就相关的变量进行定义、对双重差分模型的基本假定——平行趋势做初步检验；7.3为实证检验及结果分析，该部分从基准回归、识别条件检验、稳健性检验等多个维度下对计量回归结果进行展示、分析；7.4为异质性检验及分析；7.5为本章小结，该节是对本章内容的归纳、概括。

## 7.1 政策背景概述

所谓的"固定资产加速折旧"，是指对企业所拥有的固定资产采取缩短折旧年限或者采取加速折旧的方法进行折旧。在企业资产当中，占比较大的当属固定资产，当年计提固定资产折旧的多少对企业应缴纳的税费具有非常重要的影响，固定资产折旧的计提数越少，企业当期承担的税费负担就会越重。这是因为《中华人民共和国企业所得税法》规定，企业可在计算应纳税所得额时扣除为取得收入而发生的相关支出，包括成本、费用、税金等支出。其中，由于资本性支出的受益期限超过一个营业周期，不能从收入总额中一次性扣除，而是要先计入资产科目，然后通过分期计提折旧或摊销的方式计入相关费用，再从应纳税所得额中扣除，当期计提折旧乘以所得税率则为该期的所得税税收优惠额（刘啟仁等，2019）。而企业每年计提固定资产折旧的多少主要取决于"折旧年限"和"折旧方法"。

《中华人民共和国企业所得税法实施条例》对固定资产的折旧年限做了明确规定，房屋、建筑物类，飞机、火车、轮船、机器、机械和其他生产设备类，与生产经营活动有关的器具、工具、家具类，飞机、火车、轮船以外的运输工具类和电子设备类固定资产的最低折旧年限分别为20年、10年、5年、4年和3年。固定资产折旧方法一般包括直线法

（年限平均法）、双倍余额递减法、年数总和法以及缩短年限法。通常情况下，企业应当按照直线法对固定资产计提折旧。然而，后三种均属于加速折旧的方法，与直线法相比，双倍余额递减法、年数总和法虽然没有改变折旧的年限，但增加了新增资产初期的计提折旧额；而缩短年限法不但增加了每年计提的折旧额，而且缩短了折旧时间。

表 7-1 为不同折旧方法的每年计提折旧额计算公式，该表就直线法（年限平均法）、双倍余额递减法、年数总和法以及缩短年限法四类折旧方法的计算公式做出了详细说明。

表 7-1  不同折旧方法的每年计提折旧额计算公式

| 折旧方法 | 每年计提折旧额计算公式 |
| --- | --- |
| 直线法（年限平均法） | （原值 - 预计净残值）/折旧年限 |
| 双倍余额递减法 | （原值 - 累计折旧额）×2/预计使用年限<br>最后两年为：（原值 - 累计折旧额 - 预计净残值）/2 |
| 年数总和法 | （原值 - 预计净残值）×（尚可使用年限/预计使用年限的年数总和） |
| 缩短年限法 | （原值 - 预计净残值）/（折旧年限×60%） |

资料来源：作者根据刘啟仁等（2019）的研究整理所得。

表 7-2 则以直线法（年限平均法）为例，设定购买 100 万元不同固定资产的情景，对不同固定资产类型的具体折旧额及企业所获得的税收优惠程度做出了对比说明。

表 7-2  不同固定资产类型的折旧及其税收优惠比较（以直线法为例）

| 资产类型 | 折旧年限 | 年折旧额（千元） | 年税收优惠（千元） |
| --- | --- | --- | --- |
| 房屋、建筑物 | 20 | 50 | 12.5 |
| 飞机、火车、轮船、机器、机械和其他生产设备 | 10 | 100 | 25 |
| 与生产经营活动有关的器具、工具、家具等 | 5 | 200 | 50 |
| 飞机、火车、轮船以外的运输工具 | 4 | 250 | 62.5 |
| 电子设备 | 3 | 333 | 83.25 |

注：该表为作者根据刘啟仁等（2019）整理所得。直线法计算年折旧额公式为：（原值 - 预计净残值）/折旧年限；年税收优惠 = 年折旧额×所得税税率，表示当年的所得税税收优惠额，本表所得税税率设为 25%。

## 第7章 政策评估（Ⅱ）：来自固定资产加速折旧的证据

表7-3是在假设购进100万元短期类（5年）固定资产的情形下（预计残值率为0），结合表7-1的计算公式，对直线法（年限平均法）、双倍余额递减法、年数总和法以及缩短年限法四类折旧方法下的固定资产年折旧额及其税收优惠额进行了计算。结果发现，加速折旧方法下，初期即第1~2年每年折旧额均明显高于基准的直线法（年限平均法）下的固定资产折旧额。并且，可以发现的是，缩短年限法除了第1年的固定资产折旧额稍小于双倍余额递减法之外，其后2年内，每年的固定资产折旧额均明显大于直线法（年限平均法）、双倍余额递减法、年数总和法，而且缩短年限法的折旧年限仅为3年。这就表明，对于同一类资产，相比直线法（年限平均法）、双倍余额递减法、年数总和法，缩短年限法能够提高企业的固定资产折旧计提额，并因此提高企业每年享受的税收优惠力度，减轻企业投资固定资产的初期的税收负担，缩小企业的资金压力。

表7-3　　短期类（5年）固定资产的年折旧及其税收优惠　　单位：千元

| 方法 | 1年 | 2年 | 3年 | 4年 | 5年 | 合计 | 现值 |
|---|---|---|---|---|---|---|---|
| 直线法 | 200 | 200 | 200 | 200 | 200 | 1000 | |
| 税收优惠（25%） | 50 | 50 | 50 | 50 | 50 | 250 | 219 |
| 双倍余额递减法 | 400 | 240 | 144 | 108 | 108 | 1000 | |
| 税收优惠（25%） | 100 | 60 | 36 | 27 | 27 | 250 | 230 |
| 年数总和法 | 333 | 267 | 200 | 133 | 67 | 1000 | |
| 税收优惠（25%） | 83 | 67 | 50 | 33 | 17 | 250 | 229 |
| 缩短年限法 | 333 | 333 | 333 | — | — | 1000 | |
| 税收优惠（25%） | 83 | 83 | 83 | — | — | 250 | 234 |

注：该表为作者根据刘啟仁等（2019）整理所得。其中，1~5年表示折旧的年份，1为新购固定资产的第1年，依此类推；不同折旧方法对应的每行是每年计提的折旧额，计算公式参照表7-1，税收优惠（25%）对应的每行是每年的税收优惠额，即每年计提折旧额×25%；"合计"列分别对应每年折旧额和税收优惠额的直接加总；而"现值"指每年税收优惠额加总的现值，采用7%的贴现率计算得到，上述数据为四舍五入取整后的结果。

针对扣除项目中资本性支出不得扣除的规定，国家为促进企业的投资与技术进步，推行了"固定资产加速折旧政策"，以增加企业在当期可以计提的折旧金额，减少企业的当期应纳税所得额，为企业提供税收优惠。这一政策类似于财政为企业固定资产投资提供无息贷款，加快了企业的现金回流，减轻了企业的负担，能够激励企业进行固定资产更新。

具体地，为推动企业增加设备投资以及提升设备更新换代率，进而实现企业在质量、效率两方面的双重升级。2014年10月20日，财政部和国家税务总局联合发布了《关于完善固定资产加速折旧企业所得税政策的通知》，宣布对生物药品制造业，专用设备制造业，铁路、船舶、航空航天和其他运输设备制造业，计算机、通信和其他电子设备制造业，仪器仪表制造业和信息传输、软件和信息技术服务业六大重点行业的企业按照缩短折旧年限（不低于规定年限的60%）、双倍余额递减法或者年数总和法（统称为"加速折旧法"）对自2014年1月1日后新购进的固定资产进行加速折旧。整体上，这一基于所得税优惠的税收激励政策对原有的直线法计提企业固定资产折旧方法进行了优化，使得企业可以依据加速折旧的方法计提固定资产的折旧额，这无疑增加了企业在投资固定资产初期可以抵扣的应纳税所得额，有效地减轻了企业技术升级与改造的资金压力，将有助于促进企业进行技术创新，实现转型升级。2015年9月，国家对这一政策进行了进一步完善，明确对轻工、纺织、机械、汽车四个领域重点行业的固定加速折旧政策自2015年1月1日起执行。

## 7.2 研究设计

### 7.2.1 数据简介与样本筛选

由于固定资产加速折旧政策的发生年份在2014年，同时为保证具有充分的研究样本时间及数量，本章参考涉及该政策的相关文献（刘行等，2018；刘啟仁等，2019；刘啟仁和赵灿，2020），采用中国A股上市公司为研究样本。这一方面可以克服中国工业企业数据相对陈旧的局限性，另一方面，也能够与前文的研究样本及研究结果形成对比，可以提供不同样本、不同方法，以及不同政策下税收激励政策对出口产品质量的影响依据。除此之外，选择上市公司为研究样本，也具有显著的研究优势。一是上市公司数据中具有相对详细的企业基本信息和财务数据，有益于较为准确地衡量2014年固定资产加速折旧政策的影响效果；二是近年来国家为推动企业的发展，同时出台了多项税收优惠政策，例如，小型微利企业减免企业所得税、试点行业小型微利企业固定资产加速折旧等，以A股上市公司为研究样本，能够规避诸多政策所带来的交叉影响，尽可能准确地得到固定资产加速折旧政策的净效应；三是上市公司的信息披露比较及时、可靠，能够为基于2014年固定资产加速折旧政策的研究提供充分的数据支撑。

基于此，根据研究需要，也为保证研究结果的科学性和准确性，本部分选取中国A股上市公司为研究样本，并按照企业名称将其与海关进出口贸易数据进行匹配。样本时间方面，由于中国会计准则与国际会计准则趋同的时间点为2007年，自2007年1月1日起，中国上市公司开始实行新制定的《企业会计准则》，因此上市公司数据的最大可获取年份为2007~2020年。然而，海关数据的最大可获取年份为2000~2016年，其中，2016年存在进出口贸易数量指标缺失的情况。因此，本部分截取两份数据的重合年份并去除存在指标缺失的数据年份，最终得到了2007~2015年中国A股上市公司与海关进出口贸易数据的匹配、合并数据，用以探究固定资产加速折旧政策与出口产品质量之间的关系。处理过程中，对数据的筛选主要考虑了以下几个要点：第一，将上市时间晚于2014年的公司进行剔除；第二，将样本期间内状况表现异常的公司予以剔除，比如ST和ST*状态的公司；第三，囿于金融类公司的会计准则与一般企业有所差别，删除了样本中属于金融行业的公司；第四，将存在缺失值的样本予以剔除；第五，为避免异常值对研究结果的不利影响，对除企业年龄之外各连续变量进行上下1%的缩尾处理。以上所用数据中，上市公司数据来源于万得（WIND）数据库和国泰安（CSMAR）数据库，海关进出口贸易数据来自于海关总署。

### 7.2.2 计量模型构建

2014年10月20日，财政部、国家税务总局印发的《关于完善固定资产加速折旧企业所得税政策的通知》规定，对生物药品制造业，专用设备制造业,铁路、船舶、航空航天和其他运输设备制造业,计算机、通信和其他电子设备制造业,仪器仪表制造业和信息传输、软件和信息技术服务业六大重点行业的企业自2014年1月1日后新购进的固定资产进行加速折旧,而其他行业的企业暂不享受该政策。由此,我们可以将自2014年1月1日起在生物药品制造业等六大行业中实行的固定资产加速折旧政策视为一项"准自然实验",继而设立双重差分模型,通过对比受政策影响的处理组的质量变化与不受政策影响的对照组的质量变化,明确固定资产加速折旧政策对出口产品质量产生的影响。

计量模型的具体形式设定如下:

$$quality_{it} = \alpha + \beta indu_i \times time_t + \eta X + \gamma_i + \xi_t + \varepsilon_{it} \quad (7-1)$$

其中,i表示企业;j表示出口目的地;g代表产品类别,用HS6位码表示;t表示年份;α表示常数项。被解释变量$quality_{it}$表示企业i在t年出口到j国产品类别为g的产品质量。交互项$indu_i \times time_t$是代表固定资产加速折旧政策的核心解释变量,由组别虚拟变量$indu_i$与政策实施的时期虚拟变量$time_t$的乘积表示,回归系数β是本章最为关注的系数,它衡量了固定资产加速折旧政策实施前后,较之对照组,处理组出口产品质量的变化,反映了固定资产加速折旧政策的实施对出口产品质量的影响。

X表示一组控制变量,包含企业年龄$age_{it}$、企业规模$scale_{it}$、现金流$cash_{it}$、盈利能力$pabilty_{it}$、资产负债率$asli_{it}$、资本密集度$kl_{it}$以及净资产收益率$roe_{it}$。

$\gamma_i$表示企业固定效应,用以控制不随时间变化的企业层面的非观测效应;$\xi_t$表示时间固定效应,是随时间而变但不随企业而变的不可观测因素,用以控制特定年份宏观经济环境的变化,例如,经济的周期性波动、突发事件导致的供给需求冲击、宏观经济政策的出台等;$\varepsilon_{it}$表示随机扰动项。

### 7.2.3 变量定义

**1. 被解释变量**

被解释变量为出口产品质量$quality_{it}$。结合第2章对出口产品质量测算方法的梳理和总结可知,相较于单位价值法、特定产品特征法、需求信息回归推断法（KSW 方法）、供给需求信息加总测算法等度量出口产品质量的方法而言，目前余淼杰和张睿（2017a）提出的全面考虑供给和需求因素且基于微观数据的出口产品质量测算方法更为完善。该方法适用于微观数据，能够计算出企业—产品—目的地层面的出口产品所具有的质量水平。与前述的几种方法相比较，该方法不仅从理论上也从计算上对产品质量的测算做出了一定的贡献。因而，前文对中国出口产品质量的测度及分析主要是基于余淼杰和张睿（2017a）提出的方法。但需要注意的是，该方法对微观数据的要求较为严格，在测算过程中需要用到中间投入等指标，而万得（WIND）数据库和国泰安（CSMAR）数据库提供的上市公司的相关数据中缺少这些指标，因此，为刻画各上市企业的出口产品质量水平，本部分在实证检验中主要借鉴坎德尔瓦尔等（Khandelwal et al., 2013）的做法，采用需求信息回归推断法测算出口产品质量。

该方法是对单位价值法的扩展，以坎德尔瓦尔（2010）、坎德尔瓦尔等（2013）为代表，因此也被称为"KSW 方法"。这一方法最大的亮点在于，它立足于消费者的需求视角，以消费者偏好为切入点，认为消费者对产品的质量存在一定的偏好，这会对产品的需求量产生影响。具体地，该方法借助于需求方面的信息，比如，消费者对产品的需求量即产品的销售数量、产品的价格，通过求解需求函数，得到产品的质量表达式，进而以此为基准计算产品所具有的质量水平。其内含的基本原理在于，在不考虑产品价格变化的情况下，如果一种产品的市场份额比较大，则意味着消费者对这种产品的需求量比较大，说明消费者对这种产品有一个更大的偏好，进而也反映了这种产品的质量水平比较高。简而言之，这一方法认为，在价格不变的情况下，产品的质量与其所拥有的市场份额存在正向关联。樊等（2015）、许家云等（2017）、王雅琦等（2018）在研究中均使用了这一方法测度出口产品的质量水平。

该方法的逻辑在于，价格相等时，销量越高的产品，质量也越高。基于 CES 效用函数，企业 i 在 t 年出口到目的地 j 产品 g 的数量为：

$$x_{ijgt} = q_{ijgt}^{\sigma-1} \frac{P_{ijgt}^{-\sigma}}{P_{jt}^{1-\sigma}} E_{jt} \qquad (7-2)$$

其中，i 表示企业，j 表示出口目的地，g 表示 HS6 产品类别，t 表示年份。$x_{ijgt}$ 表示企业 i 在 t 年出口到目的地 j 产品 g 的数量；$q_{ijgt}$ 表示相应出口产品的质量；$p_{ijgt}$为相应出口产品的单位价格；$\sigma$表示产品间的替代弹性；$P_{jt}$表示出口目的地 j 在 t 年的总价格指数；$E_{jt}$表示出口目的地 j 在 t 年的总支出。对式（7-2）两端取对数，可得到出口产品质量的估计方程：

$$\ln x_{ijgt} + \sigma \ln p_{ijgt} = \delta_g + \delta_{jt} + v_{ijgt} \qquad (7-3)$$

式中，$\delta_g$ 表示产品固定效应；$\delta_{jt}$ 表示目的地—年份固定效应；$v_{ijgt}$ 为残差，可表示为 $v_{ijgt} = (\sigma - 1) \ln q_{ijgt}$，其内含了出口产品质量 $q_{ijgt}$。对式（7-3）进行 OLS 估计，可得到残差的估计值 $\hat{v}_{ikgt}$，继而得到企业—目的地—产品—年份层面的出口产品质量：

$$\text{qual}_{ikgt} = \ln \hat{q}_{ikgt} = \frac{\hat{v}_{ikgt}}{\sigma - 1} \qquad (7-4)$$

值得注意的是，为避免产品价格与质量之间的内生性导致估计偏误，本部分采用布罗达（2006）提供的 HS3 层面的 $\sigma$ 值进行估计。进一步地，借鉴施炳展和邵文波（2014）的做法，本部分将式（7-4）所得的出口产品质量进行标准化，以使不同企业、不同产品之间的出口产品质量可比，并由此得到企业层面的出口产品质量。标准化的质量指标为：

$$\text{squal}_{ijgt} = (\text{qual}_{ijgt} - \text{minqual}_{ijgt})/(\text{maxqual}_{ijgt} - \text{minqual}_{ijgt}) \qquad (7-5)$$

其中，$\text{minqual}_{ikgt}$ 和 $\text{maxqual}_{ijgt}$ 分别为某 HS6 产品在所有年度、所有企业、所有目的地层面上的质量最小值和最大值。企业层面的出口产品质量 $\text{quality}_{it}$ 为标准化质量 $\text{squal}_{ijgt}$ 的加权平均，权重为企业 i 在 t 年出口到目的地 j 产品 g 的出口额占企业 i 在 t 年出口总额的比重。

**2. 核心解释变量**

核心解释变量为固定资产加速折旧政策 $\text{indu}_i \times \text{time}_t$。其中，$\text{indu}_i$ 为组别虚拟变量，若企业属于 2014 年固定资产加速折旧政策的试点行业，即生物药品制造业，专用设备制造业，铁路、船舶、航空航天和其他运输设备制造业，计算机、通信和其他电子设备制造业，仪器仪表制造业和信息传输、软件和信息技术服务业六大行业，则将其视为处理组，$\text{indu}_i$ 取 1，否则，视为对照组，$\text{indu}_i$ 取 0。$\text{time}_t$ 为固定资产加速折旧政策实施的时期虚拟变量，若数据观测年份在 2014 年及以后，$\text{time}_t$ 取 1，反之，若数据观测年份在 2014 年之前，则 $\text{time}_t$ 取 0。其中，在行业识别方面，我们参照了刘啟仁等（2019）的做法，即结合证监会〔2012〕31号公告的《上市公司行业分类指引》和《国民经济行业分类》（GB/T 4754—2011），判定企业所属的行业分类是否属于2014年固定资产加速折旧政策所规定的试点行业。

**3. 控制变量**

为了保证研究结果的准确性，结合固定资产加速折旧政策的实施规定和应用范畴，我们在回归中纳入了如下控制变量：企业年龄 $age_{it}$、企业规模 $scale_{it}$、现金流 $cash_{it}$、盈利能力 $pabilty_{it}$、资产负债率 $asli_{it}$、资本密集度 $kl_{it}$、净资产收益率 $roe_{it}$。其中，企业年龄 $age_{it}$ 采用数据观测当年的年份与企业成立年份之差表示；企业规模 $scale_{it}$ 采用总资产表示；现金流 $cash_{it}$ 采用企业当期经营活动产生的现金流量净额与固定资产净额的比值表示；盈利能力 $pabilty_{it}$ 采用营业利润与营业总收入的比值表示；资产负债率 $asli_{it}$ 采用负债总额与资产总额的比值表示；资本密集度 $kl_{it}$ 以总资产与营业收入的比值表示；净资产收益率 $roe_{it}$ 等于净利润/股东权益平均余额，其中，股东权益平均余额=（股东权益期末余额+股东权益期初余额）/2。为消除异方差问题，以上变量在回归中均采用了对数形式。

**4. 平行趋势检验**

平行趋势（parallel trend），亦称为共同趋势（common trend），意思是对处理组和对照组而言，在政策实施之前，因变量具有相同的变动趋势。只有满足这一条件，得到的双重差分估计量才是无偏的，该条件是应用双重差分法时需要满足的一个基本假定。因此，此处需要对处理组样本和对照组样本进行平行趋势检验，检验处理组和对照组企业的出口产品质量在固定资产加速折旧政策实施之前是否满足平行趋势，从而判断政策效应是否由处理组和对照组样本在政策实施之前存在的差异变动所导致。图7-1是样本区间内固定资产加速折旧政策实施前后处理组和对照组出口产品质量的变化趋势图。

从图7-1中可以发现，在2014年固定资产加速折旧政策实施之前，处理组和对照组的出口产品质量变化趋势基本保持平行。这初步可以判断，样本数据基本满足双重差分法的前提条件——平行趋势假定。当然，以上只是从出口产品质量变化趋势上对平行趋势假定进行的直观、初步判断，后文还将从统计显著性上采用回归法对样本是否满足平行趋势假定做出更为严谨的检验。

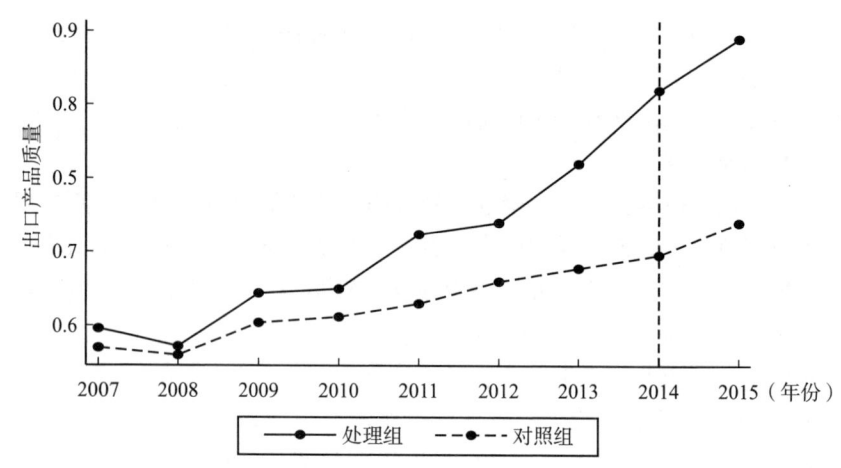

图 7-1　固定资产加速折旧政策实施前后出口产品质量的变化趋势

资料来源：作者根据上市公司和海关进出口贸易数据的匹配数据整理计算所得。

## 7.3　实证检验及结果分析

### 7.3.1　基准回归

基于以上分析，本部分首先在模型（7-1）的基础上进行基准回归，以初步考察固定资产加速折旧政策对出口产品质量的影响。考虑到模型中的随机扰动项在同一企业内可能存在序列相关问题，我们在企业层面对回归标准误进行了聚类调整。同时，为避免极端值的影响，我们对出口产品质量数据的分布两端进行了1%的缩尾处理，回归结果见表7-4。

表7-4　基准回归结果

| 变量 | (1) | (2) | (3) | (4) |
| --- | --- | --- | --- | --- |
| indu×time | 0.014*<br>(1.65) | 0.014*<br>(1.68) | 0.018**<br>(2.12) | 0.018**<br>(2.15) |
| age |  | 0.030<br>(0.86) | -0.016<br>(-1.31) | -0.015**<br>(-2.18) |

续表

| 变量 | (1) | (2) | (3) | (4) |
|---|---|---|---|---|
| scale |  | −0.004<br>(−0.67) | −0.001<br>(−0.20) | −0.003<br>(−1.32) |
| cash |  |  | −0.000<br>(−0.08) | 0.002<br>(1.05) |
| pability |  |  | 0.009***<br>(2.66) | 0.000<br>(0.03) |
| asli |  |  |  | 0.012**<br>(2.51) |
| kl |  |  |  | 0.039***<br>(5.90) |
| roe |  |  |  | 0.009<br>(1.55) |
| 企业固定效应 | 控制 | 控制 | 控制 | 控制 |
| 时间固定效应 | 控制 | 控制 | 控制 | 控制 |
| N | 6691 | 6690 | 5220 | 5219 |
| $R^2$ | 0.828 | 0.828 | 0.596 | 0.600 |

注：括号中是企业层面聚类调整的 t 值，***、**和*分别表示1%、5%和10%的显著性水平。

表7-4中的第（1）列未加入任何控制变量，仅控制了企业固定效应和时间固定效应，发现交互项 indu×time 的系数为0.014，在10%的显著性水平上显著。这初步表明固定资产加速折旧政策的实施能够对出口产品质量产生正向影响。第（2）列在第（1）列的基础上将企业年龄、企业规模这一基本信息进行控制，发现结果仍显著为正。第（3）列则在第（2）列的基础上控制了企业生产经营活动层面的因素——现金流和盈利能力，indu×time 的系数依然显著为正。

进一步地，第（4）列在第（3）列的基础上将企业资产负债率、资本密集度以及净资产收益率纳入控制变量，并同时加入企业固定效应和时间固定效应对企业及时间层面不可观测的因素予以控制，结果发现，交互项 indu×time 的系数为0.018，在5%的显著性水平上显著。

这充分说明，固定资产加速折旧政策的实施能够有效促进出口产品质量的提升。原因在于，固定资产加速折旧政策的实施能够增加企业在当期可以计提的折旧金额，减少企业的当期应纳税所得额，为企业提供税收优惠，加快企业的现金回流，减轻企业的负担，从而激励企业进行技术投入，提升出口产品质量。

### 7.3.2 识别条件检验

**1. 平行趋势假设检验**

采用双重差分法需要满足平行趋势假设，即需要检验政策效应是否由处理组与对照组样本在政策实施之前存在的差异变动导致。图7-1基于绘图法对样本区间内固定资产加速折旧政策实施前后处理组和对照组出口产品质量的变化趋势做了描述，初步得到了样本数据满足平行趋势假定的结论。但为严谨起见，本部分进一步采用回归法从统计显著性上对平行趋势进行再检验。

具体地，我们采用两种方法：一是在基准回归的基础上，加入政策实施前各年份的虚拟变量与组别虚拟变量的交互项 indu×year2007～indu×year2013，如果交互项系数不显著，则说明满足平行趋势假定。二是加入各年份虚拟变量与组别虚拟变量的交互项 indu×year2007～indu×year2015，如果政策实施前各年份的虚拟变量与组别虚拟变量的交互项系数不显著，则说明满足平行趋势假定。回归结果分别见表7-5第（1）列、第（2）列。可以发现，结果均符合预期，满足平行趋势假定。

表7-5　　　　　　　　平行趋势假设检验结果

| 变量 | (1) | (2) |
| --- | --- | --- |
| indu×time | 0.134***<br>(11.42) |  |
| indu×year2007 | -0.015<br>(-0.46) | -0.012<br>(-0.42) |
| indu×year2008 | 0.043<br>(1.44) | 0.044<br>(1.56) |

续表

| 变量 | (1) | (2) |
|---|---|---|
| indu × year2009 | 0.003<br>(0.11) | 0.003<br>(0.10) |
| indu × year2010 | 0.018<br>(0.73) | 0.016<br>(0.73) |
| indu × year2011 | 0.036<br>(1.57) | 0.035<br>(1.62) |
| indu × year2012 | -0.011<br>(-1.53) | -0.010<br>(-1.39) |
| indu × year2013 | -0.000<br>(-1.34) | -0.000<br>(-1.09) |
| indu × year2014 |  | 0.553***<br>(22.52) |
| indu × year2015 |  | 0.548***<br>(22.48) |
| 企业固定效应 | 控制 | 控制 |
| 时间固定效应 | 控制 | 控制 |
| N | 5219 | 5219 |
| $R^2$ | 0.079 | 0.189 |

注：括号中是企业层面聚类调整的 t 值，***、**和*分别表示1%、5%和10%的显著性水平。

### 2. 安慰剂检验

采用双重差分法时，即使处理组和对照组在政策实施之前的趋势相同，仍要担心是否同时发生了其他可能影响趋势变化的政策。也就是说，政策干预时点之后处理组和对照组趋势的变化，可能并不真正是由该政策导致的，而是同时期其他政策导致的。这一问题可以概括为处理变量对产出变量作用机制的排他性。针对这一问题，本部分采用安慰剂检验法，通过构建虚拟的处理组判定基准回归结果的稳健性。

首先，构建虚假的政策发生时间。分别将固定资产加速折旧政策的发生时间置换为2010年、2011年、2012年，构建新的 indu × time 进行回归，如果得到的结论与基准回归结论相类似，说明出口产品质量的提升并不是由固定资产加速折旧政策带来的，因为即使没有发生该政策的年份，仍然可以得到与基准回归一致的结论。其次，将样本区间前移至 2007~2013 年，并设定政策的发生年份为 2010 年，进而构建新的 indu × time 进行回归，如果该交互项的系数不显著，则表明基准回归得到的结论是可靠的。

从表 7-6 第（1）~第（3）列所示的估计结果中可以看出，在更换政策发生的时间之后，所得到的 indu × time 的估计系数均不显著，说明基准回归得到的研究结论是有效的，即固定资产加速折旧政策的确能带来出口产品质量的提升。同时，表 7-6 中的第（4）列显示，将样本区间前移，并设定虚假的政策发生年份后，再次进行回归时，交互项 indu × time 对出口产品质量的估计结果也不显著，这进一步说明前文得到的估计结果是可靠的。

表 7-6　　　　　　　　安慰剂检验结果

| 变量 | (1) | (2) | (3) | (4) |
|---|---|---|---|---|
|  | 构建虚假的政策发生时间 |  |  | 样本区间前移 |
|  | 2010 年 | 2011 年 | 2012 年 |  |
| indu × time | 0.009<br>(1.57) | 0.002<br>(1.03) | -0.003<br>(-1.24) | 0.010<br>(1.22) |
| 控制变量 | 控制 | 控制 | 控制 | 控制 |
| 企业固定效应 | 控制 | 控制 | 控制 | 控制 |
| 时间固定效应 | 控制 | 控制 | 控制 | 控制 |
| N | 5219 | 5219 | 5219 | 3132 |
| $R^2$ | 0.600 | 0.600 | 0.599 | 0.029 |

注：括号中是企业层面聚类调整的 t 值，***、**和 * 分别表示 1%、5% 和 10% 的显著性水平。

### 7.3.3　稳健性检验

为确保回归结果的准确性，本部分还将通过剔除政策干扰、更换指标及调整研究方法等对基准回归结果的稳健性进行考察。

## 1. 剔除2014年样本

2014年10月20日，财政部、国家税务总局印发的《关于完善固定资产加速折旧企业所得税政策的通知》规定，对生物药品制造业，专用设备制造业，铁路、船舶、航空航天和其他运输设备制造业，计算机、通信和其他电子设备制造业，仪器仪表制造业和信息传输、软件和信息技术服务业六大重点行业的企业采取固定资产加速折旧办法。很明显，这会导致很多符合政策规定的企业来不及在当年完全调整生产和投资计划，因此，为了防止2014年样本对估计结果产生偏误，本部分剔除2014年样本之后再次回归，结果如表7-7第（1）列所示。可以看到，在剔除了2014年样本以后，交互项 indu×time 的系数为0.013，在10%的显著性水平上显著，这与基准回归结果相比并未发生本质变化，证明了基准回归结果的稳健性。

表7-7　　　　　　　稳健性检验结果

| 变量 | (1) 剔除2014年样本 | (2) 排除其他政策冲击 | (3) 更换出口产品质量测算方法 | (4) 构建两期双重差分模型 |
|---|---|---|---|---|
| indu×time | 0.013*<br>(1.76) | 0.018**<br>(2.17) | 0.602***<br>(2.93) | 0.031*<br>(1.86) |
| 控制变量 | 控制 | 控制 | 控制 | 控制 |
| 企业固定效应 | 控制 | 控制 | 控制 | 控制 |
| 时间固定效应 | 控制 | 控制 | 控制 | 控制 |
| N | 4559 | 4312 | 4405 | 1291 |
| $R^2$ | 0.628 | 0.635 | 0.064 | 0.021 |

注：括号中是企业层面聚类调整的t值，***、**和*分别表示1%、5%和10%的显著性水平。

## 2. 排除其他政策冲击

本章的样本区间为2007~2015年，结合第6章中对增值税转型改革的背景概述可知，在2007年及2008年均存在增值税转型试点范畴的扩大，同时在2009年，增值税转型改革得以全面铺开。为排除这3年增值税转型改革对回归结果的干扰，本部分将发生增值税转型改革的年份予以删除，重新进行回归。结果见表 7-7 第（2）列。可以发现，在排除增值税转型改革的当年影响之后，固定资产加速折旧政策对出口产品质量的影响系数依然显著为正。

**3. 更换出口产品质量测算方法**

以上实证检验中使用的出口产品质量均借鉴了坎德尔瓦尔等（2013）的做法，运用了需求信息回归推断法。结合第 2 章中对出口产品质量测算方法的综述以及本章所采用的上市公司数据特点，本部分进一步采用单位价值法衡量出口产品质量。该方法的内在逻辑为，高质量产品的单价也较高，这符合现实中的一般情况。具体回归结果见表 7-7 第（3）列，可以发现，更换出口产品质量测算方法之后，固定资产加速折旧政策对出口产品质量的影响系数较基准回归结果而言有所增大，但依然显著为正。

**4. 构建两期双重差分模型**

由于本章采用的数据区间为 2007~2015 年，因此，上述研究实际上是基于多期双重差分模型的分析。考虑到固定资产加速折旧政策的发生年份为 2014 年，在本研究中，政策之后的数据量稍有不足。为保证研究结果的准确性，本部分进一步构建两期双重差分模型进行稳健性检验。具体地，我们选取政策发生年份前、后各一年的数据进行分析，以 2013 年的数据作为政策发生之前的样本，以 2015 年的数据作为政策发生之后的样本，构建新的交互项 indu × time 进行分析（与前文不同的是，此处 time 的取值规则为：当数据年份为 2013 年时，time 取 0；当数据年份为 2014 年时，time 取 1）。回归结果见表 7-7 第（4）列。从中可以看出，基于两期数据的双重差分估计结果依然显著为正，说明前文得到的固定资产加速折旧政策对出口产品质量的显著正向影响是稳健的、可靠的。

## 7.4 异质性检验及分析

以上分析表明，2014 年固定资产加速折旧政策的实施能够对上市公司出口产品质量产生显著的正向影响。但这一结果揭示的是平均影响效应，并未关注不同企业之间的异质性表现。识别固定资产加速折旧政策在不同特征企业中的具体表现，有助于提出结构性和更富有针对性的税收激励政策建议。对此，本部分进一步从异质性分析的角度出发，就企业所得税差异、是否为高新技术企业和贸易方式三个维度，剖析固定资产加速折旧这一税收激励政策对出口产品质量的差异化表现。

### 7.4.1 所得税率差异

所得税率的高低代表企业所承担的所得税的负担大小，而初始税率的高低又能够影响税收优惠政策对企业所承担税负的优惠力度。一般而言，初始税率较高的企业在经历了固定资产加速折旧政策之后，往往能够享受到更大的税收优惠，其生产经营活动也能够因此得到更大的税收激励作用。基于此，本部分基于企业所得税率的高低，探究税率差异会对2014年固定资产加速折旧政策与出口产品质量的关系产生何种影响。具体地，我们以中位数为基准将企业所得税率划分为两类：若企业所得税率高于相应年份所有企业所得税率的中位数，则定义为高所得税率企业，rate 取 1；若企业所得税率等于或低于相应年份所有企业所得税率的中位数，则定义为低所得税率企业，rate 取 0。然后在模型（7-1）的基础上构建三重交互项 indu × time × rate，采用三重差分法量化固定资产加速折旧政策在不同所得税率企业中对出口产品质量产生的差异化影响，回归结果见表7-8。

表7-8　　　　　　　　异质性检验结果

| 变量 | (1) 所得税率差异 | (2) 是否高新技术企业 | (3) 贸易方式 |
| --- | --- | --- | --- |
| indu × time | 0.013*** <br> (2.61) | 0.012** <br> (2.45) | 0.012** <br> (2.43) |
| indu × time × rate | 0.025*** <br> (2.75) | | |
| indu × rate | 0.023 <br> (1.22) | | |

续表

| 变量 | (1)<br>所得税率差异 | (2)<br>是否高新技术企业 | (3)<br>贸易方式 |
| --- | --- | --- | --- |
| time × rate | -0.005<br>(-0.53) | | |
| indu × time × tech | | 0.016**<br>(2.07) | |
| indu × tech | | 0.012<br>(0.62) | |
| time × tech | | 0.004<br>(0.42) | |
| indu × time × trade | | | 0.021***<br>(3.00) |
| indu × trade | | | 0.028<br>(0.85) |
| time × trade | | | 0.012**<br>(2.43) |
| 控制变量 | 控制 | 控制 | 控制 |
| 企业固定效应 | 控制 | 控制 | 控制 |
| 时间固定效应 | 控制 | 控制 | 控制 |
| N | 5219 | 5219 | 5219 |
| $R^2$ | 0.600 | 0.600 | 0.601 |

注：括号中是企业层面聚类调整的 t 值，***、**和*分别表示1%、5%和10%的显著性水平。

从表7-8中的第（1）列可以看出，三重交互项 indu × time × rate 的系数显著为正，这表明，相对于那些具有低所得税率的企业而言，固定资产加速折旧政策在具有较高所得税率的企业中能够对出口产品质量产生更大的正向影响。这是因为，对于承担较高所得税率的企业而言，固定资产加速折旧政策的实施能够为其带来更大的税收优惠，从而激发其进行技术投入和设备改造，提升出口产品质量。

## 7.4.2 是否为高新技术企业

为激发企业的研发创新，增强创新能力，2007 年通过的《中华人民共和国企业所得税法》规定，对在国家重点扶持名单之内的高新技术企业的所得税税率给予优惠，减按 15% 征收。由此可推测，相比于一般技术企业，高技术企业的所得税负较低。詹科夫等（2010）指出，税收减免的激励效应会因企业生产技术构成的不同而产生明显差异。那么，2014 年固定资产加速折旧政策对出口产品质量产生的影响是否会因企业是否具有高新技术性质而异？本部分以企业是否为高新技术企业为依据，在模型（7-1）的基础上采用三重差分法探究固定资产加速折旧政策在不同技术水平企业中产生的影响。其中，tech 等于 0 表示企业为高新技术企业，而 tech 等于 1 表示企业不是高新技术企业，即非高新技术企业。回归结果见表 7-8 第（2）列。

从表 7-8 第（2）列展示的回归结果中可以看出，indu × time × tech 的系数为 0.016，通过了 5% 的显著性检验。由于 tech 等于 0 表示企业为高新技术企业，tech 等于 1 表示非高新技术企业，因此，这一结果表明，相对于高新技术企业而言，在非高新技术企业中，固定资产加速折旧政策对出口产品质量产生的正向激励作用更大。出现这一结果的主要原因在于，与非高新技术企业相比，高新技术企业往往具有特定的行业出口目标，其所出口的产品往往技术含量比较高，质量水平也比较高，同时这类企业也往往享有更多的产业扶持和政策优待。因此，高新技术企业的出口产品质量对固定资产加速折旧政策的反应并不积极。

## 7.4.3 贸易方式

对于企业层面的异质性探讨，除了以上提及的两个方面之外，还有一个不容忽视的事实，即中国出口贸易具有比较典型的特征——加工贸易。因而，在考察税收激励政策时，也有必要对企业的贸易方式做进一步分析，以明确不同贸易方式下税收激励政策对出口产品质量的异质性影响，为结构化政策的制定提供现实依据。与所得税率差异、是否为高新技术企业的异质性分析方法类似，本部分同样在模型（7-1）的基础上构建三重交互项 indu×time×trade，采用三重差分法检验不同贸易方式在固定资产加速折旧政策对出口产品质量影响中产生的效果。

具体而言，我们将样本划分为两类：一是一般贸易企业，令 trade 等于 1；二是加工贸易企业，令 trade 等于 0。三重差分的估计结果见表 7-8 第（3）列。可以发现三重交互项 indu×time×trade 的系数在 1% 的显著性水平上显著为正。这表明，相较于加工贸易企业而言，固定资产加速折旧政策对出口产品质量产生的正向影响在一般贸易企业中得以加强。与毛其淋和许家云（2018）的解释类似，我们认为产生这一结果的主要原因在于，与一般贸易企业相比，加工贸易企业主要基于国外的原材料及零部件，从事加工和组装工作，其中出口产品质量的提升并不是该类企业关注的重点。因此，相对于加工贸易企业而言，固定资产加速折旧政策的实施更能够对一般贸易企业的出口产品质量产生促进作用。

## 7.5 本章小结

本章基于中国税收体系中税种分布的现实情况，立足于所得税的视角，探究了以固定资产加速折旧政策为例的税收激励对出口产品质量的影响。首先，对固定资产加速折旧政策的内涵、目标导向、相关规定以及实施进程等方面进行了较为全面的归纳。其次，构建了固定资产加速折旧政策与出口产品质量的双重差分估计模型，运用双重差分法（DID）、三重差分法（DDD），对固定资产加速折旧政策与出口产品质量之间的因果关系进行了识别和分析，明晰了固定资产加速折旧政策对出口产品质量的影响效果，并进行了识别条件检验、稳健性检验及异质性检验和分析。

由此，得到的主要结论如下：

第一，固定资产加速折旧政策的实施显著促进了出口产品质量的提升。在进行剔除政策干扰、更换指标及调整研究方法等稳健性检验之后，结论依然成立。

第二，固定资产加速折旧这一税收激励政策对出口产品质量的影响在不同样本中存在差异化表现。就所得税率差异而言，相对于那些具有低所得税率的企业而言，固定资产加速折旧政策在具有较高所得税率的企业中能够对出口产品质量产生更大的正向影响。这是因为对于承担较高所得税率的企业而言，固定资产加速折旧政策的实施能够为其带来更大的税收优惠，从而激发其进行技术投入和设备改造，提升出口产品质量。就企业是否为高新技术企业而言，与非高新技术企业相比，高新技术企业往往具有特定的行业出口目标，其所出口的产品往往技术含量比较高，质量水平也比较高，同时这类企业也往往享有更多的产业扶持和政策优待，因而高新技术企业的出口产品质量对固定资产加速折旧政策的反应并不积极。相对于高新技术企业而言，在非高新技术企业中，固定资产加速折旧政策对出口产品质量产生的正向激励作用更大。就贸易方式而言，相对于加工贸易企业而言，由于加工贸易企业主要基于国外的原材料及零部件，从事加工和组装工作，导致固定资产加速折旧政策的实施更能够对一般贸易企业的出口产品质量产生促进作用。

总体上，本章的研究以所得税为出发点，借助于 2014 年固定资产加速折旧政策的实施评估了以所得税减税为核心的税收激励政策对出口产品质量的影响效果。这将为未来中国税制改革及税收激励政策的设计提供来自直接税方面的理论及经验支撑。

# 第8章 结论、启示与展望

本章为全书的全面总结部分。首先，归纳前文各章研究得到的主要结论；其次，围绕研究结论提出可供借鉴和参考的政策启示；最后，进行下一步的研究展望，提出该领域未来的研究方向。具体地，本章共包含两节内容：8.1 为研究结论与政策启示；8.2 为研究展望。

## 8.1 研究结论与政策启示

### 8.1.1 研究结论

当前，税收激励作为调控经济发展的重要政策工具，在优化经济结构、激发市场活力、提高供给质量等方面发挥着重要作用。本书结合中国出口产品质量提升的必要性、重要性、税制改革的现实背景以及税收激励与出口产品质量的现实关联性，将研究内容聚焦于税收激励对出口产品质量的影响，从税收激励的视角，深入探究了中国出口产品质量的升级问题。

为了使研究结论更具有可信度，在研究中，本书着力从多维度、多层次上进行全方位的分析。在理论分析方面，本书通过构建企业税负与出口产品质量的理论模型，搭建了税收激励与出口产品质量的理论架构，全面、系统地论证了税收激励与出口产品质量在理论上的逻辑关系，从定性分析的角度诠释了税收激励如何作用于出口产品质量。在实证分析方面，本书基于中国工业企业数据和海关进出口贸易数据，运用计量分析方法，就税收激励对出口产品质量的影响做出了细致检验，从

## 第8章 结论、启示与展望

微观企业层面实证考察了税收激励对出口产品质量的影响效果,量化了税收激励对出口产品质量的作用程度。并且,还以特定的税收激励政策为例,基于增值税转型改革和固定资产加速折旧政策进行了效果评估,从实证上对以增值税、所得税为核心的税收激励政策与出口产品质量之间的因果关系进行了识别和分析。

研究得到的主要结论如下:

第一,理论上,税收激励对出口产品质量的影响由质量升级倾向与临界进入成本两方面所主导。一方面,税收激励增加了企业提升出口产品质量的边际收益,提高了企业对出口产品质量的升级倾向;另一方面,税收激励促进了企业进入,加剧了市场竞争,提高了企业存活于市场的生产率门槛,降低了企业进入市场的临界成本,致使低效率企业被淘汰。在质量升级倾向提高和临界进入成本降低的共同影响下,税收激励会使不同的企业做出不同的质量调整决策。相对而言,高生产率企业会提升出口产品质量,低生产率企业则会下调出口产品质量。平均而言,税收激励对出口产品质量的影响取决于高生产率企业对出口产品质量产生的正影响与低生产率企业对出口产品质量产生的负影响的净变化。

第二,基于企业税负的实证考察发现,企业税负与出口产品质量之间存在显著的负相关关系,说明税收激励有助于提升出口产品质量。在克服内生性问题、修正样本选择偏差、剔除出口退税调整和中国加入WTO的影响、更换出口产品质量测度方法之后,结论仍然成立。但是,这一影响存在明显的异质性表现:(1)相比于高技术行业,税收激励有助于提升一般技术行业的出口产品质量。(2)从行业要素密集度来看,税收激励有助于提升出口产品质量的结论仅在劳动密集型行业中存在。(3)相较于低收入水平的目的地,税收激励有助于提升企业出口到高收入水平目的地的产品质量。(4)区分企业所有制形式发现,税收激励主要是促进了非国有企业出口产品质量的提高;同时,与外资企业相比,税收激励对民营企业出口产品质量的影响程度更大一些。(5)与同质出口产品相比,税收激励更加能够提升差异化出口产品的质量水平。(6)市场竞争在出口产品质量的变化中扮演重要角色,相较于低竞争程度的市场,在具有高竞争程度的市场中,税收激励对出口产品质量的影响程度更大。

第三，对企业差异化决策的分位数检验结果表明，税收激励对出口产品质量条件分布两端的影响大于对其中间部分的影响。但在出口产品质量条件分布的两端，税收激励的影响效果截然相反。在出口产品质量的高分位数上，税收激励显著促进了出口产品质量的提升，在低分位数上，税收激励显著抑制了出口产品质量的提升。也就是说，税收激励对出口产品质量提升产生的促进作用主要来源于生产较高质量出口产品的高生产率企业。

第四，增值税转型改革显著促进了出口产品质量的提升。在剔除政策设立、政策冲击、样本选择、行业特征及指标测算等因素干扰之后，结论依然成立。但这一影响效果具有明显的异质性特征，具体表现为低研发强度企业、处于劳动密集型行业的企业及非国有企业出口产品质量的提升更明显。此外，增值税有效税率与出口产品质量之间存在显著负相关关系，说明增值税有效税率的降低有助于提升出口产品质量。

第五，固定资产加速折旧政策的实施显著促进了出口产品质量的提升。在进行剔除政策干扰、更换指标及调整研究方法等稳健性检验之后，结论依然成立。但这一结论在不同样本中存在差异化表现。从所得税率差异、是否为高新技术企业、贸易方式层面上看，固定资产加速折旧政策在具有较高所得税率的企业、非高新技术企业和一般贸易企业中能够对出口产品质量产生更大的正向影响。

## 8.1.2 政策启示

中国经济当前正处于从旧常态跃迁到新常态，从高速增长向高质量发展转型的攻坚期。出口产品质量作为国家创新力与竞争力的集中体现，无疑是推动质量变革、建设贸易强国的重中之重，是实现经济高质量发展的有力抓手。本书结合税收激励与出口产品质量之间存在的现实关联性和潜在的逻辑关系，以税收激励为切入点，运用理论与实证相结合的方法，较为全面、系统地探讨了中国出口产品质量的升级问题。这丰富和完善了关于出口产品质量的相关研究，对税收激励的经济影响研究形成了有益的补充。更为重要的是，本书的研究为中国出口产品质量升级动力的探索，以及未来中国税制改革及税收激励政策的机制设计提供了一定的政策启示。

**1. 积极落实税收激励，助力出口产品质量提升**

企业税负与出口产品质量之间存在显著的负相关关系，说明税收激励有助于提升出口产品质量。其中，税收激励增加了企业提升出口产品质量的边际收益，提高了企业对出口产品质量的升级倾向。因而，应当积极落实税收激励，以减税为核心，切实降低企业的税收负担，充分发挥税收政策在出口产品质量中的引导和激励作用，助力出口产品质量的提升。

具体而言，一方面，要做好税收监管，积极落实适用于微观企业层面的减税降负举措，加强税收激励在企业行为中的渗透性。另一方面，可适度提高税收优惠的力度，适当扩大税收优惠政策的覆盖面，使更多的企业享受到税收优惠，拓宽税收激励的应用范畴，加速企业进行出口产品的质量升级活动。要努力使税收激励成为一种推动出口产品质量提升的有效途径，从而改善企业的出口绩效，培育出口竞争新优势，为增强中国产业链供应链的稳定性和推动经济的高质量发展而赋能。

**2. 完善市场竞争机制，提高资源配置效率**

从企业进入退出的角度来看，税收激励促进了企业进入，加剧了市场竞争，提高了企业存活于市场的生产率门槛，降低了企业进入市场的临界成本，致使低效率企业被淘汰。由此，完善市场竞争机制，提高市场的资源配置效率，无疑可以增强减税对出口产品质量的激励效应。

具体地，可以从以下两个方面着手：第一，建立健全进入、退出企业的质量监管机制，规制行业垄断行为，提高市场监管信息的透明度，明确不正当竞争的处罚条例，合理引导企业之间的有序竞争，促进优胜劣汰市场竞争机制的运行，激发企业对出口产品质量的升级动机。第二，重视资源配置效率的改善，不断推进要素市场化改革，完善要素市场化配置，推动要素自由流动，使得资源及市场份额不断向优势企业集中，进一步增强企业的在位优势，使企业从税收激励中获取更大的出口产品质量提升效应。

**3. 激发企业的创新活力，提高企业的生产率**

在税收激励影响出口产品质量的过程中，企业生产率扮演着极其重要的角色。出口产品的质量升级需要投入一定的生产及创新成本，相较于具有低边际成本的高生产率企业来说，那些具有高边际成本的低生产率企业的成本负担较重，往往难以克服质量升级所需的投入成本。同时，面对税收激励引致的企业存活于市场的生产率门槛的提高，低效率企业往往更容易被淘汰。

这就意味着，不断激发企业的创新活力，提高企业的生产率是有效发挥税收激励推动出口产品质量提升作用的重要渠道。对此，首先，要注重对企业创新意识的培养，借助于研发补贴、金融服务、知识产权保护等措施，为企业的创新行为和创新活动提供保障，不断加强企业的创新意愿和研发动机。其次，可通过完善人才引进、技术引进等配套政策推动企业的人力资本与技术升级，充分释放企业的市场活力，有效促进企业创新投入产出效率的提高，进而推动企业生产率的提升。此外，就企业自身而言，可通过提高管理效率、完善内部治理机制、调整研发投入的使用结构等，提升生产率水平。

**4. 重视企业的异质性，把握税收政策的结构化制定方向**

税收激励对出口产品质量的影响效果存在明显的异质性表现。区分行业技术水平及要素密集度、目的地收入水平、企业所有制形式、产品差异性、市场竞争程度、研发强度、所得税率差异、是否为高新技术企业和贸易方式的检验结果发现，相比于高技术行业、资本及技术密集型行业、低收入水平目的地、国有企业、外资企业、同质产品、低竞争程度市场、高研发强度企业、低所得税率企业、高新技术企业和加工贸易企业，税收激励在一般技术行业、劳动密集型行业、高收入水平目的地、非国有企业、民营企业、差异化产品、高竞争程度市场、低研发强度企业、高所得税率企业、非高新技术企业、一般贸易企业中对出口产品质量具有更大的提升作用。可见，企业之间存在明显的异质性特征，这会造成企业间出口产品质量的影响因素及调整空间出现差异。由此，应注意把握企业的自身特征及行业特性，寻找不同类型企业中出口产品质量变动与税收激励程度的平衡点，遵循竞争中性的原则，增强政策机制设计的结构性，逐步形成富有针对性的税收激励方式和税收制度体系，不断推动税收政策制定的公平化、合理化。

其一，在制定税收激励政策时，应注意把握结构化的政策制定方向，增强政策机制设计与企业特征的匹配性，提高政策的精准度、针对性、有效性，避免采取"一刀切"的方式，尽可能地使各个类型的企业都能享受到最优的税收优惠，推行适时、灵活、差异化的税收政策，最大化税收政策的激励作用。其二，当财政压力较大、减税空间有限时，应注意以企业的类别、行业差异为基础，根据企业及行业所处的不同政策环境和发展形势，优先考虑一般技术行业、劳动密集型行业、非国有企业、民营企业、低研发强度企业等缺乏资金及技术优势、研发基础弱的企业，着力减轻这类企业的税负水平。其三，要注意结合行业的出口目标和产业特征，重点关注具有高成长性以及出口产品质量提升空间较大的企业，例如，将产品出口至高收入水平目的地的企业、出口差异化产品的企业、处于高竞争程度市场中的企业。

**5. 深化税制改革，强化目标导向，充分释放税收政策的激励效应**

增值税转型改革后，企业购进固定资产所缴纳的税额可以给予抵扣，这避免了企业的重复征税，降低了企业设备投资的税收负担。以增值税转型改革为例的政策评估发现，相较于改革前，增值税转型改革后，企业的出口产品质量有显著提升。同时，以增值税有效税率为对象的研究结果表明，增值税有效税率的降低有助于提升出口产品质量；以固定资产加速折旧政策为例的研究表明，固定资产加速折旧政策的实施可以有效提高出口产品质量。可见，优化以增值税减税为核心的税收激励机制，同时制定基于所得税减税的税收政策，或许是未来推进出口产品质量提升的可选之举。因此，继续利用增值税、所得税为主体税种的优势，深化增值税和所得税改革，比如，增值税税率的简并、留抵退税的扩围、抵扣制度的管理、所得税减负政策的完善等，仍是下一步减税工作的重心。

另外，本书基于增值税转型改革和固定资产加速折旧政策的效果评估，也为更广义层面上税收激励政策的实践带来了一定的启示。一方面，可结合税收激励的实现方式，制定不同形式的激励政策，如税基式激励、税额式激励、税率式激励，深化税制改革，切实降低企业的税负水平，通过激励企业的生产经营行为，激发企业升级出口产品质量的意愿。另一方面，根据企业的主要问题及发展瓶颈，强化税收政策的目标导向，适当推出针对于解决企业创新、投资动机、技术升级等问题的特定税收激励政策，例如，固定资产加速折旧政策的扩围及完善，将有助于增加企业对于设备、器具等固定资产的购进，进一步推动企业的技术进步，充分释放税收政策对出口产品质量的激励效应。

## 8.2 研究展望

本书结合中国出口产品质量提升的必要性、重要性，从税收激励的视角出发，对中国出口产品质量的升级问题进行了深入探究，不仅构建了税收激励与出口产品质量的理论分析框架，结合微观企业数据实证检验了税收激励对出口产品质量的影响效果，还基于以增值税减税为核心的增值税转型改革和以所得税减税为核心的固定资产加速折旧政策与出口产品质量之间的因果关系进行了识别和分析。这不仅对出口产品质量的相关研究形成了有益补充，也拓宽了税收激励的研究视角。更为重要的是，这为寻找中国出口产品质量提升的有效路径提供了理论与经验支撑。

当然，客观上讲，本书的研究也存在着一定的不足之处，以及值得深入挖掘、拓展的方向。具体而言，主要体现在以下三个方面：

第一，理论分析及政策评估。本书参考现有文献中关于异质性企业贸易模型的设计思路，构建了税收激励与出口产品质量的理论架构，全面、系统地论证了税收激励和出口产品质量之间的逻辑关系。但严格意义上讲，本书的理论模型仅从定性分析的角度诠释了税收激励如何作用于出口产品质量，关于税收激励对出口产品质量的具体影响程度，主要依托于实证检验。其中，虽然基于双重差分法（DID）和三重差分法（DDD）就增值税转型改革和固定资产加速折旧政策的效果做出了评估，但是相对于结构模型而言，本书的这些研究方法在广义上仍属于简约式模型的分析方法。这主要是因为在模型构建时，关于税收激励与出口产品质量的深层参数不易分离、识别，均衡条件也难以估计。在将来的研究中，随着研究方法的逐步完善，还需要利用结构估计方法就税收激励与出口产品质量的关系进行更细致的研究，以便真正量化出税收激励对出口产品质量的具体影响。同时，也需在获取理论模型参数的基础上，采用更加严谨的反事实分析，估算出税收激励政策的效果，为税收激励政策的实施提供更具建设性的意见。

第二，数据使用的时间跨度。本书在第 3 章涉及微观企业层面的出口产品质量描述及第 5 章和第 6 章的实证检验中均采用了 2000～2007

年的中国工业企业数据和海关进出口贸易数据。这主要是出于本书对出口产品质量测算方法完善性的考虑，以及数据可得性客观限制的结果（具体的说明详见本书的附录部分）。显然，这一时间跨度在现在来看，略显陈旧了。尽管第 7 章中基于 2007~2015 年上市公司数据进行了以固定资产加速折旧政策为核心的进一步探索，但囿于海关数据的限制，总体上看，样本数据年份仍然不够新。因此，在后续的研究中，随着数据的不断更新，我们还需及时采用更新的数据对研究做出相应的补充。

第三，缺乏对其他税收激励政策和税收改革政策的评估，以及对不同税收激励政策效果的对比分析。考虑到增值税、所得税占据中国税收收入的绝大部分，是中国税收体系中的主体税种，同时结合未来中国税收政策的调整及改革方向，本书以增值税减税为立足点，就增值税转型改革政策对出口产品质量的影响进行了评估，同时对以所得税减税为核心的固定资产加速折旧政策对出口产品质量的影响进行了探讨。事实上，就中国的税收激励政策而言，除了增值税转型改革和固定资产加速折旧政策以外，还存在着其他的一些税收激励政策和税收改革政策，例如，研发费用的加计扣除政策、税收征管改革等。但囿于数据可得性，本书暂未能对这些政策加以考虑。相应地，也就缺少了对不同税收激励政策效果的对比分析。今后，或许可以以此为方向进行拓展研究。

综合来看，在推动中国经济高质量发展的过程中，对出口产品质量升级问题的探索依然任重而道远，对税收激励的经济影响研究也尚待完善。在未来，我们仍需对该领域的研究付出努力。

# 参考文献

[1] 白重恩、张琼：《中国的资本回报率及其影响因素分析》，载于《世界经济》2014 年第 10 期。

[2] 陈岑：《外资流入对我国企业间工资差距影响的理论分析与实证检验》，南开大学博士学位论文，2016 年。

[3] 陈丽霖、廖恒：《增值税转型对企业生产效率的影响——来自我国上市公司的经验证据》，载于《财经科学》2013 年第 5 期。

[4] 陈林：《中国工业企业数据库的使用问题再探》，载于《经济评论》2018 年第 6 期。

[5] 陈晓光：《增值税有效税率差异与效率损失——兼议对"营改增"的启示》，载于《中国社会科学》2013 年第 8 期。

[6] 陈晓华、刘慧：《出口技术复杂度赶超对经济增长影响的实证分析——基于要素密集度异质性视角的非线性检验》，载于《科学学研究》2012 年第 11 期。

[7] 陈烨、张欣、寇恩惠、刘明：《增值税转型对就业负面影响的 CGE 模拟分析》，载于《经济研究》2010 年第 9 期。

[8] 戴魁早、方杰炜：《贸易壁垒对出口技术复杂度的影响——机制与中国制造业的证据》，载于《国际贸易问题》2019 年第 12 期。

[9] 杜威剑、李梦洁：《对外直接投资会提高企业出口产品质量吗——基于倾向得分匹配的变权估计》，载于《国际贸易问题》2015 年第 8 期。

[10] 樊海潮、郭光远：《出口价格、出口质量与生产率间的关系：中国的证据》，载于《世界经济》2015 年第 2 期。

[11] 范子英、高跃光：《如何推进高质量发展的税制改革》，载于《探索与争鸣》2019 年第 7 期。

[12] 范子英、彭飞：《"营改增"的减税效应和分工效应：基于产

业互联的视角》，载于《经济研究》2017年第2期。

[13] 冯延超：《中国民营企业政治关联与税收负担关系的研究》，载于《管理评论》2012年第6期。

[14] 高培勇：《论完善税收制度的新阶段》，载于《经济研究》2015年第2期。

[15] 侯欣裕、陈璐瑶、孙浦阳：《市场重合、侵蚀性竞争与出口质量》，载于《世界经济》2020年第3期。

[16] 胡海生、王克强、刘红梅：《增值税税率降低和加计抵减政策的经济效应评估——基于动态可计算一般均衡模型的研究》，载于《财经研究》2021年第1期。

[17] 季书涵、朱英明：《产业集聚、环境污染与资源错配研究》，载于《经济学家》2019年第6期。

[18] 蒋为：《增值税扭曲、生产率分布与资源误置》，载于《世界经济》2016年第5期。

[19] 景光正、李平：《OFDI是否提升了中国的出口产品质量》，载于《国际贸易问题》2016年第8期。

[20] 康茂楠、毛凯林、刘灿雷：《增值税转型、成本加成率分布与资源配置效率》，载于《财经研究》2019年第2期。

[21] 亢宇君、刘晓辉：《可贸易品部门企业异质性、出口产品分散化与实际汇率》，载于《世界经济》2019年第12期。

[22] 李兵、岳云嵩：《互联网与出口产品质量——基于中国微观企业数据的研究》，载于《东南大学学报（哲学社会科学版）》2020年第1期。

[23] 李昊洋、程小可、高升好：《税收激励影响企业研发投入吗？——基于固定资产加速折旧政策的检验》，载于《科学学研究》2017年第11期。

[24] 李坤望、蒋为：《市场进入与经济增长——以中国制造业为例的实证分析》，载于《经济研究》2015年第5期。

[25] 李坤望、蒋为、宋立刚：《中国出口产品品质变动之谜：基于市场进入的微观解释》，载于《中国社会科学》2014年第3期。

[26] 李明、张璟璟、赵剑治：《疫情后我国积极财政政策的走向和财税体制改革任务》，载于《管理世界》2020年第4期。

[27] 李香菊、贺娜：《税收激励有利于企业技术创新吗?》，载于《经济科学》2019 年第 1 期。

[28] 李秀芳、施炳展：《中间品进口多元化与中国企业出口产品质量》，载于《国际贸易问题》2016 年第 3 期。

[29] 刘柏惠、寇恩惠、杨龙见：《增值税多档税率、资源误置与全要素生产率损失》，载于《经济研究》2019 年第 5 期。

[30] 刘慧、杨莹莹：《制造业出口技术复杂度赶超会加剧发展中国家中间品进口依赖吗》，载于《国际贸易问题》2018 年第 10 期。

[31] 刘璟、袁诚：《增值税转型改变了企业的雇佣行为吗？——对东北增值税转型试点的经验分析》，载于《经济科学》2012 年第 1 期。

[32] 刘铠豪、王雪芳：《税收负担与企业出口行为——来自世界银行中国企业调查数据的证据》，载于《财经研究》2020 年第 9 期。

[33] 刘磊、张永强：《增值税减税政策对宏观经济的影响——基于可计算一般均衡模型的分析》，载于《财政研究》2019 年第 8 期。

[34] 刘啟仁、黄建忠：《企业税负如何影响资源配置效率》，载于《世界经济》2018 年第 1 期。

[35] 刘啟仁、铁瑛：《企业雇佣结构、中间投入与出口产品质量变动之谜》，载于《管理世界》2020 年第 3 期。

[36] 刘啟仁、赵灿、黄建忠：《税收优惠、供给侧改革与企业投资》，载于《管理世界》2019 年第 1 期。

[37] 刘啟仁、赵灿：《税收政策激励与企业人力资本升级》，载于《经济研究》2020 年第 4 期。

[38] 刘行、叶康涛、陆正飞：《加速折旧政策与企业投资——基于"准自然实验"的经验证据》，载于《经济学（季刊）》2019 年第 1 期。

[39] 刘行、叶康涛：《增值税税率对企业价值的影响：来自股票市场反应的证据》，载于《管理世界》2018 年第 11 期。

[40] 刘玉海、廖赛男、张丽：《税收激励与企业出口国内附加值率》，载于《中国工业经济》2020 年第 9 期。

[41] 刘媛媛：《经济功能区、要素集聚与中国制造业出口产品质量》，中央财经大学博士学位论文，2017 年。

[42] 罗宏、陈丽霖：《增值税转型对企业融资约束的影响研究》，

载于《会计研究》2012年第12期。

[43] 罗丽英、齐月：《技术创新效率对我国制造业出口产品质量升级的影响研究》，载于《国际经贸探索》2016年第4期。

[44] 罗伟、葛顺奇：《跨国公司进入与中国的自主研发：来自制造业企业的证据》，载于《世界经济》2015年第12期。

[45] 马珺、杜爽：《"十四五"时期的税制结构转型》，载于《税务研究》2021年第2期。

[46] 毛其淋、许家云：《贸易政策不确定性与企业储蓄行为——基于中国加入WTO的准自然实验》，载于《管理世界》2018年第5期。

[47] 倪红福：《生产网络结构、减税降费与福利效应》，载于《世界经济》2021年第1期。

[48] 倪婷婷、王跃堂：《增值税转型促进了企业研发投入吗？》，载于《科学学研究》2018年第10期。

[49] 聂辉华、方明月、李涛：《增值税转型对企业行为和绩效的影响——以东北地区为例》，载于《管理世界》2009年第5期。

[50] 彭冬冬、杨德彬、苏理梅：《环境规制对出口产品质量升级的差异化影响——来自中国企业微观数据的证据》，载于《现代财经》2016年第8期。

[51] [日] 田口玄一：《质量工程学概论》，魏锡禄、王和福译，中国对外翻译出版公司1985版。

[52] 申广军、陈斌开、杨汝岱：《减税能否提振中国经济？——基于中国增值税改革的实证研究》，载于《经济研究》2016年第11期。

[53] 申广军、张延、王荣：《结构性减税与企业去杠杆》，载于《金融研究》2018年第12期。

[54] 沈国兵、袁征宇：《企业互联网化对中国企业创新及出口的影响》，载于《经济研究》2020年第1期。

[55] 盛丹、王永进：《产业集聚、信贷资源配置效率与企业的融资成本——来自世界银行调查数据和中国工业企业数据的证据》，载于《管理世界》2013年第6期。

[56] 盛丹、张慧玲：《环境管制与我国的出口产品质量升级——基于两控区政策的考察》，载于《财贸经济》2017年第8期。

[57] 施炳展、邵文波：《中国企业出口产品质量测算及其决定因

素——培育出口竞争新优势的微观视角》，载于《管理世界》2014年第9期。

[58] 施炳展、王有鑫、李坤望：《中国出口产品品质测度及其决定因素》，载于《世界经济》2013年第9期。

[59] 施炳展：《中国企业出口产品质量异质性：测度与事实》，载于《经济学（季刊）》2014年第1期。

[60] 苏丹妮、盛斌、邵朝对：《产业集聚与企业出口产品质量升级》，载于《中国工业经济》2018年第11期。

[61] 苏理梅、彭冬冬、兰宜生：《贸易自由化是如何影响我国出口产品质量的？——基于贸易政策不确定性下降的视角》，载于《财经研究》2016年第4期。

[62] 孙志娜：《区际产业转移对中国出口技术复杂度的影响》，载于《科学学研究》2020年第9期。

[63] 田朔、张伯伟、慕绣如：《汇率变动、中间品进口与企业出口》，载于《世界经济与政治论坛》2015年第4期。

[64] 万江滔、魏下海：《最低工资规制对企业劳动收入份额的影响——理论分析与微观证据》，载于《财经研究》2020年第7期。

[65] 万晓莉：《我国货币政策能减小宏观经济波动吗？基于货币政策反应函数的分析》，载于《经济学（季刊）》2011年第2期。

[66] 王苍峰：《税收减免与研发投资：基于我国制造业企业数据的实证分析》，载于《税务研究》2009年第11期。

[67] 王海成、许和连、邵小快：《国有企业改制是否会提升出口产品质量》，载于《世界经济》2019年第3期。

[68] 王明益：《内外资技术差距与中国出口产品质量升级研究——基于中国7个制造业行业数据的经验研究》，载于《经济评论》2013年第6期。

[69] 王明益：《要素价格扭曲会阻碍出口产品质量升级吗——基于中国的经验证据》，载于《国际贸易问题》2016年第8期。

[70] 王雅琦、张文魁、洪圣杰：《出口产品质量与中间品供给》，载于《管理世界》2018年第8期。

[71] 王永进、冯笑：《行政审批制度改革与企业创新》，载于《中国工业经济》2018年第2期。

[72] 魏浩、张宇鹏：《融资约束与中国企业出口产品结构调整》，载于《世界经济》2020年第6期。

[73] 温彩霞：《聚焦税收热点共话改革发展——"两会税收热点学术研讨会"观点综述》，载于《税务研究》2020年第7期。

[74] 吴延兵：《国有企业双重效率损失研究》，载于《经济研究》2012年第3期。

[75] 谢建国：《外商直接投资与我国的出口竞争力——一个我国的经验研究》，载于《世界经济研究》2003年第7期。

[76] 谢申祥、冯玉静：《21世纪中国制造业出口产品的规模、结构及质量》，载于《数量经济技术经济研究》2019年第11期。

[77] 谢申祥、刘培德、王孝松：《价格竞争、战略性贸易政策调整与企业出口模式选择》，载于《经济研究》2018年第10期。

[78] 许和连、王海成：《最低工资标准对企业出口产品质量的影响研究》，载于《世界经济》2016年第7期。

[79] 许家云、毛其淋、胡鞍钢：《中间品进口与企业出口产品质量升级：基于中国证据的研究》，载于《世界经济》2017年第3期。

[80] 许明：《提高劳动报酬有利于企业出口产品质量提升吗？》，载于《经济评论》2016年第5期。

[81] 许伟、陈斌开：《税收激励和企业投资——基于2004~2009年增值税转型的自然实验》，载于《管理世界》2016年第5期。

[82] 姚洋、张晔：《中国出口品国内技术含量升级的动态研究——来自全国及江苏省、广东省的证据》，载于《中国社会科学》2008年第2期。

[83] 余淼杰、张睿：《中国制造业出口质量的准确衡量：挑战与解决方法》，载于《经济学（季刊）》2017a年第2期。

[84] 余淼杰、张睿：《人民币升值对出口质量的提升效应：来自中国的微观证据》，载于《管理世界》2017b年第5期。

[85] 张杰：《金融抑制、融资约束与出口产品质量》，载于《金融研究》2015年第6期。

[86] 张杰、翟福昕、周晓艳：《政府补贴、市场竞争与出口产品质量》，载于《数量经济技术经济研究》2015年第4期。

[87] 张杰、郑文平、翟福昕：《中国出口产品质量得到提升了

么?》，载于《经济研究》2014年第10期。

［88］张凌霄、王明益：《企业对外投资动机与母国出口产品质量升级》，载于《山东社会科学》2016年第9期。

［89］张明志、季克佳：《人民币汇率变动对中国制造业企业出口产品质量的影响》，载于《中国工业经济》2018年第1期。

［90］张明志、铁瑛：《工资上升对中国企业出口产品质量的影响研究》，载于《经济学动态》2016年第9期。

［91］张同斌、高铁梅：《财税政策激励、高新技术产业发展与产业结构调整》，载于《经济研究》2012年第5期。

［92］张夏、汪亚楠、施炳展：《事实汇率制度、企业生产率与出口产品质量》，载于《世界经济》2020年第1期。

［93］赵春明、张群：《进口关税下降对进出口产品质量的影响》，载于《经济与管理研究》2016年第9期。

［94］赵立三、王梓楠：《基于企业盈利能力的所得税优惠与研发投入关系探析》，载于《税务研究》2020年第5期。

［95］赵文霞、刘洪愧：《贸易壁垒对出口产品质量的影响》，载于《经济评论》2020年第4期。

［96］钟腾龙：《外部需求与企业出口产品质量》，载于《中南财经政法大学学报》2020年第1期。

［97］朱兰：《质量控制手册》，《质量控制手册》编译组译，上海科学技术文献出版社1979年版。

［98］祝树金、段凡、邵小快、钟腾龙：《出口目的地非正式制度、普遍道德水平与出口产品质量》，载于《世界经济》2019年第8期。

［99］Ackerberg, D. A., Caves, K., Frazer, G. Identification Properties of Recent Production Function Estimators. *Econometrica*, Vol. 83, No. 6, 2015, pp. 2411 – 2451.

［100］Ahn, J. B., Khandelwal, A. K., Wei, S. J. The Role of Intermediaries in Facilitating Trade. *Journal of International Economics*, Vol. 84, No. 1, 2011, pp. 73 – 85.

［101］Aiginger, K. Competition Policy in Europe. *Journal of Economics*, Vol. 72, No. 1, 2000, pp. 115 – 116.

［102］Aiginger, K. Europe's Position in Quality Competition. Background Report for the European Competitiveness Report 2000. Enterprise Papers No. 4, 2001.

[103] Aiginger, K. The Use of Unit Values to Discriminate between Price and Quality Competition. *Cambridge Journal of Economics*, Vol. 21, No. 5, 1997, pp. 571 – 592.

[104] Amiti, M. , Khandelwal, A. K. Import Competition and Quality Upgrading. *Review of Economics and Statistics*, Vol. 95, No. 2, 2013, pp. 476 – 490.

[105] Amiti, M. , Konings, J. Trade Liberalization, Intermediate Inputs, and Productivity: Evidence from Indonesia. *American Economic Review*, Vol. 97, No. 5, 2007, pp. 1611 – 1638.

[106] Anderson, Simon P. , André, De Palma. Product Diversity in Asymmetric Oligopoly: Is the Quality of Consumer Goods Too Low? . *The Journal of Industrial Economics*, Vol. 49, No. 2, 2011, pp. 113 – 135.

[107] Antoniades, A. Heterogeneous Firms, Quality, and Trade. *Journal of International Economics*, Vol. 95, No. 2, 2015, pp. 263 – 273.

[108] Antràs, P. Firms, Contracts, and Trade Structure. *The Quarterly Journal of Economics*, Vol. 118, No. 4, 2003, pp. 1375 – 1418.

[109] Auer, R. A. , Chaney, T. , Sauré, P. Quality Pricing – to – Market. *Journal of International Economics*, Vol. 110, 2018, pp. 87 – 102.

[110] Aw, B. Y. , Roberts, M. J. Measuring Quality Change in Quota-constrained Import Markets: The Case of U. S. Footwear. *Journal of International Economics*, Vol. 21, 2006, pp. 45 – 60.

[111] Baldwin, R. , Harrigan, J. Zeros, Quality, and Space: Trade Theory and Trade Evidence. *American Economic Journal: Microeconomics*, Vol. 3, No. 2, 2011, pp. 60 – 88.

[112] Bas, M. , Strauss – Kahn, V. Input-trade Liberalization, Export Prices and Quality Upgrading. *Journal of International Economics*, Vol. 95, No. 2, 2015, pp. 250 – 262.

[113] Bastos, P. , Silva, J. The Quality of a Firm's Exports: Where You Export to Matters. *Discussion Papers*, Vol. 82, No. 2, 2010, pp. 99 – 111.

[114] Bekkers, E., Francois, J., Manchin, M. Import Prices, Income, and Inequality. *European Economic Review*, Vol. 56, No. 4, 2012, pp. 848 – 869.

[115] Bernard, A. B., Eaton, J., Jensen, J. B., et al. Plants and Productivity in International Trade. *American Economic Review*, Vol. 93, No. 4, 2003, pp. 1268 – 1290.

[116] Bernard, A. B., Redding, S. J., Schott, P. K. Multiproduct Firms and Trade Liberalization. *The Quarterly Journal of Economics*, Vol. 126, No. 3, 2011, pp. 1271 – 1318.

[117] Boorstein, R., Feenstra, R. C. Quality Upgrading and its Welfare Cost in U. S. Steel Imports, 1969 – 74. NBER Working Papers, No. 2452, 1987.

[118] Brandt, L., Biesebroeck, J. V., Zhang, Y. Challenges of Working with the Chinese NBS Firm-level Data. *China Economic Review*, 2014, 30 (4): 339 – 352.

[119] Brandt, L., Van Biesebroeck, J., Wang, L., et al. WTO Accession and Performance of Chinese Manufacturing Firms. *American Economic Review*, Vol. 107, No. 9, 2017, pp. 2784 – 2820.

[120] Brandt, L., Van Biesebroeck, J., Zhang, Y. Creative Accounting or Creative Destruction? Firm-level Productivity Growth in Chinese Manufacturing. *Journal of Development Economics*, Vol. 97, No. 2, 2012, pp. 339 – 351.

[121] Broda, C. M., Greenfield, J., Weinstein, D. E. From Groundnuts to Globalization: A Structural Estimate of Trade and Growth. NBER Working Paper, No. 12512, 2006.

[122] Brooks, E. Why Don't Firms Export More? Product quality and Colombian plants. *Journal of Development Economics*, Vol. 80, No. 1, 2006, pp. 160 – 178.

[123] Cai, H., Liu, Q. Competition and Corporate Tax Avoidance: Evidence from Chinese Industrial Firms. *The Economic Journal*, Vol. 119, No. 537, 2009, pp. 764 – 795.

[124] Cai, J., Harrison, A. The Value-added Tax Reform Puzzle.

The World Bank, Policy Research Working Paper, No. 17532, 2011.

[125] Card, D., Krueger, A. B. Wages and Employment: Minimum A Case Study of the Fast – Food Industry in New Jersey and Pennsylvania. *American Economic Review*, Vol. 48, No. 4, 1994, pp. 772 – 793.

[126] Charlet, A., Owens, J. An International Perspective on VAT. *Tax Notes International*, Vol. 59, No. 12, 2010, pp. 943 – 954.

[127] Chen, B., Yao, Y. The Cursed Virtue: Government Infrastructural Investment and Household Consumption in Chinese Provinces. *Oxford Bulletin of Economics and Statistics*, Vol. 73, No. 6, 2011, pp. 856 – 877.

[128] Chen, N., Juvenal, L. Quality, Trade, and Exchange Rate Pass-through. *Journal of International Economics*, Vol. 100, No. 5, 2016, pp. 61 – 80.

[129] Choi, Y. C., Hummels, D., Xiang, C. Explaining Import Quality: the Role of the Income Distribution. *Journal of International Economics*, Vol. 78, No. 2, 2009, pp. 293 – 303.

[130] Chowdhury, M. T., Bhattacharya, P. S., Mallick, D., et al. An Empirical Inquiry into the Role of Sectoral Diversification in Exchange Rate Regime Choice. *European Economic Review*, Vol. 67, 2014, pp. 210 – 227.

[131] Crinò, R., Epifani, P. Productivity, Quality, and Export Intensities. UFAE and IAE Working Papers, No. 82410, 2010.

[132] Crozet, M., Head, K., Mayer, T. Quality Sorting and Trade: Firm-level Evidence for French wine. *The Review of Economic Studies*, Vol. 79, No. 2, 2012, pp. 609 – 644.

[133] Dalgin, M., Trindade, V., Mitra, D. Inequality, Nonhomothetic Preferences, and Trade: a Gravity Approach. *Southern Economic Journal*, Vol. 74, No. 3, 2008, pp. 747 – 774.

[134] Djankov, S., Ganser, T., McLiesh, C., et al. The Effect of Corporate Taxes on Investment and Entrepreneurship. *American Economic Journal: Macroeconomics*, Vol. 2, No. 3, 2010, pp. 31 – 64.

[135] Eaton, J., Grossman, G. M. Optimal Trade and Industrial Pol-

icy under Oligopoly. *The Quarterly Journal of Economics*, Vol. 101, No. 2, 1986, pp. 383 – 406.

[136] Essaji, A., Fujiwara, K. Contracting Institutions and Product Quality. *Journal of Comparative Economics*, Vol. 40, No. 2, 2012, pp. 269 – 278.

[137] Falvey, J. L. Imperata Cylindrica for Animal Production in South – East Asia: A Review. *Tropical Grasslands*, Vol. 15, No. 1, 1981, pp. 52 – 56.

[138] Fan, H., Li, Y. A., Yeaple, S. R. Trade Liberalization, Quality and Export Prices. *Review of Economics and Statistics*, Vol. 97, No. 5, 2015, pp. 1033 – 1051.

[139] Federici, D., Parisi, V., Ferrante, F. Heterogeneous Firms, Corporate Taxes and Export Behavior: A Firm-level Investigation for Italy. *Economic Modelling*, Vol. 88, 2019, pp. 98 – 112.

[140] Feenstra, R. C., Li, Z., Yu, M. Exports and Credit Constraints under Incomplete Information: Theory and Evidence from China. *Review of Economics and Statistics*, Vol. 96, No. 4, 2014, pp. 729 – 744.

[141] Feenstra, R., Romalis, J. International Prices and Endogenous Quality, *The Quarterly Journal of Economics*, Vol. 129, No. 2, 2014, pp. 477 – 527.

[142] Fisman, R., Svensson, J. Are Corruption and Taxation Really Harmful to Growth? Firm Level Evidence. *Journal of Development Economics*, Vol. 83, No. 1, 2007, pp. 63 – 75.

[143] Flach, L., Janeba, E. Income Inequality and Export Prices across Countries. *Canadian Journal of Economics*, Vol. 50, No. 1, 2017, pp. 162 – 200.

[144] Flam, H., Helpman, E. Industrial Policy under Monopolistic Competition. *Journal of International Economics*, Vol. 22, No. 1 – 2, 1987, pp. 79 – 102.

[145] Fontagné, L., Gaulier, G., Zignago, S. Specialisation across Varieties within Products and North – South Competition. CEPII Working Paper, No. 6, 2007.

[146] Garvin, D. A. Product Quality: An Important Strategic Weapon. *Business Horizons*, Vol. 27, No. 3, 1984, pp. 40 – 43.

[147] Goldberg, P. K., Verboven, F. The Evolution of Price Dispersion in the European Car Market. *Review of Economic Studies*, Vol. 68, No. 4, 2001, pp. 811 – 848.

[148] Griliches, Z., Regev, H. Firm Productivity in Israeli Industry 1979 – 1988. *Journal of Econometrics*, Vol. 65, No. 1, 1995, pp. 175 – 203.

[149] Grossman, G. M., Elhanan, H. Quality Ladders and Product Cycles. *Quarterly Journal of Economics*, Vol. 106, No. 2, 1991, pp. 557 – 586.

[150] Grossman, G. M., Helpman, E. Quality Ladders in the Theory of Growth. *Review of Economic Studies*, Vol. 58, No. 1, 1991, pp. 43 – 61.

[151] Hallak, J. C. Product Quality and the Direction of Trade. *Journal of International Economics*, Vol. 68, No. 1, 2006, pp. 238 – 265.

[152] Hallak, J. C., Schott, P. K. Estimating Cross-country Differences in Product Quality. *Quarterly Journal of Economics*, Vol. 126, No. 1, 2011, pp. 417 – 474.

[153] Hallak, J., Sivadasan, J. Firms' Exporting Behavior under Quality Constrains. NBER Working Paper, No. 14928, 2009.

[154] Heckman, J. J. Sample Selection Bias as a Specification Error. *Econometrica*, Vol. 47, No. 1, 1979, pp. 153 – 161.

[155] Helpman, E. International Trade in the Presence of Product Differentiation, Economies of Scale and Monopolistic Competition: A Chamberlin – Heckscher – Ohlin Approach. *Journal of International Economics*, Vol. 11, No. 3, 1981, pp. 305 – 340.

[156] Holmstrom, B. Agency Costs and Innovation. *Journal of Economic Behavior & Organization*, Vol. 12, No. 3, 1989, pp. 305 – 327.

[157] Hsieh, C., Klenow, P. J. Misallocation and Manufacturing TFP in China and India. *Quarterly Journal of Economics*, Vol. 124, No. 4, 2009, pp. 1403 – 1448.

[158] Hummels, D., Klenow, P. J. The Variety and Quality of a Nation's Exports. *American Economic Review*, Vol. 95, No. 3, 2005, pp.

704 – 723.

[159] Johnson, R. C. Trade and Prices with Heterogeneous Firms. *Journal of International Economics*, Vol. 86, 2012, pp. 43 – 56.

[160] Khandelwal, A. K., Schott, P. K., Wei, S. J. Trade Liberalization and Embedded Institutional Reform: Evidence from Chinese Exporters. *American Economic Review*, Vol. 103, No. 6, 2013, pp. 2169 – 2195.

[161] Khandelwal, A. K. The Long and Short (of) Quality Ladders. *Review of Economic Studies*, Vol. 77, No. 4, 2010, pp. 1450 – 1476.

[162] Koenker, R. Quantile Regression for Longitudinal Data. *Journal of Multivariate Analysis*, Vol. 91, No. 1, 2004, pp. 74 – 89.

[163] Krugman, P. R. Increasing Returns, Monopolistic Competition, and International Trade. *Journal of international Economics*, Vol. 9, No. 4, 1979, pp. 469 – 479.

[164] Krugman, P. R. Intraindustry Specialization and the Gains from Trade. *Journal of Political Economy*, Vol. 89, No. 5, 1981, pp. 959 – 973.

[165] Krugman, P. R. Scale Economies, Product Differentiation, and the Pattern of Trade. *The American Economic Review*, Vol. 70, No. 5, 1980, pp. 950 – 959.

[166] Kugler, M., Verhoogen, E. Prices, Plant Size Product Quality. *Review of Economics Studies*, Vol. 79, No. 1, 2012, pp. 307 – 339.

[167] Lancaster, K. J. Change and Innovation in the Technology of Consumption. *American Economic Review*, Vol. 56, No. 1, 1966, pp. 14 – 23.

[168] Latzer, H., Mayneris, F. Income Distribution and Vertical Comparative Advantage: Theory and Evidence. IRES, 2012.

[169] Levinsohn, J., Petrin, A. Estimating Production Functions Using Inputs to Control for Unobservables. *The Review of Economic Studies*, Vol. 70, No. 2, 2003, pp. 317 – 341.

[170] Linder, S. B. An Essay on Trade and Transformation. Sweden: Boktryckeri CompanyPress, 1961.

[171] Liu, Q., Lu, Y. Firm Investment and Exporting: Evidence from China's Value-added Tax Reform. *Journal of International Economics*, Vol. 97, No. 2, 2015, pp. 392 – 403.

[172] Liu, Y., Mao, J. How do Tax Incentives Affect Investment and Productivity? Firm-level Evidence from China. *American Economic Journal: Economic Policy*, Vol. 11, No. 3, 2019, pp. 261 – 291.

[173] Manova, K., Yu, Z. Multi-product Firms and Product Quality. *Journal of International Economics*, Vol. 109, 2017, pp. 116 – 137.

[174] Melitz, M. J. Ottaviano G. Market Size, Trade, and Productivity. *Review of Economic Studies*, Vol. 75, No. 1, 2008, pp. 295 – 316.

[175] Melitz, M. J., Polanec, S. Dynamic Olley – Pakes Productivity Decomposition with Entry and Exit. *The Rand Journal of Economics*, Vol. 46, No. 2, 2015, pp. 362 – 375.

[176] Melitz, M. J. The Impact of Trade on Intra-industry Reallocations and Aggregate Industry Productivity. *Econometrica*, Vol. 71, No. 6, 2003, pp. 1695 – 1725.

[177] Modigliani, F., Miller, M. H. Corporate Income Taxes and the Cost of Capital: A Correction. *American Economic Review*, Vol. 53, No. 3, 1963, pp. 433 – 443.

[178] Olley, G. S., Pakes, A. The Dynamics of Productivity in the Telecommunications Equipment Industry. *Econometrica*, Vol. 64, 1996, pp. 1263 – 1298.

[179] Qiu, L. D, Zhou, W. Multiproduct Firms and Scope Adjustment in Globalization. *Journal of International Economics*, Vol. 91, No. 1, 2013, pp. 142 – 153.

[180] Robinson, J. The Economics of Imperfect Competition. London: Macmillan Press, 1933.

[181] Rodrik, D. What's So Special about China's Exports? *China & World Economy*, Vol. 14, No. 5, 2006, pp. 1 – 19.

[182] Schott, P. K. Across – Product versus Within – Product Specialization in International Trade. *Quarterly Journal of Economics*, Vol. 119, No. 2, 2004, pp. 647 – 678.

[183] Shewhart, W. A. Economic Control of Quality of Manufactured Product. London: Macmillan And Co Ltd Press, 1931.

[184] Tang. H., Zhang, Y. Exchange Rates and the Margins of Trade:

Evidence from Chinese Exporters. *CESifo Economic Studies*, Vol. 58, No. 4, 2012, pp. 671 – 702.

[185] Wang, D. The Impact of the 2009 Value Added Tax Reform on Enterprise Investment and Employment: Empirical Analysis Based on Chinese Tax Survey Data. Holland: Maastricht University Press, 2013.

[186] Wang, Z., Wei, S. J. What Accounts for the Rising Sophistication of China's Exports? China's Growing Role in World Trade. Chicago: University of Chicago Press, 2010.

[187] Yu, M. Processing Trade, Tariff Reductions and Firm Productivity: Evidence from Chinese Firms. *The Economic Journal*, Vol. 125, No. 585, 2015, pp. 943 – 988.

[188] Zhang, L., Chen, Y., He, Z. The Effect of Investment Tax Incentives: Evidence from China's Value-added Tax Reform. *International Tax and Public Finance*, Vol. 25, No. 4, 2018, pp. 913 – 945.

# 附 录

## 关于数据使用时间跨度的具体说明

本书在第1章中企业及行业层面出口产品质量的描述部分（图1-6、图1-7、图1-8、表1-1、表1-2）、第3章出口产品质量的特征事实分析部分、第5章实证分析部分、第6章政策评估部分，均采用了2000~2007年的中国工业企业数据和海关进出口贸易数据。数据的使用时间主要受以下四点影响：

第一，**出口产品质量测算方法的完善性**。通过对出口产品质量测算方法的梳理和总结，我们发现，相较于单位价值法、特定产品特征法、需求信息回归推断法（KSW方法）、供给需求信息加总测算法等度量出口产品质量的方法而言，目前余淼杰和张睿（2017a）的方法更为完善。该方法适用于微观数据，能够计算出企业—产品—目的地层面的出口产品所具有的质量水平。与前述的几种方法相比较：理论方面，该方法借鉴芬斯特拉和罗迈尔（2014）对产品质量的理论分析逻辑，不仅考虑了需求层面影响产品质量的因素，也将供给层面影响产品质量的因素进行了考虑。计算方面，该方法推导出了利用微观数据计算企业出口产品质量的具体公式。其中，不仅直观体现了不同企业在生产率方面具有的差异性，量化了企业生产率在出口产品质量中起到的重要作用，而且避免了KSW方法中存在的价格偏误，也使得计算的质量结果在国家层面和时间层面上具有可比性。因此，对于微观企业层面出口产品质量的描述及实证研究，本书主要借鉴余淼杰和张睿（2017a）提出的方法测算出口产品质量。

第二，**数据可得性**。尽管目前中国工业企业数据的可获得年份为1996~2013年，海关进出口贸易数据的可获取时间是2000~2016年。然而，就中国工业企业数据而言，不少学者已经对其中的2008~2013年（尤其是2008年、2009年、2010年）的数据质量表示出了明确的质疑，指出2008~2013年的数据相较于2008年之前的数据，存在比较大的样本遗漏、指标缺失等问题（Brandt et al.，2014）；李坤望和蒋为，2015；陈林，2018；季书涵和朱英明，2019；万江滔和魏下海，2020）。例如，布兰特等（Brandt et al.，2014）表明，2008年的中国工业企业数据遗漏了30%的规模以上的企业样本，2009年之后的数据则在准确度、健全度方面存在着一定的问题。而且，自2011年开始，该数据的统计口径也发生了变动，对"规模以上"企业的界定标准由原来的"年主营业务收入在500万元及以上"，变为"年主营业务收入在2000万元及以上"，致使统计数据的覆盖范围发生了较大的变动。本书详细对比了2008年前后，研究所需的来自中国工业企业数据库的各个变量的存在情况，发现部分关键变量在2008~2013年的确存在缺失。比如，用以构建识别每一个企业的唯一特征编码的法人代码、企业名称、法人姓名，用以测算出口产品质量的子指标——本年应付工资总额、本年应付福利费总额、本年折旧、固定资产原价、中间投入等，这就导致2008~2013年的数据不能被有效使用。附表1正是对数据可得性的具体说明。

附表1　本书所使用的来自中国工业企业数据库的各变量在2008~2013年的存在情况

| 变量 | 用途 | 2008年 | 2009年 | 2010年 | 2011年 | 2012年 | 2013年 |
|---|---|---|---|---|---|---|---|
| 年份 | 根据布兰特等（2012），构建可以识别每一个样本企业的唯一特征编码，剔除由企业改制、重组或更名等行为可能带来的样本选择偏差，并对2002年前后国民经济行业代码的统计口径进行统一 | √ | √ | √ | √ | √ | √ |
| 法人代码 | | √ | √ | √ | × | √ | √ |
| 企业名称 | | √ | √ | √ | √ | × | × |
| 行业代码 | | √ | √ | √ | √ | √ | √ |
| 法人姓名 | | √ | × | × | √ | √ | √ |
| 电话号码 | | √ | √ | √ | √ | √ | √ |
| 开业时间 | | √ | √ | √ | √ | √ | √ |
| 地区代码 | | √ | √ | √ | √ | √ | √ |
| 地址 | | √ | √ | × | √ | √ | √ |
| 主要产品名称 | | √ | √ | √ | √ | √ | √ |

续表

| 变量 | 用途 | 2008年 | 2009年 | 2010年 | 2011年 | 2012年 | 2013年 |
|---|---|---|---|---|---|---|---|
| 年份 | 中国工业企业数据、海关进出口贸易数据匹配 | √ | √ | √ | √ | √ | √ |
| 企业名称 | | √ | √ | √ | √ | √ | √ |
| 邮政编码 | | √ | √ | √ | √ | √ | √ |
| 电话号码 | | √ | √ | √ | √ | √ | √ |
| 本年应付工资总额 | 计算出口产品质量所需的投入品成本水平、全要素生产率 | × | × | × | √ | √ | √ |
| 本年应付福利费总额 | | × | × | × | × | × | × |
| 职工人数 | | √ | √ | √ | √ | √ | √ |
| 本年折旧 | | × | × | × | √ | √ | √ |
| 开业时间 | | √ | √ | √ | √ | √ | √ |
| 固定资产原价 | | × | × | √ | √ | √ | √ |
| 省份代码 | | √ | √ | √ | √ | √ | √ |
| 行业代码 | | √ | √ | √ | √ | √ | √ |
| 工业总产值 | | √ | √ | √ | √ | √ | √ |
| 职工人数 | | √ | √ | √ | √ | √ | √ |
| 中间投入 | | × | × | × | × | × | × |
| 应交增值税 | 企业税负 | √ | √ | √ | √ | √ | √ |
| 产品销售税金及附加 | | √ | √ | √ | √ | √ | √ |
| 应交所得税 | | √ | √ | √ | √ | √ | √ |
| 产品销售收入 | | √ | √ | √ | √ | √ | √ |
| 工业总产值 | 企业生产率 | √ | √ | √ | √ | √ | √ |
| 职工人数 | | √ | √ | √ | √ | √ | √ |
| 中间投入 | | × | × | × | × | × | × |
| 开业时间 | | √ | √ | √ | √ | √ | √ |
| 固定资产原价 | | × | × | √ | √ | √ | √ |
| 本年折旧 | | × | × | × | √ | √ | √ |
| 省份代码 | | √ | √ | √ | √ | √ | √ |
| 行业代码 | | √ | √ | √ | √ | √ | √ |

续表

| 变量 | 用途 | 2008年 | 2009年 | 2010年 | 2011年 | 2012年 | 2013年 |
|---|---|---|---|---|---|---|---|
| 开业时间 | 企业年龄 | √ | √ | √ | √ | √ | √ |
| 全部职工 | 企业规模 | √ | √ | √ | √ | √ | √ |
| 应收账款 | 融资约束 | √ | √ | √ | √ | √ | √ |
| 总资产 | | √ | √ | √ | √ | √ | √ |
| 中间投入 | 投入产出比 | × | × | × | × | × | × |
| 工业总产值 | | √ | √ | √ | √ | √ | √ |
| 固定资产净值 | 资本密集度 | × | × | × | × | × | × |
| 就业人员 | | √ | √ | √ | √ | √ | √ |
| 固定资产净值 | 资本产出比 | × | × | × | × | × | × |
| 工业总产值 | | √ | √ | √ | √ | √ | √ |
| 补贴收入 | 政府补贴 | × | × | √ | √ | √ | √ |
| 登记注册类型 | 借鉴布兰特等(2017)的方法，识别所有制类型 | √ | √ | √ | √ | √ | √ |
| 国家资本金 | | × | × | √ | √ | √ | √ |
| 集体资本金 | | × | × | √ | √ | √ | √ |
| 法人资本金 | | × | × | √ | √ | √ | √ |
| 个人资本金 | | × | × | √ | √ | √ | √ |
| 港澳台资本金 | | × | × | √ | √ | √ | √ |
| 外商资本金 | | × | × | √ | √ | √ | √ |
| 工业总产值 | 市场竞争程度 | √ | √ | √ | √ | √ | √ |
| 省份代码 | 增值税转型改革组别虚拟变量设定 | √ | √ | √ | √ | √ | √ |
| 行业代码 | | √ | √ | √ | √ | √ | √ |
| 国家资本金 | 国有资本份额 | × | × | √ | √ | √ | √ |
| 实收资本金 | | × | × | √ | √ | √ | √ |
| 外商资本金 | 外商资本份额 | × | × | √ | √ | √ | √ |
| 实收资本金 | | × | × | √ | √ | √ | √ |
| 工业总产值 | 研发强度 | √ | √ | √ | √ | √ | √ |
| 研究开发费 | | × | × | √ | × | × | × |

注：√表示存在，×表示不存在。

第三，金融危机冲击。2000~2007年时段数据的使用可以避免2008年金融危机带来的结构性冲击对研究结果产生干扰。

第四，政策冲突。2000~2007年时间段覆盖了2004年的增值税转型改革试点，使用这一时间段的数据，在进行第6章的政策评估研究时，可以无须担心该政策与2004年之后的增值税转型改革试点相冲突。

综合来看，本书将主体研究数据的使用时间跨度限定在2000~2007年，除了能够在较为可靠的数据范围下以目前较为完善的出口产品质量测算方法（余淼杰和张睿，2017a）反映中国企业层面的出口产品质量变化情况、增强实证研究结果的准确性以外，还能够避免2008年金融危机带来的结构性冲击对研究结果产生干扰，消除政策评估中可能产生的政策冲突问题。当然，也不得不承认，这一时间跨度在现在来看，的确略显陈旧了。对此，第7章中基于2007~2015年上市公司数据进行了以固定资产加速折旧政策为核心的进一步探索，但总体上，随着数据的不断更新，后续还需及时采用更新的数据对研究做出补充。